U0511096

近代家庭的形成和终结

（增订版）

〔日〕上野千鹤子 著

吴咏梅 译

商务印书馆
创于1897 The Commercial Press

KINDAI KAZOKU NO SEIRITSU TO SHUEN [NEW EDITION]

by Chizuko Ueno
© 1994, 2020 by Chizuko Ueno
Originally published in 2020 by Iwanami Shoten, Publishers, Tokyo
This simplified Chinese edition published 2022
by The Commercial Press, Beijing
by Arrangement with Iwanami Shoten, Publishers, Tokyo

目 录

Ⅰ 近代家庭的动摇 / 001

一 家庭自我认同意识的走向 / 002

二 家庭的临界点——以看护力量的公正分配为核心 / 043

三 家庭，过载的方舟 / 064

四 女性的变化及家庭 / 103

Ⅱ 近代和女性 / 125

一 日本式近代家庭的形成 / 126

　　　附论 关于"父权制"的概念 / 154

二 家庭的近代 / 159

三 女性史和近代 / 179

Ⅲ 家庭学的展开 / 199

一 "梅棹家庭学"的展开 / 200

二 技术革新与家务劳动 / 218

IV 经济高度成长与家庭 / 243

一 "母亲"的战后史 / 244

附论 战后批评的嫡子 江藤淳 / 272

二 "后思秋期"的妻子们 / 305

V 性别歧视的反论 / 321

一 夫妻不同姓的陷阱 / 322

二 作为生存经验的老后生活 / 331

三 "女缘"的可能性 / 355

四 性别歧视的反论——异文化适应和性别差异 / 375

参考文献 / 395

初版后记 / 409

自著解题 / 413

I 近代家庭的动摇

一　家庭自我认同意识的走向 [*]

1　危机论

2　　历史转折时期往往出现相同的现象。在 20 世纪末的今天，人们大声疾呼家庭出现了危机，而 19 世纪末"家庭危机论"也同样曾热论一时。然而家庭并没有解体，无论西欧国家还是日本，事实上不过是家庭的原有模式发生了变化。

　　家庭确实一直在变样，但未必会迎来解体的危机。不过，眼看着家庭演变成前所未见的形态时，难免会有很多人认为这是家庭出现了"危机"。他们要么是除现在的家庭模式以外对其他的家庭形式一无所知，要么就是对此缺乏想象力。19 世纪末的家庭变化，在保守派人士眼中也令人生厌。"守卫家庭"这种保守言论在转折时期必定会作为反动的意识形态而出现，然而这种言

3　论被"近代家庭"的理想所代替并没花费很长的时间。只不过变化的前景不得而知，这一点非常令人恐慌。他们寻求以下问题的答案：家庭到底从何而来，又要走向何方？

---

*　该篇论文首次发表于 1991 年。

2 家庭自我认同意识

家庭之所以为家庭的条件是什么呢？围绕这个问题，文化人类学一直想给家庭以一个比较文化意义上的定义。从结论而言，面对文化多样性，人类学早就放弃了泛文化意义的"家庭"定义。在有养子制度的地方，血缘并不包括在家庭的定义之中，而在非洲有鬼婚（与死人结婚）习俗的地方，即便是死人也算是家庭的成员。对家庭做实践性定义的话，文化人类学找到的关于家庭的最小定义是"共同使用火（厨房）"，也就是一起吃饭的共同体。所以当"另起炉灶"的现象发生时，就会被视为发生了住户分离（因而经常产生家庭分离）。

国情调查依据的也是"一家住户一个厨房"的原则。从1920 年开始的国情调查之所以采用彻底的现居处主义方法，也是因为法定的制度性的"家庭"开始具有了流动性，已经不能指望以户口和居民选票为依据进行调查。但是国情调查抓住的只是"住户"这个概念，而谨慎地避开了"家庭"这一概念。"住户"以"共同居住"为原则。然而事实上也有像家庭成员外出打工或一个人在外地上班那样的家人不一起居住的家庭。所以，住户的概念与家庭的概念并不一致。文化人类学所说的家庭的最小定义相当于"住户"，而并不完全符合"家庭"的概念。

构成"家庭"的层面，有现实和意识两个方面。例如现实中就存在即使对方和自己完全是陌生人，但只要有血缘关系存在，就被认为是实际上的家庭成员的情形。但是只要当事人本人没有意识到，这个"家庭"的实体是不存在的。正如从遗华日侨在日本寻找亲戚作自己的身份担保人的事例中可以看到的那样，只有当事者们均承认事实并具有家庭意识，家庭才真正成立。即便是上述情形，也存在着一方具有家庭意识而另一方否认的情况。由此可见，与其说"家庭"存在于现实中，不如说更多地存在于人们的意识之中。

在此，我们把使家庭成立的意识称为家庭自我认同意识（family identity，简称 FI）吧。正如字面所示，所谓家庭自我认同意识，是指一种"界定范围的定义"，即把什么等同于家庭。identity（自我认同，也译为"自我同一性"）这个心理学术语由埃里克·霍姆伯格·埃里克松创制，后来从个人扩展开来，被进一步应用于各种各样的集体身份认同意识当中。企业认同（corporate identity）和国家认同（national identity）就是其中的实例。作为"法人资格"而被视为超个人实体的企业 CI（即企业认同意识），也是由每个个人的意识所承担组成的。人们质疑集体身份认同，是因为集团是人为组成的，故具有脆弱性。因此人们一直认为是很自然的集团，比如像家庭和社区这样的初级群体，迄今为止没有被提及身份认同意识的问题。[1]

尽管如此，本书引入 FI（家庭自我认同意识）这一术语，是基于以下几个原因。

首先，家庭已失去了实体的自然性而渐渐被看作是多少带有人为组成的组合物。其次，迄今为止传统上被视为家庭"实体"的东西与 FI 之间出现了偏离。第三，FI 由每个家庭成员所承担而形成，这一概念因其承担者们的不同而呈现立体观照和多元化，因而可以记述家庭成员之间的意见分歧。为了分析转折时期的家庭状况，在表述意识与现实之间的差异、家庭成员之间的差异方面，FI 是一个非常便利的概念。

3　从传统型到非传统型的转变

反过来，让我们试着把 FI 这一概念应用于迄今为止的传统
家庭。例如，"家"一直被认为是超越个人的实体，但倘若家庭
成员丧失了"家"的意识，"家"就崩溃了。不过，正如个人的
自我认同（personal identity）中有身体这一物质基础，扩大家
庭也有使之然的物质基础。即以下这些物质基础：

共同的祖业、共同的家庭姓氏、共同的家庭住房、共同的家
庭财产、共同的家庭生计。

"家"意识要存续，就需要有相应的物质基础。即使旧民法
在法律上保证了户主的权益，但是如果丧失了像祖传产业和家庭
财产这样的实体基础，而仅仅依据家庭姓氏这样的象征性基础，
要维持"家"的 FI 是非常困难的。现在的 FI 很大程度上依据诸
如共同的家庭住房和共同的家庭生计这些较为有限制性的物质基
础。即便是这样的家庭自我认同意识，也随着住户的分离和夫妻
双薪化等情况而摇摆不定。

那么，要使 FI 成立的最小根据是什么呢？

人类学的家庭概念中，住户和出身这两个概念并没有分离开
来，而是都包含在内。住户指的是"共同居住"（用文化人类学
的术语来说，就是"同火"），而出身则是"共同血缘"。无论哪
个原理都有父系 / 母系 / 双系三种类型，居住和出身并不一定要
一致（表 1）。[2]

表1

		出身	
		父系	母系
居住	父系	父系父方居住	（母系父方居住）
	母系	父系母方居住	母系母方居住

　　如果说"共同居住"和"共同血缘"是各自独立的概念，那么就可以制成以下的图（图1）。第 I 象限为居住和血缘相一致的传统型家庭，第 II 象限为血缘相同但居住分离的家庭，也就是说分居或丈夫单身在外地工作的家庭属于此类。第 IV 象限包含着非血缘者同居的家庭，如无子女的夫妇家庭和过继养子的家庭。若在家庭的最小必要条件之中既缺乏"共同居住"又无"共同血缘"的为第 III 象限，那么属于这个象限的家庭形态是否就是"非家庭"呢？然而在此，我们又遇到了新的情况。根据我们后述的调查，我们发现：在既非"共同居住"又无"共同血缘"的人们之间，存在着好几个 FI 保持完好的例子。例如，有婚后没有办理户籍登记的丈夫住在国外，虽然妻子和丈夫姓氏不同，两人之间既没有共同维持生计也没有性关系，但二人都具有共同的家庭意识的事例。另外，还有某人通过成为从未谋面的尼格罗小孩的"养父/母"而视那个孩子为家庭成员的例子。

　　即使"共同居住"和"共同血缘"这些最小必要条件被否定，FI 也仍然成立。与其这么说，不如说现在不断变化的家庭自我认同意识已经呈现仅靠传统家庭的必要条件、居住和血缘等原理无法完全把握的多种样态。为了把握家庭的变化，我们这个研究项目不得不放弃使用图 1 这种静态的图表，而有必要制作一种包含多种变数在内的动态图表。家庭的变化发生在意识和形态两个层面。所谓的"从未见过的家庭",是指无论意识上还是形态上都与"迄今为止所熟知的家庭"毫无共同之处的家庭。在产生这种变化的过程中,意识的变化和形态的变化之间出现了偏差。在这个过渡期内会形成两种家庭:一种是虽然家庭形态完全改变了,但意识仍然为传统型的家庭;另外一种是形态维持原有,而意识完全变化的家庭。为了把两者的变化概念化,我们概括得出一张代表研究假说的图表(图2)。第Ⅰ象限为意识和形态都为传统型的两者一致的家庭,第Ⅲ象限正好与此相反,为意识和形态都是非传统型的两者一致的家庭。第Ⅱ象限为意识是传统型而形态为非传统型的家庭,第Ⅳ象限包括形态为传统型而意识为非传统型的家庭。变化的方向如图3所示。

8

　　由于我们的调查是探索家庭变化的方向,所以除了第Ⅰ象限,我们在其他三个象限内从意识和形态两个方面尽可能地收集了非传统的反常规(unconventional)家庭类型。接下来我们开始寻找与此相应的经验性事例,能够查访到的就进行访谈,接触不到的(例如与劳改犯结婚的女性,尽管有个案,但由于涉及隐

9

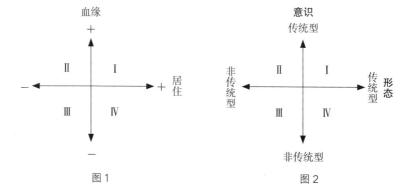

图1　　　　　　　　　　　　　　　　　图2

私等问题，很难查访），就依靠二手材料（纪实报告、新闻报道以及手记等）。在过去"家庭实验"时代的十几年中，有关非传统家庭的非虚构文学作品以及报告文学的出版物不胜枚举。只不过这些作品中缺少记述这些变化的分析装置。

我们收集得到的非传统家庭的类型大约有 50 种，我们抽出与之相应的 39 个实例进行了访谈。我们采集了家庭构成、居住范围和家庭史等方面的信息，以作为基础数据。

我们把采集到的家庭类型按照图 2 的图解进行绘图，就得到图 3。

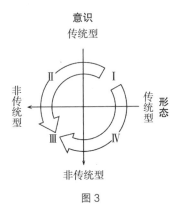

图 3

第 II 象限中包括了尽管意识是传统型、却无法维持相应的形态，以致形态变成了非传统型的家庭。这种情形倒不如说是为了保卫传统型的家庭意识，而在面对家庭危机时选择了住户分离。这时，住户分离的对象是老人、丈夫和孩子。老人要是卧床不起或者得了痴呆症，往往会被送进老人院等机构。孩子要是身体有残疾或者出现有问题的行为时，也会被送到儿童福利院或者山村里去学习。社会福利机构的调查员也多半会建议把这样的老人或孩子送到福利机构去生活。若是丈夫的话，往往就此开始了单身一个人在外地工作的生活。家庭在面临危机的时候一般会出现这种倾向：家庭并没有团结起来共同克服危机，而是选择把有问题的家庭成员从家庭中分离出去。也就是所谓的"弃老 / 弃子 / 弃夫家庭"。从这个意义上，可以说现代家庭的抗压力是极其脆弱的。

与此相对应，在第Ⅳ象限的形态为传统型而意识为非传统型的家庭实例中，家庭形态虽说是三代同堂，但不仅是传统的父系三代同堂，而且母系三代同堂和父母双系同堂的例子都有所增加。即便是典型的核心家庭，也一方面存在着"友爱家庭"的现实化，另一方面也有像家庭内部离婚那样的"解体家庭"。所谓"友爱家庭的现实化"，是指代替与"像朋友一样的夫妻"之名不符、实际上依然是旧有的性别角色分担型态的团块世代家庭*，出现不少以夫妻二人为主的家庭形式，比如"可以一起游玩"的同好夫妻、没有孩子的丁克家庭，甚至还有看上去"性情很相似的两伙伴"，仔细观察原来是一对龙凤胎或夫妇的情形。

在意识传统型而形态非传统型家庭和意识非传统型而形态传统型之间还存在一种中间型家庭，即内部含有非血缘家庭成员，形态上努力维持传统型家庭的各种尝试，例如过继养子的家庭和再婚家庭等，亦即我们所谓的"再建家庭"。

---

* 团块世代是指日本战后出生的第一代人。狭义指1947—1949年间出生的婴儿潮世代，广义指昭和20年代，即1946—1956年间出生的人群。该词出自堺屋太一1976年创作的小说《团块的世代》。用"团块"形容这个世代，是指这个世代的日本人为了改善生活而默默劳作，团结在一起支撑日本的社会和经济。这个世代有如下特点：诞生在联合国军队占领日本的时期，父辈多为军人。没有体验过战争的残酷，自小自我意识和竞争意识强烈。青年时期参加过安保斗争、东大纷争等学生运动。进入社会后，他们热爱工作，许多人以企业为家，成为支撑日本经济腾飞的一代人。这些人多数在1970年代恋爱结婚，创建了日本战后被称为"新家庭"的民主化核心家庭，奠定了日本之后的就业、家庭生活和余暇消费的基础。泡沫经济破灭后，大部分团块世代的人受到影响，但大部分人还能维持以往的生活。2007年起，团块世代相继退休，虽然他们的退休金得到保障，也是旅游、兴趣和金融产品的主要消费者，但是随着他们在2020年都跨入70多岁，他们在年金、医疗保险和护理问题上都面临着严峻的挑战。——译者

11　　　　最后，在第Ⅲ象限内，有按照旧有的传统型观点来看无论形态还是意识上都不会被视为家庭，然而当事人觉得"对自己来说这就是家庭"的，亦即意识和形态上均为非传统型的家庭。这种家庭包括集体和各种各样的共同体、女同性恋者和男同性恋者组成的两人家庭，甚至还有和死人一起组成的家庭、与非人类的宠物所组成的家庭等。在另一个极端，存在着坚决不组建家庭的独身者，然而即便不准备组建自己的生殖家庭的人，由于他／她无法逃离自己出生的原生家庭，所以成人子女与他们年迈父母之间的关系还是继续存在着的。

　　访谈的内容极其简单。主要是就家庭自我认同意识的"边界定义"进行询问，对此，我们的问题是"你把哪些范围的人（物／生物等）看作'家庭'？"。在此基础上，我们让当事人在"当事人范畴"这一栏里写下哪些是家庭自我认同意识范围内应共同具有的最小条件。

　　之所以采用访谈调查的形式是基于以下理由。因为在家庭变动如此激烈的时代，任何关于家庭的先验定义都是不起作用的，所以预先设定好范畴的定量调查没有什么意义。因此我们重视定性调查，在调查的时候不使用演绎性的范畴，而是尽量采用"当事人范畴"。对于具有复合式家庭结构的家庭，我们访问了数名当事人，确认他们相互之间对家庭自我认同意识即FI的"边界定义"有没有不同的意见。我们预测认为对于非传统家庭的应有

12　模式，如果FI仍然维持，那么在"当事人范畴"中可能会出现一些新的家庭形象。

4　意识传统型且形态非传统型的家庭

在第Ⅱ象限的意识为传统型而形态为非传统型的家庭类型当中，包含着虽然 FI 保持着与以往的传统型一样，但是由于外部压力或者一些不得已的事情，家庭成员不得不分开居住的家庭。典型的例子就是丈夫独自在异地上班。

▶ **A 某（女，39 岁，公司职员）的例子**

A 某的丈夫是她高中时代的朋友，两人育有两个孩子。她就职于某航空公司 20 年之久，是一位非常老练的事务员。她认为女性应该工作，所以即便在十分艰苦的育儿阶段她也没有指望以公司为家的丈夫，一个人克服困难把抚育孩子的任务承担下来。去年夏天她丈夫转到九州工作。她毫不犹豫地选择了丈夫独自赴任的方式。她和孩子们的生活跟过去没什么两样。如果说有变化，也不过是原本夫妻两人共同出资的家庭生活费当中，丈夫拿出的部分要比以前少了一点。由于一直是夫妻双方都工作，她丈夫也是一个自己能够照顾自己的人。洗衣扫除等家务，好像现在他都能对付。吃饭几乎都是在外面吃。

大多数丈夫选择独自赴任的缘由是孩子的教育和妻子的工作。由于妻子上班而丈夫不得不独自上任的情形现在越来越多。也有一些没有职业的妻子，她们在自己生活的地区已经建立了一定的社会关系网，往往会以子女的教育为正当理由，拒绝与丈夫一同赴任。其他还有诸如要维持住房、照顾年老父母等理由。像

13

A 某的例子，实质上在她丈夫的工作调令下达之前他们的家庭就已经是母子家庭了，她丈夫独自赴任之后，她自己和孩子们的生活几乎没有什么变化。反而丈夫的不在家使他们形成了比以往更为舒适愉快的母子家庭，甚至丈夫的偶尔回家也不太受欢迎。在这里存在着一个视公司比家庭更重要的丈夫，与在孩子与丈夫之间选择以孩子为先的妻子之间的对比。而丈夫呢，则似乎在赴任的地方积极地创造一些通过结交公司同事或者喝酒朋友而形成的名曰"社缘家族"或"酒缘家族"等的模拟家庭。

有趣的是，这个家庭对家庭自我认同意识（FI）的看法不太一致（图 4）。A 某的 FI 仅到孩子为止，并不包括她的丈夫。而她丈夫的 FI 包括一家四口人，孩子们的 FI 也把父亲包括在内。假如 A 某和丈夫离婚的话，那么这个 FI 图示会立刻变为图 5 吧。也就是说，对孩子们来说，尽管他们对父子/母子关系的认知没有变化，但是 A 某自身的 FI 即便是在离婚的前后也没有发生变化，我们可以发现她和丈夫之间隔阂已经存在。

14　　　最初引发家庭成员分别居住的并不一定都是丈夫，也有是老人或孩子的情形。

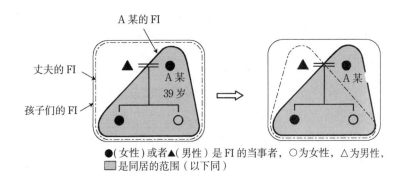

●（女性）或者▲（男性）是 FI 的当事者，○为女性，△为男性，▨是同居的范围（以下同）

图4　　　　　　　　　　　图5

▶ B 某（女，45 岁，家庭主妇）的例子

B 某是次子的媳妇。婆婆长期一个人在乡下生活，B 某认为婆婆万一要有什么事的话应该由长子负责。但是随着婆婆身体状况的恶化，再也不能把她一个人放置不管，长子却摆出置之不理的态度。几个子女一起召开家庭会议，长女因为自己的孩子要复习功课报考大学而不能照顾母亲，最后决定由次子照顾母亲。为此他们也买了新房要把母亲接回家照顾，没想到她开始痴呆了。虽然 B 某努力照顾了一年，婆婆的老年痴呆症却越发严重，只好把她送进养老机构。B 某终于可以喘口气了。她丈夫一个月去探视一次母亲。她自己和孩子因为即使去了老人也辨认不出来，所以几乎不去探望老人。对 B 某而言，感觉就好像只是原本就不住在一起的人突然来了又去了其他什么地方，心中感觉不到任何寂寞或者后悔。

如图 6 所示，B 某和她丈夫的 FI 存在着差异。正如我们从 B 某的事例可以看到的那样，现今的父系同居并不局限于一定是和长子住在一起。而且绝大多数情形和这个例子一

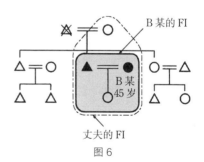

图 6

样，是中途才住到一起。即便同住，子女看到年迈父母出现痴呆症状就会把他们送到老年机构。昂贵的入住费用其实是一种"抛弃父母的费用"。如果不这样做的话，家里照顾老人的成员就可能会因为过度劳累而和老人一起倒下。从这个现实来看，把老年父母送进福利设施是基于一种保护"家庭成员"的选择机制。

15

去探视的一般只到儿子这一辈，老人和不太熟悉的孙辈不大能交流。

▶ C某（女，40多岁，家庭主妇）的例子

C某嫁给了一个有三个孩子的男人。虽然她和长女曾有芥蒂，渐渐地两人心灵开始相通。长子和次子不仅学习能力低下，而且懒惰、爱撒谎、易受诱惑。她常常为如何对付这两个孩子而苦恼。孩子们的父亲说"只有把他们送进户塚快艇学校什么的了"[3]。上了初中以后，他们要么经常离家出走，要么重复犯错，无论怎么警告他们也没有用，所以就考虑把这两个孩子送到山村里去学习。次子倒是很想去，然而长子说"讨厌"，拒绝去。尽管这样，夫妇两人和丈夫的父母一起说服了长子并让他去了山村。虽然这不是她的本愿，而且不见得付了很贵的教育费就一定有好的效果，但是因为这已经超过了她自身的能力范围，因而也没有办法。

在长野县八坂村的山村留学项目中，目前1990年接受的六名孩子中间，一名来自原来的父子家庭，因为父亲再婚，他成了累赘。一名是非婚生子，两名是基于应考的对策，另外两名是出于父母的"想让他们成为强壮的孩子"的动机。山村留学，在其本来让城市孩子在大自然中健康成长之大义名分的背面，也包含着山村是给父母造成不便的孩子被临时寄养之处、不能适应学校生活的孩子的紧急休养所和不能与家人很好相处的孩子的避难所等的因素。那里面存在着父母支付昂贵的安心费以"抛弃孩子"、保护"家庭"的利己主义。反之，在那些自己希望去山村留学的孩子中间，也包含着"抛弃父母"的动机。

家庭的居住分离通常与"抛弃丈夫""抛弃父母""抛弃孩子"等联系在一起。FI 轻易不涉及已经分居的家庭成员。在家庭成员相处还好的时候倒没什么，一旦关系恶化，往往会为了保卫其他的家人而把有问题的家庭成员割舍抛弃。这种现象突出地表现在中途出现身体残疾的人身上。

> ▶ **D 某（男，52 岁，中途失明者）的例子**

> D 某原来是公务员，工作过度劳累导致突然性视网膜脱落而引起失明。他曾三次自杀未遂，七次出入院。对于妻子，他觉得自己给她添了太多的麻烦，所以每次他让她帮忙做事的时候都说"谢谢了"。虽然他颇为用心，但是与妻子的关系并不是很好。妻子说和他一起出去见人会丢脸，所以不陪他出去。因此他失明两年来一直闷在家里。后来托志愿者的福，他才开始外出。他明白妻子之所以不跟他离婚是因为他有钱。

只有对自己有利的时候才视对方为家族成员，对自己不利的时候就抛弃对方的情形，1990 年 9 月长野县的早老性痴呆症离婚诉讼判决案[4]令人震惊。这个判决准许丈夫与患有早老性痴呆症的妻子离婚，从而从根本上打破了家庭是个人危机的保障这种想法。然而在现实中，即便法律不承认，出现危机的家庭也会通过去除患病的部分以求自卫。现代家庭对于危机的忍耐力极差。就像"大草原上的小家"那样，家庭成员团结一致共同对付外来危机的形象已经属于神话。家庭因不能忍耐危机而走向崩溃的可能性要比家庭成员团结起来的可能性更大[5]。家庭不能成为危机时的保障这一现实，反映了家庭的物质基础已经变得非常脆

17

弱。仅仅靠血缘幻想而要把 FI 连接存留下来，已经不够了。

　　与此相反，也有因积极的理由而造成居住分离的情形。例如有一家三口因丈夫赴德国工作、妻子在东京上班、独生女儿在英国的暑期学校上学而分成三个家的事例。在这种情况下，尽管存在着因居住分离而产生的距离，FI 仍然保持完好（图 7）。这个事例优先考虑的是每个家庭成员的个人利益，而不是共同居住。不过，支撑这种家庭的 FI 的，是能够维持三个居所的经济实力和共同

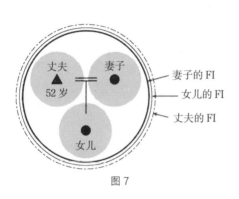

图 7

的血缘。我们可以把它看作是因为工作和尊重孩子的个性选择而不得已做出的临时选择，纵然采取的是非常极端的形态，家庭成员的家庭意识还是很传统的。他们有恢复分居前的居住形式、谋求形态和意识一致的意图。

5　形态传统型而意识非传统型的家庭

　　相反地，第Ⅳ象限集中了家庭形态是以往的传统型而支撑其的意识完全发生了变化的实例。

　　新都市型三代同堂的家庭就是其中的例子。从外表来看，这种家庭形态似乎循蹈传统的家庭制度，但共同居住对象却呈现从父系移至母系的倾向[6]（图 8），而且不局限于与长子 / 长女共居，所谓父母和孩子相互选择的选择性共居也增多了（图 9）。

父系或母系共居的区别

1985年	父系 79%	母系 21%
1988年	父系 75%	母系 25%

选择性共居

父系同居	长子 84%	二、三子 16%
母系同居	长女 79.5%	二、三女 20.5%

（出处：根据旭化成二代人居住住宅的购买人数，1990年）

图8　　　　　　　　　　　　　图9

属于最非传统型的家庭，要算双系共居的家庭了。

▶ E某（女，39岁，公务员）的例子

E某与学生时代就认识的丈夫育有一女。结婚时他们住的是公房，后来购买了公寓。孩子出生以后，夫妇两人工作都渐渐忙起来了，因此她把弟弟一家叫过来，提出了让父母重新修建房子的意见。修建费全部由她和丈夫承担。这样，在同一块地上就建起了E某一家和父母一家共同居住的两代同居的住房，以及弟弟一家单独居住的住宅。家务活控制在了最低限度，孩子几乎完全托付给了母亲。

19

E某家的FI如图10所示。对E某来说，FI的范围包括母亲在内，但是对她丈夫而言，FI的范围为仅包括妻子和孩子在内的核心家庭。

在这个例子当中，共同居住的单系原理并没有起作用。在大城市，受地价上涨

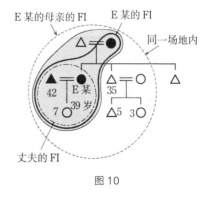

图10

的影响，出现了在拥有不动产的父母周围女儿一家和儿子一家都集中住在一起的现象。由此我们可以发现：由单系的家理念形成的家产这一物质基础的决定因素不仅很大，而且家产也成了新型都市家庭代际间凝聚力的基础。而且采取主动权的，多为有工作的女儿的家庭。统计数据也表明：不管是随同父系抑或母系居住，家有 6 岁以下儿童的全职妇女的三代同居比率要比相同条件下的无职业妻子高。三代同堂这种传统型家庭的外表下面存在着上班女性的需求。令母系同居率上升的也是这个阶层。在这里，旧酒瓶里装的是新酒。"家庭内离婚"是与单身一人在外地工作相反的事例。在这种情况下，尽管夫妇仍然住在一起，但实质上家庭已经解体了。因林郁同名著作（林，1985 年）而一举扬名的家庭内离婚现象，虽然在统计数据上并未有所体现，但人们认为其潜在数字很大。

> ▶ **F 某（女，62 岁，家庭主妇）的例子**

　　这是一对很平凡的 60 多岁的夫妇。结婚已经 40 年了。F 说她现在"光看着孩子他爸吃饭就心里烦躁"。尽管如此，他们还住在一起是因为如果分开的话她就没了生活来源，而且看样子也不可能从她丈夫那儿得到抚养费。离婚的话反而不合算。另外，人老了既没了一定要离婚的精力，想离婚的热情也慢慢丧失了。可是，尽管她准备了饭菜也不和丈夫一起吃饭。她还决意死后不跟丈夫同墓穴。至于她自己死后的坟墓一事，她想拜托女儿去处理。

　　图 11 是 F 某的家庭自我认同意识即 FI。无论丈夫还是妻子，他/她的 FI 都不包括共居的老伴，但是都认为已经结婚的女儿

和外孙，对自己而言是家庭成员。至于他们的女儿是怎么想的就不太清楚了。

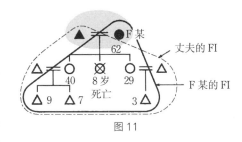

图11

根据林郁的《家庭内离婚》，心理上已呈离婚状态的夫妇之所以没有最终分居或办理法律上的离婚手续，主要是因为他们共同拥有一个家，亦即不动产。在同一屋檐下，他们持续采取家庭内分居的形式[7]。在林报道的事例中，妻子方均异口同声地叙述说"因为没有性关系，所以家庭内离婚的状态能够持续下来"。即便是"共同居住"的夫妻之间，已经丧失了"性生活的共同性"。

过继养子是传统的家制度的产物，但是它也正在发生异变。这原本是"家"中缺乏男性继承人的家庭为找寻家族继承人而结成的一种亲戚关系，但是据说现在希望缔结养子—养父母关系的养父母中，80%以上希望养子是0—3岁的女孩子。在这里，与其说是出于继承人意识，不如说是不要求回报的养育孩子之乐趣更占上风。换个角度可以解释为：因为在养育孩子的过程中包含着"老后的安心费"，在护理老人时实物费用要高于货币费用的现实背景下，对女儿的养老期待程度提高了。

养子—养父母关系的当今形态是志愿者的领养制度。

▶ G某（男，42岁，市政厅职员）的例子

G某和他的妻子原来是同一单位的职工，现在他和妻子、分别为高中生和初中生的两个孩子以及母亲同住。因为工作的关系

他与一位菲律宾女性相识，这也成了他当上一个内古罗斯小女孩养父的契机。三年前他成为了这个现已 11 岁的女孩的养父。这个内古罗斯岛养女的一年的学费为一万日元。G 某的妻子对这个内古罗斯岛养女一点都不关心，认为"身边的两个孩子是自己的孩子，养女是丈夫的孩子"。G 某每两个月给养女写一封信，对方则肯定回信。今年夏天他甚至去了一趟内古罗斯岛与养女见面。

可以说 G 某的领养家庭是一个以零花钱享受乐趣的家庭。日元升值而使这种日本版"长腿叔叔"成为可能的条件是：一点点的经济能力和一点点的志愿者精神。G 某的 FI 如图 12 所示。这个例子不妨也可以看作是一位被母子关系密切的妻子和孩子所疏远的男子自己制造的模拟家庭的事例。

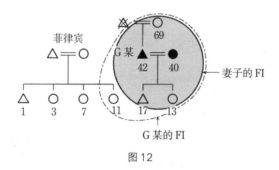

图 12

从外表看是"旧皮口袋"，而里面的内容已完全变成了"新酒"的极端事例是 H 某的例子。

▶ H 某（女，51 岁，作家）的例子

H 某 47 岁时和丈夫离婚。她因为抵不过公公的一句"不想和你分开"的话而继续和公公一同居住。在作为媳妇和公公一起居

住的时候，由于公公家是一个旧式家庭，她在古老的城镇上生活于亲戚的包围中，和公公的关系就好像一个是老爷而另一个则是伺候他的帮佣。尽管她曾经不止一次地想过"（他）早点死就好了"，但是她从来也没想到离了婚还要和他一起生活。因此在开始共居的时候她就对公公说："从今以后你自己的事情要自己做"。她还毫不容情地不断严厉斥责公公，训练他做家务活。她认为这样做的话他就会唉声叹气地逃到自己的儿子那儿。想不到的是公公居然不断地学会各种家务活，甚至还说"做家务很有乐趣"。不知不觉公公成了她生活中不可缺少的一员。因为他既帮着分担家务，白天还帮着接听电话，充当着秘书的角色。现在 H 某的两个孩子都已经长大成人，各自独立居住了。H 某的家庭就成了和公公的两口之家。

23

媳妇、孙子与已过世的丈夫的父母亲一同居住的家庭组合（图13），在战争死难者家庭中并不少见。如果没有孩子的话，公公婆婆一般都让媳妇回到娘家。但是如果有孩子的话，媳妇多作为家族后继者的养育责任人而被留在婚家。[8]

图13

H 的例子，如果仅仅从家庭结构来看，那么它与战败后因袭旧俗的家庭极为相似。仅依据家庭结构的统计数据就把 H 的事例从传统的直系家庭（它的欠缺形态）区分开来，是非常困难的。但是，在 H 的事例中，她和丈夫不是死别而是因离婚而分开，她和公公的共居是自主性的选择，这一点与传统型直系家庭的欠缺形态大为不同。H 的情形是因偶然的缘分而住到一起的两个陌生人（H 和公公是完全没有关系的他人（图14）。而且和公

24

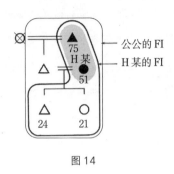

图 14

公公的 FI

H 某的 FI

公同住的理由并不是公公不想和有血缘关系的孙子分离）互相选择对方的结果，造成了与因袭的家庭形态相类似的结果。

形态为传统型、意识为非传统型的典型事例，是没有入籍的事实婚姻夫妇的例子。在实行夫妻不同姓的事实婚姻的夫妇中，这种事例为多数。但事实婚姻的夫妇经常是在孩子出生之前为延期履行结婚手续的丁克家庭，一旦孩子出生就正式结婚，与这一情形相比，I 某是一位孩子出生以后仍然依法把孩子登记为非婚生子的既成事实婚姻的实行者。

▶ I 某（女，46 岁，大学讲师）的例子

现在 I 某与比她小 13 岁的丈夫和 7 岁的女儿共同居住。她和丈夫双方都没有加入对方的户籍。她既认为日本的父系社会体制与女性受歧视的现象相关联，又觉得一个社会如果想运作得好，似乎母系社会的那一套更为有效，她并没有让丈夫承认孩子是他的亲生子。与丈夫的关系处于紧张状态的情形经常出现。也有稍微感觉到一点丈夫和自己意见不一致就提出分床睡等警告的情形。由于她总有任何时候都可以分手的意识，所以一直觉得要是不好好面对对方的话，两人的关系就会破裂。为此，她很重视两人间的对话，努力做到尽量互相商量。对孩子呢，她既希望孩子了解父母的生活方式，也想让她把目光投向社会，所以什么事都对孩子说，也带她参加自己与朋友的聚会。

I 的丈夫对育儿的事参与很多，虽然与孩子没有法律上的父女关系，事实上他与孩子间的关系比一般的亲子关系紧密得多。尽管现在的事实婚姻夫妇在法律上有各种各样的不利因素，但是一旦法律承认其事实婚姻（另外对非婚生子的歧视也消除的话），那么 I 的事例与普通的核心家庭没有什么两样。在法律上 I 和她的丈夫都属于单身者，但是倘若根据国情调查所采用的彻底的现住所主义（就是采用把"无血缘关系的男女同居的情形"视为"彻底的事实婚姻主义"的调查方法），那么 I 的家庭也和其他的核心家庭一样，被归在同一个范畴内。而且在 I 的例子中，同居的范围与其 FI 非常清楚地吻合，另外当事人之间对 FI 的认同也没有分歧（图 15）。

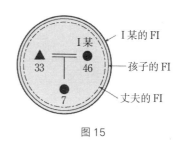

图 15

有意思的是，不管同居还是分居，否定法律婚姻的事实婚姻当事人都有一个共同点，那就是他们都有一种认为"我们才是真正的家庭"的、强调家庭实质的倾向。我们可以看到"相亲相爱的夫妇加上强烈的父母—子女之间的亲情纽带"这种近代家庭的规范（落合，1989），反而在事实婚姻当事人身上以比较纯粹的形式存在着。在使表面和真心一致这一点上，相对来说他们要算是"清教徒"了（也就是对自己要求比较严格）。如果表面的东西（即法律上的完备）赶上内心的东西，那么区别法律婚姻与事实婚姻的东西就没有了。事实上，事实婚姻当事人所提出的夫妻不同姓的法制化、撤销对非婚生子的差别、废除户籍制度等等的要求，体现了他们在意识上要解体非传统型家庭的存在基础。在这一愿望得以实现之际，事实婚夫妇会被划归为第Ⅰ象限即意识和形态皆为传统型的形态吗？

▶J某（女，31岁，公司职员）的例子

J 24岁的时候与一个有妇之夫相识，25岁和28岁的时候各生下一个孩子。那个男人认为"她会自己一个人生产和抚养孩子"，就很爽快地接受了她生孩子之事。他每星期在工作日来1—2次。抚养费基本上在上班发工资的时候，每2—3个月给一次。J白天把孩子寄托在保育园，自己全职工作，然而任何事情都要自己一个人做就感到很辛苦。虽然她并不想和他结婚，但是希望他能稍微多参与一些育儿工作。对方的妻子扬言说："即便是形式也好，我会绝对维持家庭。"他也没有要和妻子分手的意愿，平时的各种丧葬婚嫁仪式以及过年、盂兰盆会等的人情往来，亲戚间的相互走动等，他都规规矩矩地做着。

持法律婚姻否定观点的两个人分居，而且当事者的一方处于重婚状态的情形又怎样呢？

虽然J的事例是出于她的进步性意识而自发选择的结果，但其实这种形态与男人有情人或小妾的重婚现象没什么两样。J自己认为她"共同拥有"这个男人的家庭和他本人，但实际上这个男人对育儿的参与程度很低，J对此也感到不满。这个事例与传统型家庭的一个很大区别在于：由于J在经济上和精神上都独立，她不仅没有让男人承担经济责任，也没有破坏男人的"家庭"。J出于对婚姻制度的抗拒而并不承认自己的事例为"不正当的男女关系"，男人也在她的FI的范围内，但是对那个男人来

说，他的家庭是"结了婚的家庭"（图16）。在事实上的母子家庭中，女性的育儿负担很大，男人只不过偶尔做做"家庭游戏"而已。J的事例是现代版的情人生活，但是与从前的养小

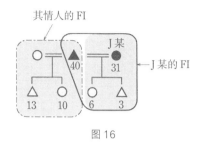

图16

妾需要男方支付维持费相比，这个例子中因为女方生活自立，所以男人的"价值性"就不再被过问了，这是一个非常具有讽刺意义的结果。

在事实婚姻和重婚状况相重合的情况下，法律婚姻总是有利的。在与J处于相同状态的其他事例中，有一位女性在生孩子以后向男方提出承认孩子的要求，却反过来被他的妻子起诉为侵害了"妻子的名分权"而被要求支付赔偿费。可见"妻子的名分权"仍然很强。

J的事实婚姻主义，从理念上来说是属于单婚主义还是重婚主义呢？要做这个判断是很难的。如果对方的妻子同意离婚的话，J也许会希望男方解除其法律婚姻而开始和自己同居。在那种情形下，她的居住和FI的范围就一致了。也有可能是她维持单身母亲的家庭现状，继续和男方保持分居。那么在这种情形下，就成为分居型的单婚呢？还是也有可能同时拥有几个男性而构成重婚呢？当然那里面也包含着女方为重婚的可能性。从性的双重基准来看，会不会J的男性对象可以放纵自己的重婚状态而不允许J的重婚状态呢？从这个例子中涌现了各种各样的疑问。

如果J的选择属于事实婚＋单婚主义，那么她的理念很接

28

近I例子中的近代家庭的理念。在那种情形下，现在J的状况只不过是为法律所制约而不得不采取的过渡期间的模式。如果是这样的话，J的事例在意识上一点也不新。她在意识上确实很动摇，在她的这种半途而废的"新思想"上男方乘机插足进来了，这个也是事实。

今后越来越呈增加趋势的，是因再婚而组成的合体家庭。特别是再婚双方都带孩子的情形，是两种不同的文化相对接。在形态和意识方面出现的新趋势，是女子带着孩子再婚。第一，在传统的直系家庭中，对女性而言，离婚意味着把孩子留下，自己一个人离开夫家。即便是现在的日本，在法律上也不承认父母共同的监护权，在离婚时母亲获得监护权的案例超过父亲获得监护权的案例，不过是最近二三十年的事。第二，在与前夫离婚的母子家庭中，女方再婚的例子至今为止不仅很稀少，而且即便是再婚，也多为把孩子留下的再婚情况。再婚的对方能够容忍女方带来的孩子，这是比较新的现象。如果对方的男子是初婚的话，他比女方年纪小的情形比较多。

▶ K某（女，50岁，药剂师）的例子

孩子出生不久K的丈夫就病死了。之后她带着三岁的女儿再婚。男方也有一个儿子。再婚不久由于丈夫喝醉回来就打女儿，她觉得"要是这个孩子在身边，夫妻关系就不会好"，于是就把女儿放在母亲那儿当养女。之后她虽然倾力于儿子的教育，但是儿子在小学五年级的时候成绩开始下降，由于他的行为与自己所期待的相反，不久就取消了家长的监护权。现在儿子已经工作，一个人生活。由于和送给人做养女的女儿都是同一个母亲抚养长大

的，因此关系还算好，但是女儿对她却有些冷淡。她觉得自己没有说话的资格，因而没有什么办法。

双方都带孩子的再婚，除了夫妻关系以外，还夹杂着与各自孩子之间的关系，所以人际关系错综复杂。在 K 的例子中，夫妻关系优先于母子关系，如果孩子在新生活中成为障碍，那么即便是亲生孩子也选择舍弃。K 曾与再婚丈夫的孩子之间结为养子养母的关系[9]，但是后来她认为这个养子没有出息，就取消了家长监护权。对 K 而言，她把夫妻关系和母子关系都看作一种契约关系，既可以达成协议也可以解除协议。然而其结果是，因为她否认血缘关系优先，所以最后她只好接受亲生孩子"抛弃母亲"的结果（图17）。

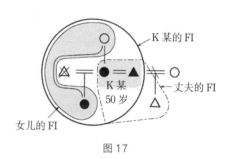

图17

乍一看，K 的事例看起来可能很像传统型家庭，在这个家庭中，女方因为再婚而抛弃自己的孩子、献身于抚养再婚对象的孩子。但是在家庭内部构成的纠葛当中，K 把夫妻关系放在优先位置，为了拯救夫妻关系，她作出了消除其他"噪音"的选择，在这一点上她是非常自觉和合理的。在再婚双方都带孩子的合体家庭中，当然多数事例和 K 不同，大家都能够相处得很好。但是参照美国，就有丈夫对妻子带来的孩子进行性虐待的事例、新产生的异父母兄弟和姐妹相互之间的纠葛、分开了的父亲及母亲的介入等等，正因为人际关系复杂，异父母家庭的经营就更加不易。要在没有血缘关系的地方保持 FI，就需要当事人各自尽更大的努力。

6 意识 / 形态非传统型的家庭

第Ⅲ象限的意识和形态均为非传统的家庭中包含以下内容。首先，从形态脱离了"家庭"的规范这个意义上来说，可以举出血缘和居住不一致这一指标。其第一个类型为非血缘者的共居家庭，第二个类型为血缘者的非共居家庭，那也是压缩为最小单位的单身住户。

提起非血缘者的共居家庭，夫妻本身就是一个事例。夫妻是原本并非家庭成员的人为组建家庭的出发点。正如在家庭内部离婚的事例中看到的那样，有没有"共同的性生活"，对"夫妻关系"来说并非不可或缺的条件。"共同的性生活"只不过是通过由性生活的结果而产生的血缘关系来进行追认。最近的像无性关系那样的性生活不活跃的年轻夫妇、不一定重视性生活的老年夫妇，另外像丁克家庭那样的没有孩子的夫妇，还有不幸不能生育孩子的夫妇等等，如果按照以往的家庭定义，这些都不能称为"家庭"。如果"血缘关系的产生"出乎"共同性关系"的目的之外，而且"共同性关系"也不再成为不可欠缺的条件，那么共同居住的对象即便是同性人士也无妨，共同居住人数是两人以上也没有关系。只要当事人有 FI 意识，不管什么样的集团都能成为"家庭"。在那些被称作集团或者公社的团体当中，就包含了这种"家庭"。

▶ L某（女，39岁，经营印刷厂）的例子

现在她和三位女性一起居住，大家一起经营一家小型的印刷厂。这样的共同居住从8年前开始，成员有时有替换，有时有减少。这些女性通过妇女解放运动而结识，她们共同生活的动机是想一起建立自己的工作室，过一种不制造血缘关系和男女关系的新的生活方式。另外也有在一起生活比较经济的因素。刚刚开始的时候每天都吵架。即便思想一致，但是因为日常生活的方式各不相同，常常会因觉得这个人很邋遢、那个人太细致而感到很累。现在则以自然淘汰的形式，志趣相同的人生活在一起。吵架几乎没有，工作和家务也分担执行得很好。期间L也有和男士恋爱，但最后结果还是安定于和女士一起生活。

32

也有群体家庭的老年人版本。例如《混杂家庭》（吉广，1989）一书中就列举了某退休护士的例子。

▶ M某（女，65岁，原日本红十字会护士）的例子

四名在日本红十字会医院度过了第二次世界大战及其之后的动荡时代的护士，现在建了四栋并排在一起的房子，她们一边可以享受"重要的是四个人"一起生活的乐趣，一边还能充分品尝老年生活的滋味。这几栋建于90多坪*地皮之上的带有前院的二层小楼，都是独门独户。四栋小楼通过内部电话、紧急求救铃和自由往来的院子连在一起，各家的客厅还成为相通的走廊。吃饭是四人一起吃，洗澡是每两个人一起洗。其余活动呢，则包括适当地

---

* 一坪约合3.3平方米。——译者

聚在一起喝喝茶，每天早上一起散散步什么的。这四个人都有个人爱好和研究课题，各自过着勉励向上的生活。她们说："我们比亲姐妹还要亲，是高度志同道合式的家庭，是不规范的共同体"。

虽然从同性集团还是混合性别集团、允许性关系还是不允许性关系等角度存在着各种各样的个案，但是目前比较稳定的集团是全部是女性的同性集团，而且这样的同性集团还有不存在性关系的共同特点。当然历史上也存在过共同居住的诸如寄宿学校、军队等的男性同性集团，但是他们不把这样的集团称为"家庭"，而认为是一时性的强制性必经之站。男性集团通过居住在一起而自发地形成 FI 意识的事例，在本次调查中一例都没有发现。在其他的文献报告中有过像"皆农塾""银河"那样的生态学志向的共同体，但是这样的共同体是男女混合的，其中还存在着"夫妻""父子或母子"的关系。这些集团确实属于非传统型家庭，然而从广义上来说接近于"陌生人同住的血缘家庭"，亦即等于扩大家庭。而且这样的扩大家庭具有共同占有农场等经营实体的物质基础。在集团家庭中之所以找不到全部是男性的同性集团，大概是因为男性集团容易具有手段性的性质，显示了不能仅仅依赖于自我满足的情绪共同性这一性别社会化的局限。

取代它的，是男人们所制造的模拟家庭式的"酒缘家庭"。

▶ "橄榄"（大阪南的小酒吧）的例子

橄榄是一家位于大阪南区的酒吧。全部的柜台座位坐十个人就满满的了。老板娘已过了 45 岁，有大姐大的气质。客人虽然都是些在企业工作的工薪阶层人士，但一大半都是常常光临的主顾。

这些客人或唱唱卡拉 OK，或围着老板娘聊天，每天热闹非凡。情
人节自然不必说，要是有谁生日的话，酒吧必备有礼物，客人们
一起高唱"祝你生日快乐"。有时客人们喝完酒之后，还以老板娘
为中心一起到附近的小餐馆吃饭，然后才回家。另外，客人送的
寿司和点心等也大家一起分享。每年去温泉旅游一趟，费用是客
人和酒吧各分担一半。

34

　　因被称为"妈妈桑"的老板娘的存在、"共同的饮食"和
"共同的妈妈桑"这三点，酒吧的客人都成为了兄弟这样一种模
拟关系（图 18）。据说这里还有这么一种家庭仪式：被自己的家
里人忘却"生日"的客人都会被张罗着过生日。还有一年一度的
家庭旅游。但是到了元旦和盂兰盆节这样的真正要举行家庭仪礼
的节日时，这个模拟家庭就让位于真正的家庭。虽然客人出资购
买瞬间的"家庭游戏"，但他们所处的是一种不要求履行父亲责
任的、很轻松的孩子的地位。

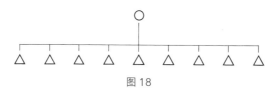

图 18

　　如果同性人士之间存在"性关系"，那么就形成了女同性恋
和男同性恋夫妇。按照传统家庭的定义，历来只把"共同的性生
活"＋"异性间的组合"看作夫妻，然而如果把有无共同的性生
活、同性／异性的组合各自独立开来的话，就有可能形成如表 2
所示的各种各样的形态。当然，以前就有"像姐妹一样"共同生
活的女性同伴的住家，但是在女权主义影响下的男／女同性恋解

表 2

	共同的性生活	
	+	−
异性	夫妇	家庭内离婚 无性生活夫妻
同性	女同性恋　夫妇 男同性恋	集团家庭 长者住宅

放运动中，要求关系得到公开承认和法律保障的声音已经公开化了。在美国的加利福尼亚州，同性恋夫妻的"结婚"已经得到法律上的承认。当然这种"结婚"不可能产生血缘关系，但是可以通过领养和人工授精使"父母 / 子女关系"得以产生。然而，正如苏瓦尔茨和布卢姆斯汀（Schwartz & Blumstein 1985）在《美国人夫妇》一书中明确指出的那样，男同性恋相对来说多次婚的倾向比较强，而女同性恋则相对来说单婚的倾向比较强。也就是说，女同性恋者存在着与固定的对象建立比较长期的稳定关系之倾向，而且"家庭"的志向也很强。以下是一对女同性恋夫妇的例子。

▶ N 某（女，40 岁，公司职员）的例子

N 19 岁的时候就结婚了，属于学生结婚。丈夫比她大一岁，是个很诚实的男人。也买了自己的房子，孩子分别 18 岁和 14 岁。但是她与丈夫分居了，现在和一个 27 岁的女人同居。20 年来她一直努力试图和丈夫交流，但是彼此不能互相理解。尽管作为男人来说，她丈夫并不算强制压迫型，是个好人，但是到头来还是无论怎么说两人之间在感性上和意识上相差甚远，没法合到一起。

她所抱的基本态度是一个人也能活。但是觉得相互支持也很重要。和那个女人一起生活心情很舒畅。同居的那个女人也说她开始相信人际关系了。N 想在不久的将来和她建立养母女关系。

非血缘者的同居中经常使用诸如"像姐妹一样""比姐妹都亲""像母女一样"等等的血缘关系的比喻方式。在任何实体性基础都不沾边的关系当中，用亲属关系的词汇来增强关系的倾向更为强烈（图 19）。

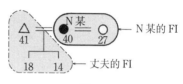

36

图 19

与此相反，那种把家庭向非传统方向开放的意识，是通过引进家庭当中的亲属关系以外的词汇，例如"像朋友一样的夫妻""像朋友一样的父子 / 母女"等的比喻来表达的。代表新家庭的"朋友夫妇"本来就具有打破家庭传统意识的方向性。虽然有人说婴儿潮世代的"朋友夫妇"不过有名无实，实质上他们制造了传统的性别角色分担型的旧式家庭，而延续这种方向的是新人类 * 的"爱好相同夫妇"。这种夫妇年纪差别很小，两人具有相同的兴趣和行动，属于心理延缓偿付型，往往不要孩子。他们并非阿尔特曼体系[10]的背后假说所设定的"互补夫妻"，而是"相似夫妻"。丁克家庭是这种"朋友夫妻"的一个版本，他们不仅讨厌阻止"爱好相同型"夫妇活动的各种束缚，而且害怕由于孩

---

* "新人类"是日本经济人类学家栗本慎一郎创造的词，从 1979 年起在电视、电台和大众周刊等媒体上被广泛使用。指的是 1956—1967 年出生的一代日本人，他们标榜自我，不受传统价值观束缚，勇于尝试新事物，追求自由、率性和自然的生活态度。——译者

子的诞生而不可避免地产生父亲和母亲的角色分担，这会损害自己的"像朋友一样的"关系。

▶ O某（女，37岁，舞女）的例子

37   O某在20岁的时候与身为工薪阶层的丈夫结婚。21、22岁的时候决定"不要孩子"。因为她觉得要是有孩子的话，想法就会变得保守。要是夫妻两个人的话，可以自由自在地生活。自由对她来说是非常重要的一件事。另外她说自己不能忍受孩子加入夫妻两人之间。她讨厌什么事情都以孩子为中心，夫妻互相称呼对方为"孩子他爸、孩子他妈"的关系。但是她丈夫想要孩子。目前的状况是他尊重她的生活方式，容忍着她的不想要孩子的想法。他们采用避孕药的方法来避孕。她有时听到丈夫说"没有孩子，所以不像家"之类的话语时，心头会袭来"这个婚姻可能会黄"的不安。

"同兴趣夫妇"的理想经常在少女漫画中被描写为"孪生兄妹夫妇"[11]。孪生兄妹（双生儿）是宿命的一对伴侣，同时他们也是一种被禁止性生活的"兄妹"关系。在夫妻关系中带入"像兄妹一样的"这种在性方面为中性的比喻，对"同兴趣夫妇"来说是受欢迎的，但这是受以下两种动机所支持的。第一是想在两者之间把性的要素压缩到最小的动机，第二是想在两者关系之间确保一种能把第三者、第四者叫进来的开放性（与字面意义相同的、同好会式的）的动机。实际上，同兴趣夫妇结婚后也存在着和其他夫妇一起度过余暇，不太采取排他性行为的倾向。

孪生兄妹是一对被禁止性生活的宿缘。孪生兄妹夫妻把排他性的"性的共同"压缩到最小——目前这种情形并不是朝以前的"性

解放"方向，而是面向"性生活的不存在"方向发展——这究竟是
要解散"家庭"还是一种开放家庭的尝试？亦或相反？我们难以马
上作出判断。之所以这么说，也是因为在夫妻关系之中带入诸如
"母亲—儿子""哥哥—妹妹"这些表示亲属关系用语的做法，是一
种为原本非血缘关系的无家庭的人提供模拟性的稳定基础之手段的
基石。大概在家庭基础变得脆弱的时代里，"孪生兄妹"的幻想要
比"夫妻"的幻想更能给人一种强烈牢固的心理安定作用。因为再
怎么说夫妻毕竟是他人，而孪生兄妹总归是有血缘关系的家里人。

　　也有 FI 面向人以外的东西，如宠物、流产而死的胎儿、死
者等等的情况。

▶ P 某（女，45 岁，公司职员）的例子

　　P 某和丈夫一直处于分居状态。虽然她有一个 18 岁的儿子和
一个 17 岁的女儿，但是她认为孩子们已经成为独立于自己的个体
了，总认为他们两个人马上就要离开家了。尽管有时候觉得寂寞，
但她并没有想从谁那儿得到安慰。男人呢，光她丈夫就已经够受
的了。父母已经死了，哥哥虽然还活着，但是关系比较疏远。最
近老是深切地怀念在 27 岁时死去的弟弟。她觉得自己真正的亲人
只有父母和弟弟。

　　P 某的 FI（图 20），与其说
是面向生殖家庭（自己创造的家
庭），不如说是更面向原生家庭
（自己所出生的家庭）。这也许是
一种心理退化的表现。然而，即

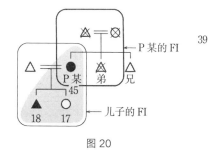

39

图 20

便是自己的孩子，随着他们的成长，也一天天地变得不如自己所愿的那样。与此相比，正因为死者是不会变的，所以可以进行美化。

以下是思想上确信自己是单身的同性恋男性的例子。

▶ Q 某（男，35 岁，高中老师）的例子

现在他的共居家人只有一只猫。大学毕业后，他曾经与一个同为同性恋者的男人同居，但是他觉得还是一个人生活最为自然，就中断了同居生活。之后他一直一个人生活。现在虽有一个恋爱中的男友，但是他绝对不想一起居住。父母觉得他总有一天会"浪子回头"。尽管他是长子，但即使父母去世，他也不想参加葬礼，妹妹的婚礼他也没有参加。他要求家人把佛龛处理好。当然他并不期望得到家里的财产，也充分作好了老死于路边的准备。最近几年，就是正月和盂兰盆节他也不回父母家了。

Q 某是一个确定的反家庭主义者，然而即便是他，也和猫一起生活，他说自己仅对猫抱有责任感（图 21）。

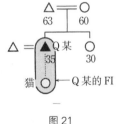

图 21

7 新的家庭幻想

40　　　如果说不伴随实体性的共居也有可能对死人、同性恋人和人类以外的生物抱有 FI 意识，那么相反也可以表面上与有血缘者过着普通的共居生活，而其 FI 意识则面向想象中的家庭的事例。假如说对家庭的看法多为一种幻想而非一种实体，那么一开始就

也有可能存在着幻想中的家庭（虚构的家庭）。人们都知道宗教的共同性经常使用血缘关系的词汇，企图构建虚构的家庭。

在这里，我想通过探讨新的大众文化场景里出现的家庭幻想的内容，来试着预测家庭的未来走向。

受少女漫画的影响，吉本芭娜娜的作品令人吃惊地以其风格和感性受到同时代女性读者的青睐。在她的作品中，"孤儿"这一关键词频繁出现（吉本，1988）。虽然在故事的开头，主人公在没有任何说明的情况下就以孤儿身份登场的写法，就故事本身来说是一种不自然的设定，但这种设定在少女小说的历史中具有悠久的传统。因为通过与孤儿主人公这个角色同一化，读者就可以否定现实中的亲子关系，随心所欲地畅游在自己空想的世界里。有一个父母是团块世代的 12 岁少女，设想自己原本是一个"抱养来的孩子"，不停地给其虚构的"真正的父亲"写信。她通过设定理想化的虚构的父亲来否认现实存在的父女关系。

41

在这些少女世界里流通的传媒、少女漫画和神秘学杂志中，经常可以看到像前几年的"魔幻大战"热那样的以前世的家庭为主题的内容。1989 年 8 月在德岛曾发生过三个女性小学生和中学生为了看自己的前世而写下剧本自杀的事件。那么，在这些与佛教的世界观几无交集的女学生身上，"前世"这一关键词究竟起到了什么样的作用？

首先，"前世"与"现世"相对。和孤儿幻想一样，前世之缘只不过是现世之缘的短暂存在，前世之缘是绝对的，这样就帮助人们否认现实，并向空想逃避。第二，"前世"一定与特定的关系，即缘分结合在一起。这也和孤儿幻想一样，是孤儿这件事并不意味着孤立和断绝，而是使关系自由产生的出发点。第三，

"前世"的缘分，常常并非停留在本人的记忆中，而是作为不可逃脱的宿命由第三者口述而来。从这一点上来说，它是绝对的，没有选择余地的。对于无意识世界里（以及由他人指示的）的东西，只能顺从。现实的亲子关系，对孩子来说应该是一种没有选择余地的绝对性的东西，然而孩子们否认现实中亲子关系，去追求一种更为绝对的、更没有选择余地的关系，那是什么原因呢？

42　　也许我们必须指出隐藏在背后的战前的"孤儿"幻想与今天的"前世家庭"幻想之间的落差。从前的现实家庭具有一种必须强烈否定才能逃离的实体性力量，与此相对，现代的十几岁的孩子所处的家庭，已经变成了随时可能因为父母的心血来潮而解体的非常不稳定的东西。纺木泽在其漫画《Hot Road》（纺木，1986—1987）中，让生活在父亲已经过世的母女家庭里的少女对其好做梦的母亲说出了这样一句台词："你得稍微像个母亲样"，这也暗示着这个家庭的不稳定性。虽然这么说，原因并不能归结于现代的新新人类和团块世代二世＊的父母那一代人的人格局限性和缺陷。正如迄今为止所论述的那样，家庭已经丧失了家产／家业／家名这样的实体性基础，"共同居住"和"共同

＊　是团块世代的孩子，大多出生于 1971—1974 年，又被称为"失落的世代"或"就职冰河期世代"。现在大多为 48—51 岁的中年人。他们在泡沫经济破灭后的 1990 年代初遭遇就业难的窘境，从不知道高度经济成长期的盛况，长期处于非正规雇佣的状况，有很多人现在陷于因要照顾高龄的父母而生活不稳定的困境。在就业的时候因目睹企业倒闭和重组，故有强烈的危机感。为了提高自己的市场价值，积极地取得各种执业证书和双重学位，志向成为专业人士。这个世代从小玩电视游戏，在大学时代随着手机和因特网的普及而成为网络文化的旗手。进入社会以后，他们这代人对企业的忠诚程度不如其父辈那么强烈，更多地将重心转移至个人及其家庭生活。这代人的家庭多为妻子也工作的双职工家庭。——译者

吃饭"等要素也已经动摇，甚至连"共同性生活"和"共同血缘"都已经靠不住，在这样的现今社会，FI难以找到它的根据地。其中一个着陆点与"前世"这一表示绝对的、无意识的、非选择性关系的关键词相吻合，这一点颇有意思。在家庭提高自由度（因此不稳定程度提升）的时代里，似乎孩子们更多地在追求一种绝对性的关系，而非实际的家庭。

　　这个事实，给家庭（由此而产生的家庭幻想）究竟是什么的问题提供了一个暗示。在FI在意识和形态上皆从传统型向非传统型转移的最后结局中（不管有没有理想化），构想一种更甚于现实家庭的绝对的宿命的关系这一似是而非论，体现了用"家庭"这个词汇人们所要表达的事物的一个本质。也就是说，人们不把自发的选择性关系——其产生和解除都可能的关系——称为"家庭"。因此，在把某种选择性关系用"像家庭一样"的比喻称呼时，想把这种关系的基础从选择性的关系置换为绝对性关系的动机在发挥着作用。

　　虽然FI从非选择性关系转移到选择性关系，但同时它也从上述移动的相反作用中，向构建更为坚固的非选择性方向发展。宗教和超自然也就是在这样的时候发挥力量。孪生兄妹幻想也是其中的版本之一。在这种情形下，与其说是"我们很相爱啊"的认识，还不如说是"我们俩是（宿命的）很相似的伙伴"的自他认识，对两人关系的稳定性更起作用。在"各个方面很相似的两个人偶然相遇，一看却原来是异性"这种FI的意识下，性别差异和性欲都成为噪音了。同样，用"前世之缘"这种可怕的复古词语，孩子们所追求的存在依据也是自己"生于现世是前世的宿命，而并非父母不确切爱情的产物"。

43

很清楚，战前的"家"观念，如果其物质基础被剥夺了，那么它也只是一种幻想。为了寻求代替它的新的家庭幻想，FI 在"前世"和"孪生兄妹"等词汇上辗转反侧。尽管接下来代替"家"的强有力答案尚未出现，但有一点是肯定的，那就是 FI 与超个人的幻想以及把自己送到这个世界的必然性根据连接起来了。从这个意义上讲，家庭是永远的心理"保险财产"（Security Good）。

一方面，在不可能破碎的表面背后，现实中家庭因危机而解体，并抛弃对家庭不利的成员。另一方面，在家庭看起来增加了自发性和选择性的方向背后，被附加的绝对性幻想也得到了强化。似乎家庭在"解体"的方向上，并不一定向某个方向移动。

（附记）

本论文是依据 1990 年度的小田急学会赞助研究项目"家庭自我认同意识"而写成的。共同研究者为向田贞子、山田芳子、大岛美树子、山本美穗子、高桥元子、森绫子、宫井里佳、井面和子和辻中俊树。我想对小田急学会和共同研究的各位人士表示感谢。另外，除明确指明出处的二次资料之外，均为本研究课题获得的一手资料。

注：

[1] 对于 CI 一词，最近也有指社区自我认同意识（community identity）的用法，这也反映了居民的移动率增高、地域社区成为加入和脱离都很自由的人为集团的现实。

[2] 例如平安时代的访妻婚是父系随母居住的居住方式，虽然孩

子和父亲不住在一起，但是按照父系出身的原理，孩子和一同居住的母亲属于异族。文化人类学的亲族研究中，母系随父居住的方式在理论上并没有观察到（Lévi-Strauss，1947，1968／列维·斯特劳斯，1977—1978）。

［3］　由户塚宏创建的快艇学校，以包括体罚在内的严格的斯巴达教育法来锻炼匡正失足青年。1983 年发生了练习生死亡的事件。

［4］　"以老人身患痴呆症病为离婚理由"，《读卖新闻》晚报，1990年 9 月 17 日。

［5］　调查显示：有残疾孩子的家庭离婚比较多，而且在对待残疾儿童方面父亲与母亲有很大的性别差异（要田，1986）。

［6］　至于母系同居的增加，我们也可以考虑随着出生孩子的减少，只有女儿的家庭增多了的原因。另外，当我们看结婚改姓的动向时，因为孩子 95% 都随丈夫的姓，所以我们可以明白这个数据体现的是随母同居的形式，而不是以前的招女婿婚姻形式。

［7］　根据我们实施的其他调查，40 岁以上的夫妻之间，夫妻寝室分开的例子有所增加，这类例子也呈现了性生活频度减少的趋势。

［8］　如果已过世的丈夫有未婚的弟弟，妻子就与他结婚的"弟兄逆缘婚"的习俗一直到战后还根深蒂固地延续着。媳妇和弟弟都是为了"延续家族"的牺牲品。战后不久各地都发生了这样的令人笑不出来的悲喜剧：收到的公报说已经战死的长兄实际上还活着，后来复员回到已经与弟弟结婚的妻子身边。

［9］　在日本的法律制度中，并不自动产生因再婚而和结婚对象的孩子形成的亲子关系。需要建立一种与婚姻关系不同的养父母—养子女的关系。

［10］　一种通过支付会员费而登记的相亲产业。

［11］　在少女漫画中，就像竹宫惠子在《风和木的诗》中描绘的杰尔波特（Gilbert）和瑟杰（Serge）（竹宫，1977—1984）、木原敏江的《摩利和新吾》中的鹰塔摩利和印南新吾（木原，1979—1984）、吉野朔实的《朱莉叶的鸡蛋》中的光翔和萤（吉野，1988—1989）那样，宿命的一对情侣被反复描写着。这样的一对情侣如果是非血缘者，就必然是因为同性而被禁

止发生性关系；如果是异性的话，则因为是血缘关系者而被
禁止发生性关系，这样的机制分别发挥着作用，保持着类似
和接近之间的平衡（上野，1989b）。

二 家庭的临界点

——以看护力量的公正分配为核心 *

前言

在"家庭"的"解体"和"危机"广为人们所认知的情况
下，家庭如何才不算家庭呢？在被称为家庭的个体化这一趋势
下，家庭会还原为个人吗？在大部分家庭理论倡导"个人化"
（目黑 1987）、"个族化"（每日新闻社生活家庭部编 2000）、"单
身单位制"（伊田 1995）的情况下，倘若家庭还原为独立的成人
之间的契约关系，那么我认为"家庭"这个领域最终解体也未
尝不可。然而，在现实中，即便家庭看起来已经发生了变化，
它并没有消失，社会上也没有出现替代迄今为止家庭所发挥的
功能的制度。本稿将围绕"家庭的临界点"这一问题，尝试去
解答"与依赖型的他者之间的关系"，亦即看护照顾的公平分配
的问题。

---

* 2009 年初次发表。

1 在"家庭自我认同意识（FI）"研究中的家庭临界点

家庭的界限

48　　90 年代初我在《近代家庭的形成与终结》（上野 1994）一书中所提示的家庭自我认同意识研究（本书第一部分第一章），当时作为先驱性的"主观的"家庭研究，得到家庭社会学研究者一定的评价。之所以这么说，是因为到那时为止，无论在社会学领域还是人类学领域，有关"家庭"的客观定义几乎都已经解体[1]，人们开始要求用解释学、建构主义的方法取代以往的"家庭"研究。建构主义思路，并非追究"家庭是什么？"的问题，而是将研究的对象转移到"人们认为家庭是什么？"这个问题上。以往定义家庭的必要条件中，有共同居住、血缘相通、共同的性生活、共同维持家计、共同经营家业、共同的家名和家产等，但是这些共同性的基础都已经分离解体，对于"以什么样的条件来定义'家庭'好呢？"这个问题，学者之间也很难达成一致的意见。

49　　我的"FI（家庭自我认同意识）"研究，反映了上述的家庭的变化和解体现象。我之所以聚焦"家庭自我认同意识"这个概念进行研究，是因为它和自我认同意识一样，可以把"同一性"这个概念用于集团的自我定义上。再者，针对"家庭是什么？"这一问题，我认为不让当事者用这样那样的叙述性言语来进行自我定义，而是设定一个"对你而言，家人指的是什么样的人？"的既可操作又能客观验证的问题，才是研究方法的独特性，才能使分析有效。通过提出"哪些人可以包括在'家庭'的范围内"这个问题，不仅当事者，而且第三者都可以确切判定家庭的界限。这样的"主观性"界限与从"住户"这一居住单位可看到的"客观的（空间性的）"界限是不是一致？如果从第三者的角度能够判断这一问题的话，那就赋予了FI这个概念以分析的有效性。

而且，为了明确形态与意识之间的差异，我们构建了像图22一样的四象限的图示，战略性地把在家庭形态或意识上，或在两方面都为"非传统的"家庭，也就是历来都不被称为"家庭"的"边界家庭"（borderline family）作为研究对象。如果是第Ⅱ或第Ⅳ象限的家庭，我们说意识和形态之间有差异就行了。然而，在那些意识和形态均为"非传统的"集团、从传统的标准来看不能视为"家庭"的脱离常规的事例中，倘若当事者们也把这种相关联的事例称为"家庭"的话，那是为什么呢？我们想搞清楚这一"家庭的临界点"的问题。我们也想弄明白；在形态上可视为家庭的事例中，其意识发生了很大的改变。

例如，在处于夫妻关系和亲子关系的三个人均作为单身住户分别在东京、新加坡和英国居住的"国际分散家庭"的事例中，尽管他们属于住户分离的状态，但是他们相互认作"家庭"的FI的范围完全重合（图23）。与此相反，在排斥婚姻制度、选择作未婚妈妈的女性和她的孩子及男性伴侣共同居住的"事实婚姻"例子中，无论当事者们的家庭意识如何激进，我们可以发现：他们与主观性的"家庭"界限和客观的"住户"界限完全重合的传统型"近代家庭"没有什么区别，不如说就是"近代家庭"（图24）。

这个FI研究的发现，主要有以下的内容。首先，家庭自我认

50

同意识在多方当事人中未必一致。FI 并非由共同居住、血缘相通决定。在同一宅基地内于不同建筑物内毗邻居住的妻子方扩大家庭的例子中，妻子的 FI 包括自己的母亲，但是丈夫的 FI 只包括自己建立的核心家庭。对妻子的母亲而言，在同一宅基地上居住的女儿一家和儿子一家都包含在她的 FI 中（图 25）。其次，我们发现：不仅有不遵照异性间婚姻关系的女同性恋和男同性恋的"家庭"，还有死者和宠物也被认为包含在"家庭"的界限内的事例。[2]

51

图 22　家庭的变化过程

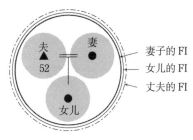

图 23　国际分散家庭

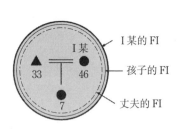

图 24　事实婚姻家庭

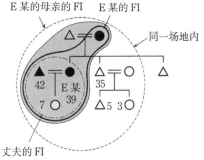

图 25　在毗邻的不同建筑内居住的扩大家庭
　　　　▨是图 25 的共居范围

在叙述"家庭是什么"的多种论说面前，如果从建构主义的 52
立场讨论，这个问题就会转换成以下的情况：即便无法决定"什
么是家庭"，通过探求"人们把什么称为家庭"，可以逆命题式地
弄清楚当事者在"家庭"这个概念上所寄予的价值和规范意识。
我们发现：哪怕是隐喻，当事者在叙述自己与宠物或死者的关系
时，表明说"（它／她／他）就像是自己的家人"，其背后隐藏着
他们渴望在这个世界有一种由命运连接的关系和一个真正可以信
赖的亲密圈的心愿。

对亲密圈的疑问

然而，"家庭"研究并非就此结束。尽管可以窥探到"家庭"
这一魔咒因把与亲密的他人之间的关系称为"家庭"而把偶然改
变为必然，我们也无法弄清为什么这种关系是"家庭"的理由。
近来，由于有关家庭的命名法本身已经从受血缘和契约约束的
"家庭"观转移到独立的个人自行选择的"亲密圈"，因此，"家
庭"研究最终看起来甚至连基本概念都已经解体了（斋藤（纯）
编 2003）。有人认为；即便不再使用"家庭"这一术语，用"亲
密圈"这个术语取而代之的话，就几乎可以覆盖以往"家庭"研
究作为考察对象的所有领域。也有人提倡"单身单位制"，主张
"家庭"最终会解体（伊田 1995）。若是这样的话，所谓"亲密
圈"，不过是独立的个人通过自我选择而维系的私人领域，在这 53
里不需要法律和制度的介入。反过来而言，由于独立的个人之间
的关系，都可以用公民社会的法律和契约关系来解决，可以说没
有必要特别设立处理私人领域的法律。但是，果真如此吗？

对于采用"亲密圈"这一术语来取代"家庭"的论者，我

有如下的疑问：（1）几乎所有的场合，"亲密圈"都是作为替代"家庭"的术语而被使用，但是我感觉不到因采用新的概念而产生的积极意义和效果；（2）由于采用"亲密圈"这一术语，公私领域的分离就要维持下去并进行再生产，那实际上就支持了"隐私"一词源自"国家不介入之原则"的观念；（3）"亲密"是一个比"家庭"更难定义的主观概念，实际上把"一点都不亲密"的关系误认为是"亲密圈"的可能性是很高的，等等。比上述三点疑问更大的是，（4）能够把独立的成人之间也许成立的"亲密圈"的概念，也扩大到像小孩和老年人这样的需要依赖别人的人身上吗？之所以这么说，是因为如果他们不依靠哪怕是"不太亲密"的他人，就无法生存下去。这个事实，要是我们看那些虐待的事例，就会明白。在"家庭"并不局限于"亲密圈"的事实已经很明朗的今日，仅凭"亲密圈"的概念无法涵盖的领域，仍然残存在"家庭"之中。因此，在把"家庭"研究还原为"亲密圈"研究之前，我们依然还有要做的事情。

2 平等主义家庭论批判

法恩曼的家庭论

近代家庭（modern family），在不同的论者当中被称为婚姻家庭（conjugal family）、一夫一妻制家庭（monogamous family）、两性家庭（sexual family）、性别化家庭（gendered family）（Fineman 1995 / 法恩曼 日译版 2003 / 牟田 2006 / 落合 1994 / 山田昌 1999）等，其性压迫的特性一直遭到揭发和批判。这些命名法中共通的一点是，对认为由一对异性男女组成的关系才称为家庭的强制性异性恋规范（compulasory heterosexism）进行批判。

　　克服这种强制性异性恋规范的方向大致有二：（1）使异性恋规范解体的方向；和（2）让一夫一妻制解体的方向。前者就像在法国的民事结合法（PACS）和美国的同性婚姻中可以看到的那样，是一种对男同性恋伴侣和女同性恋伴侣也同样像对待异性恋的婚姻关系一样提供法律保护的民事规定。然而，有人指出：这个方向不仅依然摆脱不了一夫一妻制和伴侣主义的影响，也存在男同性恋者和女同性恋者把异性恋的一夫一妻制家庭作为模范来效仿的局限性。

　　另一方面，主张后者方向的，主要是美国的性别法学者玛莎·法恩曼（Fineman 1995 / 法恩曼 日译版 2003）针对那些惧怕一夫一妻制的解体会导致乱婚状态的回归和家庭制度最终解体的人，法恩曼提倡的是家庭的重组，而非家庭的解体。

　　比性的纽带更重要的看护照顾的纽带

　　法恩曼认为，由所谓"两性家庭"的一对男女的"性的纽带"而组成的近代家庭，其使用年限无论在理论上还是在实践上都到头了。这是她主张的根据所在。在这个主张的背后，是她所生活的美国社会中"性的纽带"的持久性和稳定性均已显著下降的现实。具体表现为，离婚率急剧上升，单亲家庭大幅增加。现在美国的出生人数中，非婚生子大约占据了三分之一的比例。尽管如此，还不能说美国家庭已经崩溃，其原因是即便是今天，几乎所有的孩子都是在父母（无论单亲还是双亲）身边养育长大的。换句话说，尽管单亲家庭（90% 以上是单亲妈妈家庭）的贫困率很高，还经历着各种经济上和社会上的困境，几乎所有的

55

（母）亲非但没丢弃孩子或杀死孩子，也没有把孩子寄托于机构，而是自己亲手抚养。

56　　　默多克所定义的"核心家庭"，指的是由一对性伴侣和母子／母女的结合而形成的社会集团的最小单位。这个借用原子核物理学的术语而被命名为"核"（nuclear）的最小单位，在现实中进一步反复分裂，最后解体为可称作"素粒子家庭"的单位。近代家庭虽然以一对性伴侣和一对母子／母女的重合，即孩子的父亲是其母亲的丈夫为前提，但是在离婚／再婚／再再婚日益增加的情况下，性伴侣与母子／母女发生分离的状况正在进行中。在这个过程中，一方面"性伴侣"的稳定性和永久性显著下降，而"母子／母女关系"的稳定性和永久性相对来说增强了。倘若这个"母子／母女关系"也到了解体的程度，那么社会的最小单位就成了"个人"，然后实际并没有出现这种状况。如果我们仍然把"母子／母女"视为正常发挥着作用的再生产单位，那么在"家庭"的名义下应受法律保护的对象，并非因（性的纽带）而结合在一起的性伴侣，而是由（看护照顾的纽带）而形成的"母子／母女"关系，这是法恩曼的主张的核心。

　　在得出此结论的过程中，法恩曼尖锐地批判了女权主义者为解决近代家庭的压迫性而提出的"平等主义家庭"（egalitarian family）这一解决方案。大多数女权主义者把近代家庭中的性别角色分担看作压迫的主要原因。她们在不质问规范近代家庭的制度，亦即以异性恋主义为基础的一夫一妻制本身的情况下，一直倡导解除性别角色分担的"平等主义家庭"[3]。

57　　　很多由女权主义者主持的实证性家庭研究，比如霍克希尔德的《第二轮班》（*The Second Shift*）［Hochschild 1989 ／ 霍克希尔

德 日文版1990〕和船桥惠子的《育儿的性别／政治学》（2006）等，均指出了家庭内性别角色分工的问题，启示了解决这一问题的道路。

法恩曼指出，即便"平等主义家庭"是女权主义者的理想，它也只具有有限的实现可能性。若要使这种"平等主义家庭"成立，必须具备以下三个条件：（1）婚姻关系必须稳定持续；（2）夫妻双方必须就职于收入差距较小的小型企业；（3）而且，夫妻双方必须从事与育儿相关的、时间比较充裕的职业种类。这样的条件，仅限于像大多数女权主义者实际上从事的诸如大学教师之类的精英型工作。实际上，不只是大多数人不符合上述的三个条件，而且连原本的性别角色分担都未实现的单亲家庭越来越多。法恩曼所提出的"废除婚姻这一法律制度"的主张，乍一看似乎很过激，但实际上是一个非常现实的问题。她主张：要优先于其他任何社会关系，用法律制度将已经这般失去了稳定性和永久性的"性的纽带"来进行特权化，事实上并不存在任何可以这么做的根据。成年男女，无论同性还是异性，他们要结成什么样的关系，均没有必要把这种关系当作法律要保护或制裁的对象。法律只要保持不介入这样的性关系的立场就好了。在那些成人中间，若有暴力或人权侵害的行为，用公民社会的法律来制裁就行。[4]

然而，与小孩、老年人等依赖性比较强的他者多多少少属于持续性关系的"看护照顾的纽带"，那就不同了。这是因为与"性的纽带"相比，"看护照顾的纽带"相对来说具有稳定性和永久性，而且在现实中也需要这样的稳定性和永久性。它具有成为法律保护之对象的现实依据。之所以这么说，也是因为在实际上一直增长的母子家庭中，出现了随着单亲母亲无能力承担责任，

58

国家权力介入私生活的现象。

依赖的私人化（Privatization of Dependency）

随着单亲母亲家庭的增多，这些单亲妈妈成为人们批判的、吃福利的弱势群体。在美国，单亲母亲家庭的贫困率较高，生活在这样的家庭中的人一般成为国家福利制度的资助对象，给纳税者带来很大的负担。尽管成为单亲母亲的原因有丈夫去世、离婚和不婚，但是其中存在着规范方面的顺序。丈夫死亡的单亲妈妈是令人同情的，而选择离婚和不婚的，则往往被视为不遵循父权制规范的"任性女子"，而成为制裁的对象。然而，现实中处于增加趋势的，是因离婚和不婚而产生的单亲妈妈家庭。

在育儿的社会化并未实现的社会里，出现了法恩曼所说的"依赖的私人化"（Privatization of Dependency）现象。针对诸如小孩和老人这样的"主要依赖者/主要受抚养者"（primary dependency），法恩曼把因负担依赖性的他者而产生的状态称为"二级依赖/次要依赖"（secondary dependency）。近代家庭中的性别角色分担，一直被视为女性的"二级依赖"的原因。但是，在单亲母亲家庭中，由于没有可依靠的伴侣，单亲妈妈就不得不依赖国家的福利制度。这种"二级依赖"滋生了"专吃福利、不欲工作的单亲妈妈"现象，成为被人们诟病的对象。这证明了要求采用工作福利制（workfare）*而非福利制（welfare）的呼声，在单亲母亲家庭身上是无效的。这也是因为人们明白了：工作的单亲母亲家庭的年收入，低于最低生活保障金收入的标准。

---

* 美国政府的一种要求有工作能力的享受社会福利的待业者参加公共服务或接受技工训练的救济计划。——译者

因成为领取国家福利金的受养者，单亲妈妈家庭一直以来是各种公共监督和干预的对象。仅因为是福利金的受养者，单亲妈妈就要接受公共机构事无巨细的检查，比如她会被怀疑是否具有行使监管和教育子女之亲权的能力，也会被查家里是否有已经离婚了的前夫和男朋友等进进出出的情况。法恩曼把"看护照顾的纽带"看作法律保护的对象，主张把这种纽带当作一种"隐私权"（privacy）来支持。这意味着，这是一种即便接受公共援助，单亲妈妈在其亲子关系和性关系（只要不存在非法行为）中也不接受国家和公共权力干预的权利。

3 隐私权的再定义

隐私是存在于公民社会外围的私人领域，不仅是规避国家和公共权力干预的"营垒"，也是公民社会的规则不适用于此的"无法地带"。近年来，各式各样的论者都提及这一点（上野2000a／上野2006）。人们一向认为，近代社会是根据"公私分离"的原则而成立的，然而这个"私人领域"并非仅仅是公民社会的"外围"，相反，它一直被置于公私相互依存的关系底下，被认为是应该支撑"公共领域"的范畴（上野1990a）。对此，约翰·斯科特曾一语道破："所谓私人领域，是公共领域制造出来的东西"［Scott 1988／斯科特 日文版1992，2004］。

果真如此的话，那么国家和公共权力不干涉隐私权的原则，也可能有不同的理解法。女权主义法学家弗朗西斯·奥尔森把这个原则解释为"不干涉也是一种干预"（No intervention is an intervention）［Olsen 1995］。私人领域的暴力、家暴和儿童虐待、老年人虐待等情况，以往一直未在"隐私权"的名义下成为公共权力的干预对象。反过来说，根据不干预的原则，公共权力一直默认或容许在公民社会中视为犯罪的不法行为。"隐私权"的概念，对强者而言一直意味着专制和统治，而对弱者而言，则意味着压迫和牺牲。

61

随着女权主义者把私人领域的暴力和虐待当作问题来对待，把公共权力干预私人领域的事情正当化的法律理论在不断完善。要是在路上打了人或强奸了人属于犯罪，那么在家庭里发生同样的事情，也应该算犯罪。这样，夫妻间的强奸就作为犯罪行为而得到制裁。在家暴和虐待的事件中，经由公共权力干预而采取的紧急避难、隔离、分开居住等等的措施才成为可能。公民社会的法律，终于也进入了私人领域。《性在美国：一项权威性的调查研究》一书的合著者们，提出了"私人性交／公共性交"这样的令人吃惊的概念［Michael，Gagnnon，Laumann & Kolara 1994／迈克尔等著，日文版 1996］。根据他们的说法，并非所有的性交行为是"私人的"，涉及到他人身体的性行为是"公共性交"。若是这样的话，因为在多个行为者之间实行的所有性行为都算"公共性交"，所以不经对方同意的"强迫性交"，不管对方是妻子还是孩子，都算侵害他人的性人权的行为。所谓"私人性交"，指的是个人对自己的身体进行接触的行为，也就是说仅限于自慰。换句话说，所谓"隐私权"，指的是切缩到自己身体领域的范围。

如果按照他们的说法将"隐私权"进行再定义的话，以往夫妻间的强迫性交并没有在"隐私权"的名义下被视为犯罪的做法，与在"隐私权"的名义下，不光使用者而且工会组织均拒绝

将性骚扰当作问题的做法，就不再具有正当性。　　　　　　　　62

　　果真如此的话，那么是不是公民社会的法律若能适用于除自己以外的他人所参与的一切相互行为中，就行了呢？是不是"隐私权"已经缩小至个人身体的领域，在与他人的关系上，已经成为一个不必要的概念了？

　　然而在这里，我们又会碰上"不能自立的个人""依赖性他者"的问题。近代公民社会的法律，是把"自己能够做决定的人"，亦即"有责任能力的个人"假定为"法律主体"的。倘若公民社会的成员全都是这样的"法律主体"，那就没问题。然而，对于那些不足以成为这样的"法律主体"的人来说，公民社会的法律，呈现出局限性和无能。而且，公民社会一直把这样的"依赖性他者"置于社会的"外部"，并把这个领域称作"家庭"。只要有关这个"依赖"的问题不解决，无论个人主义的家庭论再怎么持续地把家庭还原成个人，"家庭"都会重复还魂为僵尸。

4　作为再生产制度的"家庭"的意义

　　近代家庭成立在"依赖的私人化"（Privatization of Dependency）　　63
之上。一切被称为"女性问题"的东西，都是因由孩子、老年人等"主要依赖者"所派生出来的"二级依赖"而产生的。即使近代家庭解体了，"依赖"的现实本身不会消失。即便"依赖的去私人化"有所进展，我们也很难想象其完全"社会化"（亦即"再生产工厂"和"小孩牧场"！）能够成立。之所以这么说，是因为在人成为人的过程中，要尽用市场化和公共化的手段，就必须花费太庞大的成本。即便是在生育技术已经非常发达的今日，孩子是在个别的家庭中成长的，监管和教育孩子的监护人也通常是生养这个孩子（或者与孩子维系长久关系）的个人。因此，作为再生产制度的"家庭"的意义，即使到今日也没有消失。"家庭"之所以不能还原为"个人"的集合体，是因为它承担着这些"依赖性他者"的缘故。

　　法恩曼所谓的"看护照顾的纽带"，指的是与这些"依赖性他者"之间的多多少少的持续性关系。当"看护照顾的纽带"变成法律制度的基本单位时，其权利拥护（利益代言）和责任问题就会被追究［Fineman 1995／法恩曼 日文版 2003］。

　　法恩曼在了解风险的基础上，把这个看护照顾的角色称作"母性"。在其背后，存在着对"父亲身上有着母亲无法实现的作用"这一"父性"意识形态的否定。育儿，既不是父亲也不是母亲单方面的工作，男女任何一方均可承担。但是，只要有看护照顾的任务，只有男性才能承担的"父性"就不存在。反过来说，在"看护照顾的纽带"中，男性和女性都只不过发挥着"母性"的角色。

　　在这里，我们又再次回到被叫作"再生产费用的分配问题"［濑地山 1996］的提问。想一想，所谓女权主义者的近代家庭批判，全都跟"依赖的私人化"之下的照顾负担的不平等分配有关。与其说女权主义者是抛出看护照顾的问题，不如说她们寻求的是与看护照顾相关的权利和责任的"分配公正"（distribution justice）问题，特别是性别的公正问题。法恩曼批判的"平等主义家庭"也是解决这个"再生产费用的分配问题"的选项之一。我们也可以把埃斯平·安德森提倡的福利国家中的看护照顾的"去家庭化"（defamiliarization）［Esping Andersen 1999／埃斯

平·安德森 日文版 2000］看作上述问题的一个解答。另外，从
去家庭化并不一定自动带来性别的公正这一立场出发，也有像
武川正吾那样提倡"去父权家长制"［武川 1999］这样的概念的
论者。

假如近代家庭是以依赖＝看护照顾的私人化为前提而成立
的话，那么看护照顾的去私人化就理当意味着去近代家庭。这最
终意味着家庭的解体吗？

5　作为人权的看护照顾——有关看护照顾权的四个象限

再生产费用的分配问题　　　　　　　　　　　　　　　65

如果要总结并修正法恩曼所说的"看护照顾的纽带"，我们
可以将其定义为"一种持续性的、个别的，并伴随着权利和责任
的，看护照顾的接收者与给予者之间的非对称性相互关系"。仿
照玛丽·戴莉的说法，我们可以将照料这一"看护照顾的纽带"
的前提定义如下：

> 在承担并贯彻满足依赖性存在的成人和小孩的身体和情
> 绪要求时，于规范、经济和社会方面的框架下，与满足这些
> 要求相关的行为和关系
>
> ［Daly (ed.) 2001：37］

我根据上述"作为相互行为的看护照顾"（care as interaction）
一词的定义，从看护照顾方和被看护照顾方双方的角度出发，采
用了"看护照顾的人权研究法"来探讨作为社会权利的照顾问题

[上野 2005—2009]。以这个"看护照顾的人权研究法"为头绪，我来尝试一下重新思考"再生产费用的分配问题"吧。

作为权利支柱的"看护照顾的人权"(human rights of care)，由以下四个权利的集合体组成。若将这四个集合体配置在四象限图表中，我们会得到如图 26 一样的图示。

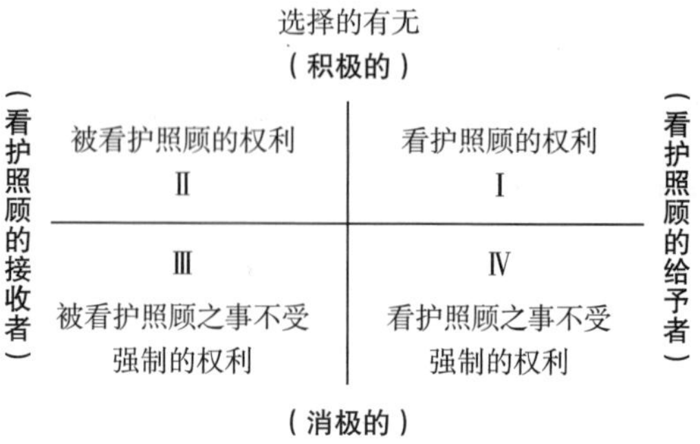

图 26　看护照顾的人权的四象限

Ⅰ 看护照顾的权利(a right to care)

Ⅱ 被看护照顾的权利(a right to be cared)

Ⅲ 被看护照顾之事不受强制的权利(a right not to be forced to be cared)

Ⅳ 看护照顾之事不受强制的权利(a right not to be forced to care)

作为相互行为的看护照顾的人权，基本上由第Ⅰ象限的"看护照顾的权利"和第Ⅱ象限的"被看护照顾的权利"组合形成，但是如果第Ⅰ象限的"看护照顾的权利"没有其消极形态的第Ⅳ象限的"看护照顾之事不受强制的权利"支持的话，就不可谓之

"权利"。如此思考的话，现实中进行的家庭护理，几乎都是"强制劳动"（forced labor）［Daly (ed.) 2001］，意味着只有"看护照顾的义务"，而不存在"看护照顾的权利"。围绕"谁将成为家庭看护者？"这个问题，虽然从事个体生命历程研究的克莱尔·昂格森［Ungerson 1987 / 昂格森 日文版 1999］，根据"谁是恰当的看护者？"这一规范性的优先顺序，分析了家庭中的女性成员"自发性"地承担看护重担的事例，她也指出了这种自发实际上是出于选择余地少的"强制性"。其中，虽然她也介绍了"出于爱"而自发接受护理负担的事例，但是就在看护者接受护理责任的那一瞬间，她就不得不面对法恩曼所说的因"二级依赖"而产生的各种各样的社会性不利条件。

看护照顾的权利 = 义务关系

"看护照顾的权利"，虽然并非完全排除自己喜欢的看护选择（如想靠自己的双手看护自己所爱的家人），但是如果因这种选择而不能享有社会利益的利便的话，就不能说"看护照顾的权利"得到了保障。所谓因选择看护而蒙受的"社会性不利"，指的是包括由于牺牲职业生涯、失去收入等情况而产生的利益损失，生活空间的缩小和制约，以及必须忍受因在经济上依附第三者（很多情况是丈夫）而导致的权力关系的差距等不利（其中也包括了要忍受家暴的情况吧）。

若把"看护照顾"局限于育儿，那么在近代家庭中，由于大多数母亲都"自发"选择"亲手把我的孩子养大"，所以她们甘愿承受以上的各种各样的不利条件。近代家庭论指出，大多数女性一直以来都自己选择"看护照顾（育儿）的私人化"

（privatization of care）她们也自愿支持母乳喂养、家庭育儿和
"三岁儿神话"*等。育儿规范的变化，不仅仅来自社会的强制性
要求，也取决于积极参与儿童保育的各方的主动参与。家庭育儿
和个别育儿，确实为大多数女性所积极支持和选择。然而，这
个选择并未附赠"因选择看护照顾（育儿）而不蒙受社会不利
条件的权利"。因此，选择成为"专职育儿者"的女性们，光是
承担了"看护照顾的义务"，但很难说她们行使了"看护照顾的
权利"。

围绕育儿的"看护照顾的权利"，在老年人的护理方面，是
否适用呢？选择用自己的双手来护理自己所爱的父亲或母亲的女
性，因作出这样的选择，也会像育儿者一样经历同样的、各种各
样的社会不利条件。与此相对，为了保障"因选择（育儿、护理
的）看护照顾而不蒙受社会不利条件的权利"，森川美绘［2004］
提出，有必要在照顾者从事看护照顾工作的期间为她们提供一定
额度的年金和收入保障，而且这些以现金支付的收入必须维持在
无论看护照顾选择作出之前和之后，其经济水准均不发生变化的、
充足的范围之内，或者保持在看护照顾者不需要私人依靠第三者
就可以自立生活的水平。虽然有人批判日本的护理保险制度中，
没有设立为家庭看护者提供现金给付的选项，但如果要使现金给
付制度化，若只支付碎银几两，而非提供满足上述条件的足够金
钱的话，就不能说"看护照顾的权利"得到保障了吧。[5]

这么考虑的话，在家庭中承担看护照顾角色的大多数女性，
不但没有"看护照顾之事不受强制的权利"，其"因选择看护照

69

---

* 即母亲在孩子长到3岁以前都应该专注养育孩子的观念。——译者

顾而不蒙受社会不利条件的权利"也得不到保障，因此，她们的"看护照顾的权利"一点也没得到保护。只有"看护照顾的权利"被不平等地分配到了她们身上，这一点违反了"再生产费用的公正分配"。

另一方面，接受看护照顾者的权利又怎样呢？随着护理保险制度的实行，看护照顾从恩惠转变为权利。这是最近的事情。在此以前，"被看护照顾的权利"并没有得到保障。岂止如此，就连家庭护理都不存在于任何法律的权利和义务的关系之中一事，已经由很多的法律学者们阐述清楚了。老年人一直怀着一种脸上无光的心情，来接受作为一种因习俗和规范所形成的恩惠而产生的护理服务。

就这样，直到最近"被看护照顾的权利"才得到认可。针对此现实，把"接受看护照顾为一种不受强制的权利"放在"被看护照顾的权利"之对立面一事，也许很难理解。然而，有关这个权利，如果也把它改成"不被强迫接受不恰当的看护照顾的权利"的表达方式的话，那我们也许就能理解这是一种有必要受到保护的重要权利吧。在小孩子和老年人的受虐待作为大事件而被媒体报道的当今时代，像暴力、侵害、遗弃和弃之不顾等"不恰当的看护照顾"，在亲生父母和孩子之间也经常发生。"接受看护照顾的权利"，只要不同时伴有"不被强迫接受不恰当看护照顾的权利"，那就很难说它得到了保障。

如果把上述权利的集合称作"看护照顾的人权"，那么即便在今日，也无论如何不能说作为权利的看护照顾已经在社会上得到保障了。相反，在看护照顾的义务方面，存在着完全不平等地以性别分配的现实。

作为看护照顾之纽带的家庭

倘若能够假定，通过完全能自我做决定的个人之间的合同关系就可处理抚养的权利和义务关系，那么"家庭"的领域最终会解体。然而，家庭所担负的"依赖性他者"之中，包含着不具备自我决定能力的小孩，以及像痴呆病人一样丧失了自我决定能力的老年人。家庭获得了转让权，可以代替这些"依赖性他者"行使其意愿和决定的权限。在老年人的情形中，虽然也可以根据成年后见制度*指定代理人，但是小孩子就不行了。如果（被称为）家庭的（领域）依然是负担"不能自立的个人"的"看护照顾的纽带"成立的领域，而且倘若家庭在将来的一段时间内都不会停止它是一种为养育人的生命、并对这些生命进行看护的"再生产制度"的话（目前并不存在再生产制度的替代方案）[6]，我们认为是有必要从法律制度的层面来保护作为"看护照顾的纽带"的家庭的。反过来说，我们也可以在事后把多多少少持续的、个别的"看护照顾的纽带"成立的领域，称作"家庭"。

"看护照顾的纽带"，就像"家庭"已经是那种样子一样，并不依赖于血缘、性和居住的共同性。而且这个解答，即便乍一看起来似乎很保守，实际上它是一个很激进的解答。

71

---

* 广义来说，指的是日本的一种支援成年人的意愿决定的法律制度。主要是针对那些有精神障碍，或者是老年痴呆、智力低下等无法进行财产管理、签约等手续的成年人而制定的，为其选择一位代理人、保护人、监护人的制度。——译者

注

[1]　但是"住户"并不是这样的。这是因为"住户"是能够客观地观察的。

[2]　视宠物为家庭的事例，绝不能说是例外。这一点，后来山田昌弘（2007）进行了论述。文部科学省在审定家庭科目的教科书时，认为这个关于"宠物家庭"的描述"不恰当"，所以没有采用。然而，国家否定主观的家庭研究所陈明的"活生生的家庭"的现实状况，通过教科书把规范性的家庭观强加于人的做法，要更不恰当得多吧！

[3]　在日本，"'女性和男性都要花时间在育儿上'联络会"把这个叫作"二分之一主义"（育时连编 1989）。

[4]　采取这样的说法时，马上就会有人非难说，"你这是承认'性自由'吗？"然而对此，法恩曼的回答是这样的。选择永久性的一夫一妻制的人，可以这么做。与同性恋和一夫多妻制一样，一夫一妻制应该被视为性嗜好的选择之一，并没有理由一定要那么特权般地把它作为法律保护的对象。若是这样，把"同性恋"和"婚外性关系"论断为越轨的做法，就会自动消失。

[5]　在导入现行的护理保险制度时，日本实施的是一种家庭看护人员仅在不利用护理服务的情况下，才能领取现金给付的制度。但是，一年的现金给付才 10 万日元左右的金额，根本就不值一提。

[6]　从历史来看，所有实验性的"再生产工厂"的尝试都归于失败。另外，从进化论的观点来看，如果我们认为人科的动物是达成家庭和社会之间的调和的灵长类的话，那么家庭解体的话，人是不是就应验"所谓人，就会'进化（或变化）'成其他特别的什么人了"的说法了？

三　家庭，过载的方舟 [*]

1　女权主义法律理论的意义

74　　本书《家庭，过载的方舟——后平等主义的女权主义法学理论》的作者玛莎·法恩曼当时是康奈尔大学法律系的教授。她1999年从哥伦比亚大学转职至此。她是女权主义法学的中坚人物之一，但不见得是主流人士。针对总是倾向于性别平等的形式主义的平等主义女权主义法学，法恩曼试图引入"母性"这个概念。她乍看起来很保守，但实际上是一位非常少见的基于美国家庭的实际状况的精辟现实主义和彻底的反父权制激进主义兼备的学者。

　　我初次见到法恩曼，是1996年我在纽约的哥伦比亚大学巴纳德（Barnard）学院担任客座教授的时候。听了她在巴纳德学院举办的公开讲座，我对她讲演主旨的清晰明快、不易招致误解的激进主义提议以及与那种激进主义不相称的温厚风采留下了深刻的印象。之后，我又参加了她主持的女权主义法学会议等，增75　进了友谊，最后决定翻译出版本书。

---

[*]　初次发表于 2003 年。

　　在日本，提到女权主义法学，人们一般只知道因批判淫秽作品和将性骚扰理论化而成名的凯瑟琳·麦金农之类的人物。几年前，弗朗西斯·奥尔森访问日本，在东京大学和御茶水女子大学举办了批判性法学理论的讲座，刮起了一阵奥尔森旋风，但也不过仅为一小部分人所知。德鲁西拉·康奈尔也受到人们的瞩目，但其影响力也仅局限在一部分人中间。在日本的大学法律系，最近这几年女学生的入学比率每年都在上升，如东大法律系，其2002学年的入学者中20%都是女生。私立大学中有的学校达到了近50%的比率。随着法学系女生入学比率的上升，司法考试中女性合格者的比率也达到了近30%。那也是因为来自女学生及其父母的专门职种志向吧。因为他们有着"若是专业职种的话，大概就能实现不受性别影响的'待遇平等'吧"这种幻想。然而，我们很难说现在的法学教育中的课程设置能支持他们所期待和幻想的平等意向。法律系研究生院的女研究生们的入学比率也在年年上升，她们属于下一代研究人员的预备军。然而虽说如此，法律系女性教师的比率不能说很高，更何况讲授女权主义法学的大学几乎为零。法学与经济学一道，在社会科学领域属于女权主义的渗透最为落后的保守学科之一。

　　迄今为止在日本也多少存在过一些法律女性学，但都是由律师等法律实务人员推行的，大部分都是通过讨论现行法律在女性身上的适用及其结果，来指出法律的性别偏见，我觉得很少有将法律理论本身置于话题中的。法恩曼在本书中批判的平等主义女权主义法学理论，也不能说在日本得到了充分的介绍和讨论。而且，把对平等主义女权主义持批判态度的本书，作为"后平等主义"的女权主义法学理论来进行介绍的意义，最重要的是在于，

76

与其说法恩曼的理论单纯是接踵平等主义而来的新的女权主义法学理论，不如说它针对相同的现实，通过采取不同的方法论，开出了比较实际的处方。而且我认为，作者对于美国"家庭的失败"和日本"家庭的失败"的阐述，乍一看好像采用了对照的看法，但是在很深层的地方，两者在根本上是共通的。我期待本书的刊行可以成为促进日本女权主义法学发展的契机，即决定翻译出版本书。

2　过载的方舟——"近代家庭"的宿命

我评价法恩曼著作的另一个原因，是因为本书没有停留于法学学科的范畴，而是对作为社会规范的既"自然"又具"性"色彩的家庭进行彻底的解剖。她反复指出法律的极限，说："法律是反映并追随社会规范的体系，因此是非常保守的存在，无法成为社会变革的道具。"

"法律，被编入较大的反映支配性的文化和社会意识形态的规范体系之下，因此而受到制约。"［法恩曼 2003：33］因此，法律"不可能因社会变革的主要媒介和文化的变化而成为强有力的道具"［法恩曼 2003：34］。

正因如此，我们要把法律作为各种各样的言论之一而被编入的一种更高级的社会规范体系来对待。这种规范，在这里指的是法恩曼叫作"自然的家庭"和"性的家庭"的家庭意识形态。她对迄今为止的法学理论——包括女权主义法学——的不满，是大多数的法学家相对性地把法律言论看作从社会独立出来的东西，而并没有把家庭意识形态这一法恩曼视为前提的"家庭"的规范性前提本身当作问题。

法恩曼把"性的家庭"定义如下：

> 所谓性的家庭，就是传统家庭，即核心家庭，是被正
> 式承认的、以根据异性恋原则结成的夫妇的纽带为核心的
> 单位。

[法恩曼 2003：153]

这个定义，与家庭史所说的"近代家庭"相对应。也就是指因结婚而成形、因离婚或一方的死亡而解体的单婚制（即一夫一妻制）夫妻家庭（conjugal family）。从书中内容猜测的话，我并不认为法恩曼通晓近代家庭的范例，[1] 但是她把"核心家庭"称作"传统家庭"的说法很有意思。在美国，也许"核心家庭"就是它建国以来的"传统"。然而，在近代家庭论中，单婚制的夫妇家庭，亦即"近代家庭"成为"传统"的事情，即便在欧洲也至多是最近两个世纪的事情。这里所说的传统，不过是"我们深信为常识的东西"的代名词。而且，这个传统后来被称作"自然"了。[法恩曼 2003：179]

在这里，处于"（被视为）'自然的'家庭"之核心的，是法恩曼称为"依赖的私人化"（privatization of dependency）的概念。换言之，像育儿、护理这样的看护照顾，是被封锁在私人领域，并被看作家庭的责任的家庭之事。即便在日本，我们也认为是"理所当然"的、"毫无疑问地认为是常识"的，因而被视为"传统"的家庭。

但是，近代家庭论告诉人们，这样的家庭既不"自然"，也

不"传统"。所谓"近代家庭",是把迄今为止在公共(共同体的)的互相协作下进行的育儿和护理(以下总称为看护照顾)的负担限制在家庭内部,也就是通过"私人化"的方式而成立。我们回过头来看看的话,可以说在历史上并没有看护照顾仅由家庭来负担的时代和社会[2],反过来说,我们也可以认为:当看护照顾脱离了私人化的状况,"近代家庭"就终结了。[3]

我期待法恩曼能注意到我的这篇文章中插入了"以其理想的方式"这个词。也就是说"照顾的私人化"虽然是一种规范,但并非实际状况。多数的家庭,嗟叹抚养的负担,甚至因某些情况而导致解体。而且众所周知,照顾负担的不良影响全都集中在女性身上。

法恩曼写道:"我深深地忧虑,看护照顾的管理被分派到传统家庭头上一事,会给今天的有关孩子们的贫困、离婚和福利改革等政治言论带来不可估量的影响。如果上升的离婚率、从未结过婚的母亲的增加、(特别是女性)平均寿命的延长等现象再如此这般重复发生的话,家庭在管理或隐蔽依赖这种从前就有的任务方面,岂不必然会失败吗?"[法恩曼 2003:184]然而,近代家庭不再发挥作用的情况,并非昨天和今天的事情了。

80 　　我把"近代家庭"叫作"过载的方舟"。这意味着"从启航那刻起就注定了要触礁"。这样的最小家庭,在从其他地方得不到任何援助的情况下,把抚养的负担都扛下来,并且这个负担在家庭中都落在一个成年女性(以妻子/母亲之名)的肩上,岂不可以说这一开始就是一个没道理的协商吗?近代家庭该破裂也就破裂了。

尽管"近代家庭"以及围绕它的家庭规范都是"社会构建

起来的东西"这一点已经很明了了，但这并不意味着"在我看来，说明某些东西是社会构建的，就等于承认它是强大的，是可以抵抗改变的"［法恩曼 2003：52］。"社会并非可以简单操作的东西。"［法恩曼 2003：52］正因如此，她在认同作为社会变革的道具，法律具有局限性的基础上，对女权主义法学理论给予了期待。

> 法律本身就具有象征性的作用，仅仅为此，我们就有奋斗的价值。

> ［法恩曼 2003：34］

不仅仅如此。由于"法律马上就会给女性的生活带来具体的影响"，"怎样才能运用法律来改变迄今对女性仍不利，且现在仍然持续强推不利的不平等呢？"［法恩曼 2003：52］。对于这个问题，女权主义法学家进行了考察。这也是能不能把法律用来"抵抗规范"的一个实验。

3　平等主义法律理论的圈套

法恩曼的批判，一方面面对以"自然的家庭"为前提的历来的"父权制"法学理论，另一方面也针对主张"法律应该保持性别中立"的（主流的）女权主义法学的平等主义法学理论。

过去的女权主义法学改革的成果，确实带来了法学的性别中立性。但是，法律言论上的性别平等，既不能带来现实中的性别平等，也不能保证实际的性别平等。岂止如此，在性别歧视的现

81

状下，理念上的性别中立性，反而掩盖了现实中的性别歧视，甚至强化了性别歧视。女权主义法学理论，由于达成了它的目标，可以说现在进入了"第二阶段"。我们在这里探讨的是"第二阶段"的女权主义理论。

据法恩曼说，"开创女权主义法学的那代人"，"主要采取了平等化战略，认为男女之间在法律上没有什么确切的差异"［法恩曼 2003：55］。"同化被设定为目标，平等成为明确的标准"［法恩曼 2003：55］，这个"同化"指的是"与男性的同化"。法恩曼主张认为，"在法理上把平等看作是女性与男性享受同等待遇的解释，对于要解决女性在现实的社会制约中所遭遇的经济和社会问题之方案的制订和实施，形成了概念上的障碍"，她自称自己是"后平等主义的女权主义者"［法恩曼 2003：61］。

82

> 对于 1960 年代和 1970 年代的女权主义法学家而言，不把男女之间设想的差异，用作对女性不利之口实的最好的办法，是采取无论有多大的差异，也不承认其法律上的妥当性的立场。但是，现在为了对应社会的变化，重新探讨差异的问题和女权主义法学理论的时候已经到来。
>
> ［法恩曼 2003：56］

平等主义女权主义者的"代表人物"是凯瑟琳·麦金农。

> 她（们）主张，对差异给予某些关注这件事本身，就是对男性权力的让步，就是承认以男性权力作为定义的权力之合理性。之所以这么说，是因为围绕差异的讨论从一开始到

最后都是以男性为基准的。

[法恩曼 2003：63]

"早期的女权主义法学者特别拘泥于平等主义"[法恩曼
2003：59]这件事，甚至带来了走过了头的平等主义。特别是在
怀孕和分娩等有关女性的"差异"方面，体现得非常显著。美国
的女权主义者，因过度追求"待遇的平等"，要求把怀孕和分娩
与"生病"一样对待。美国的劳动法在 1978 年以前，甚至没有
日本的劳动基准法中所具有的女性保护规定，比如禁止以怀孕和
分娩为理由解雇女性劳动者。把怀孕和分娩与"生病"同等对待
的见解背后，与把女性的再生产功能和身体上的毛病同等对待的
看法有着密切的关联。在像日本这样的国家，对"母性"一词有
其评判标准，亦即认为怀孕和分娩是健康女性的正常功能，因而
不将其纳入健康保险之对象（实际上，这个理论不过是节约医
疗保险财政的借口），反而对把怀孕等同于生病来对待的事情有
抵触。法恩曼一面援引温迪·威廉姆斯于 1982 年发起的论争的
例子，一面把这样的走过了头的"平等要求"，称作"古典派主
张"。就像海蒂·哈特曼所指出的那样，在"机会均等"主张下，
把女性抛入与男性同样的"公平竞争"之下的平等主义，只不过
是女性对粗暴的"牛仔资本主义"的适应。之所以这么说，是因
为这个平等主义的竞争规则，主要是以男性为标准建立起来的。

同样的诡计，在日本也可以在男女雇用机会均等法之中见
到。当初，以"男女雇用平等法"出发的法案，在劳资交涉的过
程中，从"结果的平等"倒退至"机会的平等"，到法律成立的
时候已经被替换成"机会均等法"了。把这个法律称为"为男性

83

量身定制"（male tailored），也就是说为企业的利益服务的法律
的，是大泽真理。所谓"机会均等"，是按照男性标准裁制的竞
争规则的别名，这只不过是带来女性向男性标准的强制性"适
应"。这种状况，如实地体现在之后的志向于综合职*的女性的工
作中。所有把"平等"置于既存的法律体系的文字中而追求"性
别中立"的尝试，都隐蔽了既存法律体系中的性别偏见本身，造
成了"非可视化"**的结果。

84

尽管如此，法恩曼指出，"法律，至少在其应有的定位上，
被认为最好是保持性别中立"［法恩曼 2003：58］。"实际上，无
论在成文法还是在判例中，家庭法的术语令人惊讶地是表达为性
别中立的。女性是抚养家属这一实际问题，不再成为离婚时夫妻
之间财产分配的判决依据。倒不如说，夫妻作为伴侣而应得的份
额，可以根据他们对家庭的贡献而计算出来了。"［法恩曼 2003：
175］

在日本，夫妻的财产法也贯彻着个人主义（夫妇别产制）的
原则，从这个意义上来说，是挺"先进的"。然而在这个乍一看
来是"性别中立"的法理之下，对家庭经济贡献上的差距，就同
样成为财产应得份额的差距了。在结婚了的女性多为没有工作的

＊　1986 年日本实施男女雇用平等法以后，很多企业为了改变以往男女有别的人
事管理制度，而采用了一种新的人事管理制度。具体就是把职位分为一般职位和
综合职位。一般职位就是像办公室秘书那样处理文书、接待客人等一些辅助性
的、相对比较固定的工作。而综合职位，是在公司中承担核心业务的职位，工作
的内容很广泛。以综合职位入社的职员，一般公司期待他们将来能成为多面手管
理阶层和干部。所以，综合职位也可以理解成管理职位，他们的工作不一定很固
定，时不时还有异地调任之类的任务，但随着经验的积累会有升职的机会。在日
本公司中，一般职位女性较多，综合职位男性居多。——译者

＊＊　nonvisualization.——译者

家庭主妇的现实情况下，只要不把女性的"贤内助的功劳"计算在"贡献分"之内，妻子应得的那一份是没有的。在现行的判例中，只有结婚 20 年以上，"妻子的贡献分"才被承认（之后得到了变更），但是在这之前离婚的话，"在丈夫的名义下取得的东西，都是丈夫的东西"（相反也同样）。这个法律的个人主义的"性别中立性"，在很多场合带来了对女性不利的后果。

如果再举另外一个例子的话，我们来看看从离婚的有责主义到破裂主义 * 的过渡就好了。虽然破裂主义确实是因彻底贯彻个人主义而导致的性别中立性的表现，但确实存在多数妻子对离婚后的生活感到不安的现状，不利于中老年女性的现实。我听说在引入破裂主义时，女性法律界人士，以 40 岁为分野，赞成和反对的意见完全不同。根据看待女性的什么样的现实这一问题，对破绽主义效果的判断也会发生变化。

4　对平等主义家庭的幻想

法恩曼认为，"尽管改革者所描绘的平等主义家庭也许隐藏着解决根本问题的可能性，但是我们都很清楚，其付诸实践的目的和结果，丝毫不会带来比象征性的修辞学更多的变化的希望"〔法恩曼 2003：178〕。

所谓"改革者描绘的平等主义家庭"，就是"男人和女人都要工作和做家务"的"什么都要一人一半主义"，也就是否定性

---

* 破裂主义，亦即婚姻关系只要有难以弥补的裂缝存在，就可以诉讼离婚。——译者

别角色分担的家庭。这种平等主义家庭，在日本也作为"伴侣型的结婚"，被女权主义者加以理想化。但是，法恩曼的现实主义是如此描述的：

86　　　　但是，在经验教导一切的地方，这个（看护照顾）的"分担"并没有产生。从统计数据来看，我们清楚地看到压倒性的事例（都显示了这个事实）。在谁承担家务这点上，并没有什么变化。

[法恩曼 2003：186]

对往往容易将美国的"男女平等"理想化的日本女权主义者来说，法恩曼的这个发言很令人震惊的吧？日本的数据，也清楚地揭示了在过去女性进入职场有很大进展的 20 年间，男性的"家务分担"令人惊讶地并没有什么进展。根据总务厅（当时）进行的社会生活基本调查，1986 年男性每天做家务的时间从 8 分钟增加到 1991 年的 11 分钟，仅仅有一丁点的变化，到 2001 年的时候，虽说成倍增长，仍不足 30 分钟，而且丈夫参加家务劳动的时间，不管妻子有没有工作，几乎不受任何影响。统计数据证实了这个令人震惊的事实。

法恩曼冷静而透彻地宣告说，"家庭中的平等"是"编造"的。只要"女性的低工资这一市场上的不平等"状况存续，那么抚养角色分配在女性身上这件事，"从一开始就决定了"[法恩曼 2003：186]。

我在 1990 年出版的《父权制和资本主义》[上野 1990a，2009]一书中，预测了女性家务劳动的减轻大概会按照以下的顺序。首先是由于家务的自动化（家庭电气化和家庭自动化）。其次是由于被称为"外包"（outsourcing）的家政服务商品的消费。第三是通过输入低报酬的外国劳动者从事家务劳动。最"不太可能的"（most unlikely）是男性的家务参加吧。这个有点令人沮丧的预言，仅从统计数据来看，虽然比较遗憾，但不得不说是言中了。在日本因各种各样的限制而现在没在选项之内的第三个选择，在美国这个人种之间的阶级差别很大的国家，是一个很现实的选项。

> 当依赖性的受养者需要抚养时，其解决方案最终以"榨取"其他女性的育儿劳动而落实下来的情形，也绝不少见。平等主义家庭，一般会雇人照顾小孩和其他依赖性受养者。但是，在商业语境／环境下，若抚养照顾也与家庭内照顾一样被过低评价且报酬不足，很难说这样的解决方案是女权主义的解决方法。为了支持中产阶级女性在婚姻中的平等的伴侣主义理想而受雇于她们家庭中的，通常是非裔美国人，或出身为拉美裔的女性。
>
> ［法恩曼 2003：186］

这个批评，让我立刻想起克林顿总统执政的第一个任期内，被任命为司法部长的女性接二连三地栽跟头的情形。第一位被任命的女候选人，被反对阵营的政敌爆料，说她曾雇用非法滞留的女性移民作保姆，因而失去资格（反对派的理由是：要成为司法部长这一"法律的守卫者"，倘若自己犯了法，就无法作为榜样）。第二位被任命的候选人，也被查明有类似的行为。克林顿总统意欲任命"第一位女司法部长"的计划搁浅，然而这个事件也提示了有职业有孩子的女性，在类似情形下保持"清白正确"的人几乎等于零。

美国社会具有巨大的"南北差异"，我因此犹豫是否称其为"先进国家"。在女性间机会成本差异很大的地方，采用"外包"来抚养受养者，比起说服丈夫，是一个更容易解决的手段吧。像发展中国家一样，倘若阶级间的薪金差距很大，那么对精英女性来说，无论生孩子还是育儿，都不会成为障碍，因为给每个孩子配一位奶妈，雇个做家务的人，是很容易办到的。只要有这样的选择，男性参加做家务和育儿是最不可能发生的。与其说丈夫会分担无偿的家务劳动，不如说他更会劝说妻子用他赚的钱去雇佣人吧。在劳动市场已经国际化的今日，如果国内没有专门做家务的劳动力，也可以利用货币价值的差距，雇用外劳。事实上，支撑着香港和新加坡职业女性的就业的，很多是来自菲律宾的移民女性。对菲律宾的经济而言，这些女性的外出打工成为国家赚取外汇的来源。在日本，虽然现在的入境管理法限制外劳的引进，但是如果这个限制得到缓和的话，来自亚洲各国的女性移民劳动者就有可能作为看护照顾工作的担当者而大量涌入。当日本人被给予这样的廉价"选项"的时候，我很难预想，抗拒这样的选择而要一起实践"什么都要一人一半"的理想主义色彩的夫妇会很多。即便外劳不进来，在现在的新自由主义改革下，中产阶级的分化和女性间工资差距都在不断扩大，大概会增加抚养的"外包"选择吧。保育员妈妈和家庭援助中心，也会以女性之间的机会成本差距为前提而建立起来。

平等主义家庭的理想，是由学历很高的专职女性，亦即司法界的女性们承担，并由她们把这个理想的成果归结为"性别中立的法律"而得以实现的。然而，法恩曼指出，这个"有阶级色彩的"理想的背后，存在着对贫穷女性的压榨。法恩曼的现实主义，看穿了这个平等主义家庭的理想具有的以下特征：首先，它一点也不现实（之所以这么说，是因为即便在这些法律界专业女性自身的家庭内，这个平等主义家庭的理想也很少有实现的）；其次，对那些看起来根本无法实现此理想的下层女性，以及欠缺分担负担之伴侣的单亲家庭来说，这个理想只不过是一种压迫。之所以这么说，是因为平等主义家庭的理念，仍然以看护照顾是家庭的责任这一"依赖的私人化"为前提，仅仅把夫妻之间的负担的平等分配视为问题。法恩曼主张说，必须质问的，应该是这个"自然的""性的家庭"的理念本身。

5　美国家庭的现状

法恩曼强调平等主义的圈套的背后，有着美国家庭解体的现实。在70年代以后的性革命潮流下，出现了离婚率的急剧上升和私生子出生率的上升等情况。有人说，现今美国的夫妇中，每两对就有一对要离婚的；新生儿中每三人就有一人是私生子。其结果，单亲妈妈家庭急速增加。而且单亲妈妈家庭多集中在少数族群和贫困阶层。

在各先进工业国的大多数经历所谓性革命的时期，日本以其家庭的稳定而自豪。就是提起性革命，也没有必要想起像交换配偶、自由性交这样的令人三缄其口的现象。所谓性革命，首先意味着使近代家庭成立的性规范的动摇，以下两个人口学指标可以

90

明确显示某个社会是否经过性革命：（1）离婚率的上升，（2）私
生子出生率的上升。与几乎所有的西欧国家都经历着这样的人口
学变化的同一时期，日本的离婚率和私生子的出生比率，只显示
了细微的变化。换句话说，日本的婚姻维持着值得在全世界夸耀
的稳定性，日本可以说是一个在人口学上极其缺乏变化的社会。
在保守派的评论家中间，有人与美国家庭的失败相比较，充满自
豪地表示日本家庭的稳定性是值得夸耀的"文化传统"。然而，
在统计数据没有多少变化的制度稳定性的另一面，出现了婚姻
的空洞化，最终未形成婚外产子的十几岁少女怀孕和流产的例子
也在增加。进入 90 年代以后，日本式的"延长了的性革命"带
来了恐怕在全世界也是最晚结婚的年轻人[4]和极端的少子化现
象。换句话说，与西方国家中发生的离婚率和私生子出生率的上
升不同，也许可以说日本式的性革命引发了不婚化和少子化等人
口学上的变化。

91

　　然而，比起以没有离婚自由而维持婚姻的稳定性的社会，想
离婚就能行使离婚自由的社会，对女性来说一定更好吧。而且，
比起迫使人不得不以流产方式悄悄解决婚外怀孕的社会，若想生
孩子的话婚外也可以生子的社会，对女性来说是最理想的吧。尽
管如此，行使离婚的自由和婚外生子自由的女性，到头来还是不
能避免陷入贫困境地这一结果。这种结果，对在父权制以外生孩
子的女性起到一种惩罚作用。

　　在美国单亲母亲家庭急速增长的同一时期，平等主义的司法
改革也在开展中。其结果，法恩曼评论说，在"性别中立"的法
律下，"母亲的地位相对恶化了。"［法恩曼 2003：47］

　　特别是法律表面上的"性别中立性"，带来了为向离婚和

不婚的单亲母亲讨要"父亲的权利"的主张提供了法律依据的结果。

"父亲的权利"团体，是以"州和联邦政府以法令形式向那些在到期日也不支付抚养费的父亲催收抚养费为契机"[法恩曼2003：102]而诞生的。"他们大声强调其不满，说'男性在孩子的监护权方面并非对等的搭档'"[法恩曼2003：102]。但是，我们必须首先了解，在政府颁布这个法令之前，那些已经离婚的父亲们不付抚养费的行为，几乎完全表现了他们是"不负责任的再生产者"。而且，在理解由公共机构代理征收抚养费是"一项对女性体贴的政策"之前，我们必须了解这个举措是政府为了减轻那些援助单亲妈妈的纳税者们的负担，而对"不负责任的再生产者"所采取的惩罚措施。只有被强迫执行义务，父亲们才会寻求作为其代价的权利，开始跟母亲争夺孩子们的监护权和探视权。虽然现实中也出现了像好莱坞电影《克莱默夫妇》中的男主人公一样开始意识到与孩子之间亲情的父亲，但是大多数离了婚的父亲，并不抱有像克莱默先生那样去寻求与孩子之间的亲情纽带的情感幻想。我并不是说没有那样的例子——反过来说，正是因为那样的例子太稀少了，才成为了"故事"——事实上，是因为大多数离了婚的父亲，由于不履行抚养义务而遗弃了他们的孩子。并且，对孩子的探视权和监护权，有人认为它们是为了主张"父亲的权利"而被用来作为交易的工具。主张"父亲的权利"的人认为，不付抚养费，是对那些不认同探视权的母亲的惩罚。抚养费的催收被执行以后，他们反过来把监护权和探视权用作交易的工具了。母亲当中，甚至出现为了不想给父亲监护权和探视权而放弃抚养费的人。其中也有让人怀疑父亲对孩子进行性虐待

92

93

的例子，母亲想保护孩子不受已分手的孩子父亲的可能伤害。

法律的平等主义和形式化的双务性*，遮盖了现实中显著缺少平衡的单边性**。虽然实际上几乎所有离了婚的母亲都带着孩子，不管经济多困难都履行养育孩子的责任，但是因为法律的形式主义平等把分开的父母的权利视为平等的东西，就造成了相对使母亲处于不利地位的结果。岂止如此，很多数据显示了在离婚之前，与母亲对孩子的关心相比，父亲所做的并没达到可以夸口的程度。

法恩曼也非常忧虑，制止男性的"没责任的再生产"策略，结果却成为了惩罚女性的东西。公共的支援单亲母亲的政策，反映了纳税者们对于作为"没责任的再生产者"的、吃白食的男性的愤怒。在详细打探陷入困境的母子的各方面甚至隐私之后，纳税者们勉为其难地对他们提供援助。另外，因没有自助能力而接受公共援助的家庭——因此被称为"公共家庭"——被视为缺乏自我管理能力和抚育儿童能力而不得不接受公共权利的介入和干涉。处于这种状况下的女性，如果再次怀孕生孩子——即便她们是另一个"没责任的再生产者"的牺牲品——诸如公共支援的减额或终止等处罚，也是扣在她们头上。

有句话叫"一个巴掌拍不响"（It takes two to make it happen）。这是为了指出在怀孕和生孩子方面需要男女双方的参与，一个人无法完成这一事实时而使用的说法。然而，即便性交是"对等

---

* 来自双务合同的概念，原指合同当事人双方对对方互负债务、互有债权的合同，在此指法律的平等主义和形式主义的特征。——译者

** 来自单务合同的概念，指合同当事人仅有一方向对方负有债务，而对方则享有债权。——译者

的"，在接续其后的怀孕和分娩方面，两性之间存在着显著的不均衡。法律的形式平等，掩盖了这个所谓负担不均衡之差异。再者，虽说法律要完全把握父亲这个"没责任的再生产者"是很难的，但由于把肚子里怀着孩子、把孩子带在身边亲手养育的单亲妈妈定为法律待遇的定点对象是件容易的事情，即便是对双方的惩罚"平等化"，在现实中还是造成了在女性身上惩罚效果更重的结果。

6 日本的单亲母亲

关于日本单亲母亲的状况，我在这里也提一下吧。根据（当时的）厚生省于 1998 年实行的母子家庭等的实际状况调查，单亲母亲家庭从 1978 年的 630,000 个增加至 1998 年的 950,000 个家庭，其中 60% 以上是因离婚而产生的单亲家庭。与五年前相比，因离婚而产生的单亲母亲家庭增加了 28%，不婚的单亲母亲激增 85%。在女性整体当中，单亲母亲所占的比例，不管哪个年代，都是 5%，也就是说大约 20 个女性中就有一人为单亲母亲。她们的年收入平均为 229,000 日元，比一般家庭的平均年收入 658,000 日元的一半还要少（父子家庭的平均年收入是 422,000 日元）。其中，约三分之二来自薪金收入，其余为公共给付金（最低生活保障金和儿童津贴）以及前夫支付的抚养费。85% 的单亲妈妈都上班，但其中做兼职工的有 38%，做兼职工的，收入在 150,000—200,000 日元范围的阶层最多。

由于日本的法律至今仍然只认单亲监护权，不认共同亲权，离婚时的亲权归属 90% 以上都是母亲。有意思的是，到 20 世

95

50 年代为止，离婚时的亲权压倒性地归父亲所有。亲权归属发
生逆转是 60 年代的事情。在此以前，离婚对女性而言，就意味
着与孩子分离，这也成为阻止离婚的力量。到 50 年代为止，即
便父亲对孩子有着很深的亲情，我们也很难想象离了婚的父亲亲
自抚养孩子。倒不如可以说，正因为在扩大家庭中有着祖母和姑
母、伯母这样的除母亲以外的女性劳动力，父亲的亲权才得以确
保吧。60 年代是核心家庭化大力进展的时代，如果把它看作家
庭急速失去除妻子以外的女劳力的过程，我们也可以认同在这个
时期亲权归属从父亲转移到母亲的逆转原因。

　　从母亲方的角度看，虽然带着孩子迷失在路口的不安，从其
他意义来说成了抑制离婚的力量，至少亲权转移到母亲之后，因
离婚而被迫跟子女分离的可能性减少了。在此基础上，如果加上
女性的经济能力，阻止离婚的力量大幅减低了。事实上 70 年代
以后离婚的增加与女性就业有关联。如今，孩子还小一事，也渐
渐不再成为打消女性离婚念头的理由。与美国相比，围绕监护权
的诉讼非常少这一事实，也是日本的特色。在 60 年代以后亲权
转移到母亲身上之后，日本的父亲并没有像美国的父亲一样要求
共同监护权和探视权。岂止如此，几乎所有的父亲都没有任何
抵抗，就把监护权交出去了。这是日本的实际情况。根据 1998
年的实际情况调查，离婚时的抚养费"没有商定"的，大概有
60%，"现在还接受抚养费"的，停留在 20% 左右。抚养费的约
定额每月平均 40,000—50,000 日元，从每个孩子每月的抚养费额
度来看，20,000—30,000 日元的是最多的。过了半年或一年后，
我们可以看到"按期收到抚养费"的比率下降了[5]。之后，随
着时间的推移，因父亲的失业和再婚等理由，抚养费的支付很容

易就停止了。当我们查看离婚前父亲参加育儿的实际情况，我们不得不说，日本的父亲在结婚期间就因不参与育儿而抛弃了孩子，离婚时也因很简单地放弃亲权而抛弃了孩子，离婚后又因不支付抚养费而再次抛弃了孩子。

单亲母亲对孩子的遗弃和忽视会被当作大事件而在媒体上报道，然而若考虑母亲这个群体之巨大，我们不得不说，正因为罕有发生，才成为"大事件"吧。大多数的单亲母亲，在背负着很多问题的情况下，艰苦奋斗的同时，好歹还维持着单亲母亲家庭。我们很清楚，母亲抛弃孩子的事情成为"大事件"，而父亲抛弃孩子就不成问题。换句话说，就算父亲抛弃孩子，母亲也会咬紧牙关把孩子留在身边，但如果母亲抛弃孩子的话，就已经没有地方可以收留孩子这一事实，可以说把母亲抛弃孩子一事上升到了一个较为严重的高度。

这一阵子，日本也出现了公共机构应该参与追讨抚养费的呼声。然而，这种想法的背后是"再生产的费用应该由私人承担"这一法恩曼所说的"自然的家庭"的前提，换句话说，也就是近代家庭的意识形态。另外，用公共费用代替"没责任的再生产者"来支付抚养费的情形，公共机构详细到刨根问底的调查就会涉及单亲妈妈的隐私。比如说像家里有没有男人出入？有没有跟谁同居等等的问题，都要一一被调查……无论是前夫支付抚养费的义务，还是国家提供的援助，一旦单亲母亲再婚，就会终止。这种规则的前提，是女性应该由她所从属的男人供养的社会共同认知。因此，所属的男人发生变化的话，原先的男人就被豁免了抚养的义务。对单亲母亲性隐私权的追问，其实是父权制的一种耍小聪明的体现，就是说只要分了手的妻子还对前夫守贞洁，那

他就有责任抚养他们的孩子。父权制底下，并没有不管母亲想要
行使怎样的性自由，男人也要对自己的孩子承担父亲的责任的想
法。由于前妻再婚（也就是说她属于其他男人），她不再属于自
己了（的事情变得很明朗），法律允许男人放弃对前妻及他们之
间的孩子行使责任。

7 父性的复权？

正如我们一直以来所看到的那样，对单亲母亲的援助政策，
基本上是以"依赖的私人化"——也叫作"再生产费用的私人负
担"——为原则的。甚至连"向离了婚的丈夫代收抚养费"这一
看上去"对女性很友善"的政策，也是基于纳税者们的"再生产
费用没有理由让国家负担"的一致意见。而且，由于单亲母亲一
个人抚养孩子实际上是很困难的，唯一的解决方案是再一次给她
们配备"父亲"——不管是实际上的父亲还是代替的父亲——也
就是强制重新回到"双亲俱全的'自然家庭'"。换句话说，法律
和社会给那些不属于任何男人的女性和孩子施加了惩罚。

这个时候登场的是小孩子需要父亲这一意识形态。"父亲的
权利"运动的意识形态根基当中，除了双亲的双务性这一平等
主义的法律理念，还有"父亲有着母亲不能代替的作用"这样的
"父性"的意识形态。在日本动辄就出现的像《父性的复权》[林
道 1996] 和"大声怒喝的父亲同好会"那样的落后于时代、怀
旧的运动中，总体上都有着这种易懂的信念的色彩。

可是，法恩曼询问道："'父亲的育儿'与母亲的育儿在哪里
有区别呢？"她批评说："在围绕父亲的权利的言论方面，并没有

正面考虑父亲这个职业。"［法恩曼 2003：227］在育儿上，没有父亲职业和母亲职业。只不过有一个叫作"为人父母的角色"的东西。如果父母的角色中除了慈爱以外，还需要严厉，那么这些角色无需各自分派给父亲和母亲，因为与性别无关，任何父母都会根据情形或温柔或严厉。现实中没有总是温柔的母亲和总是严厉的父亲，要是真有，那就有害了吧。法恩曼主张，如果"养育（照顾）"这个角色，在社会上以"母亲职业"这一名词来代表的话，"男性可以担当（母）亲角色，也应该担当这个角色。倘若男性想得到接近孩子们……的法律权利，就必须亲自实践'母亲'职业。也就是说，应该直接着手抚养工作。"［法恩曼 2003：259］

如果男性想作为"父亲"跟自己的孩子有所关联（除挣生活费以外的事情），除了"做父亲"以外没有其他办法了吧。这也是由于"父子家庭"的出现而失去了实践"母亲角色"的单亲妈妈们正在实际体会和实践中的事情［春日 1989］。另外，那些有荒唐孩子的父亲们，也深切地感到，正因为自己是一家的顶梁柱，作为家长必须要管孩子的事情。事实上，法恩曼在本书中介绍的有关亲权诉讼的几个判决案例，它们的判决依据更多考虑的是父亲作为养育者实际上跟孩子有多少的接触，而不是父亲与孩子在生物学上的纽带和对家计的责任。

100

这对大多数工作狂男性来说，听起来很刺耳吧。法恩曼看到日本的这种情形，也能够推测，在美国也有很多父亲是轻视父母角色的。她明白，日本的已婚男性，在参加家庭的家务、育儿和护理等方面的时间，与女性相比，要显著少得多。而且男性参加的家庭活动中，比起家务，他们有更想参与能够带来快乐的育儿的倾向，但是一天30分钟以下的家庭参与，他们也干不了什么吧。根据一些地方自治团体的调查，在35岁以下的年轻父亲中间，有"自己的育儿参与达到了影响工作的程度"的倾向。那虽说也只是不加班、减少出差程度的变化，与大多数的女性为了育儿而辞职或变换工作单位所造成的在工作上的障碍相比，育儿对男性而言，似乎仍然没有超出他们高兴乐意时和空闲时的压力范围。

101　　尽管这样，男人们还是越来越起劲地说"父亲有着母亲不可替代的作用"，这个"父性"的特性又是什么呢？法恩曼认为这个问题的答案是"男性文化"的（世代之间的）继承。除此以外，她认为这个"男性文化"是"暴力的（至少是竞争的）、对立的和个人主义的"，"对女性是惩罚的、压迫的、蔑视的"［法恩曼 2003：226］。她主张，如果"允许他们接近孩子的目的和意义"在于这种"男性文化的再生产"，女权主义者倒不如应该"切断男性文化的洗脑联系"［法恩曼 2003：227］。事实上，在双亲俱全的普通（也就是父权制）家庭中，儿子会学习像父亲一样行动，掌控他人；而女儿呢则通过母亲的顺从而将蔑视女性的观念内在化。

　　法恩曼的处方是明快的——那就是，如果你真的想像个（父）亲一样行动的话，那你就也做一下（母）亲的工作吧。

8　作为法律范畴的婚姻的废除

　　在此基础上，法恩曼提出了一个划时代的建议。

关于法律改革，我想提出两个建议。一个是废除对于性的家庭的法律援助。另一个是对由一对'母子'所体现的看护照顾承担者和依赖者而构成的养育家庭单位（nurturing family unit）采取保护措施。

[法恩曼 2003：249]

这个提案，虽说是一个令人茅塞顿开的明快建议，但同时对 102 某些人来说，大概是一个出人意料并带来疑惑的提议吧。她说这个建议的意图在于"谋求重新定义法律上的家庭单位的核心……进行家庭之亲密性的再概念化"[法恩曼 2003：23]，同时她也说"我知道，这个见解恐怕会招致很多读者的愤怒和惊恐"[法恩曼 2003：23]。

既然这两个提议成双配套，那就让我们按顺序来分拆它们进行解说吧。第一个提议，换句话说，也就是"废除作为法律范畴的婚姻"[法恩曼 2003：23]。这么说的话，立刻反馈有充满误解的反应，大概是来自道德多数派的"你认同性自由吗？"的批判吧？事实上，我在现场亲眼见证了她在哥伦比亚大学、哈佛大学这样的名校的女子学院演讲时，遭遇来自女性听众（高学历的女大学生）几乎是谴责的质问的情形。她们的回答，是一个很彻底的简单明了的"不"字。

法恩曼认为，"想维护'一夫一妻制'（Monogamy）的人可以这么做，那不想维护这个制度的人要怎样做呢？我说的仅仅是，法律不干预此事"，如果"国家提倡，并由法律保护的特权般的性关系"不再存在，"由成人间的自由意志而产生的性的相互行为，就不再成为国家关心的事情。因此，成人间的所有性关系都会被许可。那就不会有特定的性关系被禁止，或被特权般对待这样的事情了"〔法恩曼 2003：251〕。这么说的话，由于马上就会产生基于武断的误解，她不得不匆忙添加一些内容。"当然，孩子依然继续受禁止近亲相奸的法律和其他法律保护，强奸也仍然是刑事处罚的对象"〔法恩曼 2003：251〕，然而，"基于成人间的'同意'而发生的性关系，不受法律的限制"〔法恩曼 2003：251〕。这样的话，就不存在因婚姻上的地位差异而出现的区别，也就是说与丈夫之间的性行为是合法的，而与情人之间的性关系就违法的说法就不存在了。因此，"不伦"和"强奸"的词汇就不再需要了。相反，很难问责夫妻间强奸一事的配偶之间的性义务也就消失了。不论是妻子，还是谁，成人间的性行为需要当事者的"同意"，倘若没有这个同意，当然就是"强迫性交"了吧。

她说，"我认识到，这个要求废除作为法律范畴的婚姻的提议，会很容易被视为极端过激"〔法恩曼 2003：252〕，但是另一方面她又指出，从现实的变化来看，这个提议并不像看起来那样既过激又带有破坏性，倒不如说是对现实变化的追认。也就是说，法恩曼认为，法律已经使保证伴侣之间的权利义务关系的婚前协议成为可能，离婚法中的破裂主义也把婚姻当作"基础薄弱的"〔法恩曼 2003：250〕关系。至于对于财产分配和贡献的赔偿方面，法恩曼认为，只要有规定市民间关系的契约法，那就足够了。她建议说，夫妻当事者如果想捍卫自己的利益，那么就在关系破裂之前好好协商。在事实上"类似于婚姻的关系"〔法恩曼 2003：251〕中，这样的判例积累了很多。在婚姻不再是"一生"的关系的今日，任何一种性的纽带都失去了永久持续的保

障。她的乍一看起来非常"过激"的提议，如果我们考虑它仅仅
反映了这样的现实，那么也是一种个人为保护自己利益的令人信
服的对策吧。

这个提议的另一个效果，那就是并不过问"基于成人间的
同意而发生的性关系"是同性还是异性。若是这样，那就是说是
同性夫妇也没关系。这一阵子，加利福尼亚的家庭伴侣关系法和
法国的民事互助契约法，因不问夫妻间的性别而作为保护同性恋
者权利的立法，在过激派中得到高度评价，对此，法恩曼持批判
态度。

> 这种改革，不过是强调性之家庭的概念而已。倘若仅是
> 复制特权化的家庭形态，那么可供选择的关系，不过是在社
> 会的基本秩序和亲密性的性质上，只要追认性欲的中心地位
> 就完了吧……实际上，那种应该把非传统的夫妇包含在家庭
> 的法律范畴之内的议论，正是以这种性的结合为基础的。以
> 此类推，我认为这些非传统的夫妇是能够在法律上置换为异
> 性恋夫妇的。
>
> ［法恩曼 2003：154］

因此，她的建议可以表述如下：

105

> 只要作为制度的性的家庭存在，那就会继续占据特权地
> 位，就会作为理想的模式而使其他的亲密关系成为脱离常规
> 的关系。与其说通过接连不断地承认把其他的亲密关系视作
> 类同于婚姻，而使这个恶名无效，是不是倒不如把婚姻这个

范畴本身的法律地位废除掉好呢……

［法恩曼 2003：252］

从理论性的考察来看待法恩曼归纳的这个结论，我还记得曾为自己的见解与法恩曼的看法太过相符而吓了一跳。之所以这么说，是因为对于家庭伴侣关系法和民事互助契约法，我也感觉到了与她一样的担心。[6] 对于现在成为悬案的民法改正案当中的夫妇不同姓选择制，我所感到的不信任感，也是跟这个相通的。但是，看到同性恋解放运动的活动家们都支持家庭伴侣关系法，女权运动的多数派也都支持不同姓选择制的情况，而且是在甚至上述这些法律都很难实现的僵局下，我打消了对这些法律改革的怀疑和批评。但是，我觉得支持自己直觉的理论，是从法恩曼那里得来的。尽管如此，为了慎重起见，我觉得应该添加一句话：正如我的见解并非日本女权主义的主流一样，法恩曼的见解也不能说是美国女权主义主流派的想法吧。

9 "看护照顾的纽带"

主张与其将"基于成人间一致同意的所有性关系"自由化，不如停止仅将异性恋的排他性夫妻关系在法律上特权化，而将所有成人间的关系置换成个人间契约关系的观点，即便不是法恩曼，好像其他人也会说的。说实话这想法并非像看起来那么离奇。推进"在选择上中立的"政策的方向，作为不管结不结婚或离不离婚，都不因婚姻地位的变化而受到左右的社会政策的基础，已经在小泉首相的结构改革下提上了日程，它作为从家庭单位制到个人单位制的税收制度和年金制度的改革而得到推进。[7]
由伊田广行（1995）等人一向所倡导的"从夫妻单位到单人单
位"这一非常易懂的说法，感觉并非由女权主义者的运动而产
生，而是因税制的合理化及税收困窘这个"不纯的动机"，使得
配偶特别扣除制度*有即将被废除的迹象。然而，法恩曼的提议
并没有在这里结束。她转移到了第二个叫作"作为养育家庭单位
的一对母子的法律保护"的提案。

如果社会是由独立的个人所组成的集合体而构成的话，那么
家庭解体即还原到个人就行了。剩下的，不管成人之间有什么样
的性关系和契约关系，只要有约束市民社会的法律就已经必要并
足够了。那些提出家庭的个人化以及不成其为家庭的"个族"化
概念的研究者们，也就停留在那种程度的提议了。

然而，家庭之所以要维持家庭的必要性，难道不是因为家里
有依赖性的成员的缘故吗？难道与其说家庭是"性的纽带"，不
如说它更是"看护照顾的纽带"吗？法恩曼试图回应这些根本性
的问题。为此，她敢于挑战采用"一对母子"这个充满意识形态
色彩的概念而会产生的危险。

根据近代家庭论的见识，家庭作为再生产制度的成立经过以
及它作为"私人领域"的构建——法恩曼使用的是"依赖的私人
化"这个概念——，才是近代家庭的核心。而且女权主义者一语
道破，说这个"私人领域"是国家和公共机构构建起来的东西。

107

---

* 在日本，所得税申报可能获得各种减免。有配偶的纳税者有"抚养扣除"，分
为"配偶扣除"和"配偶特别扣除"两种。后者适用于年收入1000万日元以下、
配偶年收入为48万—133万日元的纳税者，其收入可扣除1万—38万日元的课
税额。——译者

到了近代，所有被称为"女性问题"的东西，都是从这个"看护照顾的私人化"派生出来的。正因为女性被分配到私人领域，被视为"照顾者的性别"以后，才一下子冒出一大堆被视为压迫女性的问题，比如把女性当作次要劳动者看待、其劳动负荷不必付酬等等。在这以前，虽说人们被灌输了"因为女性是'生育孩子的性别'，所以承担照顾的工作是应该的"这种本质主义的说明，但是"反过来正因为承担照顾工作，才被视为'次要的性别'"的说法更恰当吧。实际上，家里有着依赖性的家人，一旦开始承担照料工作，不管女性还是男性，都无法作为一个独立自由的个人而行动了。针对这个"必然的依赖"（人类在出生、成长和年老的过程中回避不了的依存），法恩曼把从其派生出来的依存称作"二级依赖"。

108

从这种压迫状态中逃出来的方法，极其简单。那就是不背负"看护照顾的负担"这个选择。一个是通过不生孩子的选择，另一个是通过由除自己以外的某个人来替代这个看护照顾的角色。然而，前者在规定女性是"生育孩子的性别"的父权制意识形态之下，就造成了自我否定"作为女性的价值"的结果。后者，在有着亲戚帮助育儿的支持体系和有经济实力雇用保姆的地方，是一种经常被采用的解决方法，但是它是以世代之间或阶级之间存在女性间的差异为前提的。无论哪种选择，作为个人的生存战略，两者都可采用。但是，前者不过是通过否定扶养照顾的方法，而后者呢则通过替代看护照顾的方法，把问题从眼前赶走而已，任何一方都不能根本性地解决看护照顾的问题。

不过，现实中在现场承担看护照顾工作的，占压倒性多数的是女性。即使虐待和遗弃的事例在媒体上有所报道，但更多的女性，无论在婚姻中还是在婚姻外，都拼命地从心理上、社会上和经济上看护照顾被父亲遗弃的孩子们。要这么说的话，有人马上就会"反驳"说，不是也有母亲抛弃孩子和父子家庭的情形吗？母亲不也干虐待的事吗？但是，统计数据以压倒性的或然性证明离婚后的育儿都由女性承担，施虐者的大多数是男性的事实。[8] 法恩曼的提议，在这里也不似乍看起来那么偏激，而是非常现实的。她的提案说的是，要把现在正在看护照顾依赖性家人的当事者——为了方便，暂且称其为"母亲"吧——当作法律的直接保护对象。面对美国单亲母亲家庭越来越增加的现实，比起让单亲妈妈通过再婚重新回到核心家庭的做法，法恩曼的提案更加实际。不管她们有没有结婚，倘若"一对母子"成为法律保护的对象，法律就无法干预母亲暂时或永久性拥有的性伙伴的地位和性别。

但是，法恩曼知道自己的这个提议可能会遭到的误解，与其说是批判它是"激进的"误解，倒不如说评判它是"保守的"批判。法恩曼批判说，"甚至'母性'这个社会文化性的制度，也不过是首先由男性定义并统管，然后再赋予法律内容的一种'被殖民化的范畴'"［法恩曼 2003：57］，但是她若果断采用满是父权制意识形态色彩的"母亲"一词，那还是有风险的。甚至原先文中引用的"'母性'这一社会文化制度"这样的表现，很多人也会觉得别扭吧。之所以这么说，是因为"母性"这个词是通过父权制而"被自然化"形成的。把历史创造的东西置换说成是"自然"或"本能"，就等同于禁止"不要询问其根源"。如果"母性"是由本能而根植在人们思想中的东西，那么它就不会"丧失"和"崩溃"，也不会因历史而发生变化。家族史的知识，逐渐弄清了"母性"既不是"本能",也不是"自然",而是"社会文化性的制度"。就这样,通过把"母性"进行去自然化,才可能追溯"'母性'是什么时候、怎样被自然化的"这一历史性的问题［田间 2001］。

为了避免"母性"或"母亲职业"这个范畴所具有的强大的象征性束缚力,也有人想要使用"亲性""父母职业""培育下一代的力量"等"性别中立"的概念。但是,法恩曼在这里的选择,是反过来利用作为"母性"之隐喻的象征性力量这一战略。由于支撑迄今为止的家庭法的"自然家庭"意识形态过于强大,"一对母子"这一概念,作为"对抗'自然的'性的家庭之主导权的必要的""与其印象具有同等力量的文化符号"［法恩曼 2003:257］,被法恩曼隐喻般地采用了。

> 所谓母亲,是一种具有把私人化了的依赖者显示为可视化对象的能力的隐喻。
>
> ［法恩曼 2003:258］

111　　她又慎重地补充说,所谓"孩子",是代表了包括"病人、老年人、残疾人等"在内的所有依赖性存在的"必然性依赖者的各种形态"［法恩曼 2003:259］之隐喻,而所谓"母亲"呢,只不过是"看护照顾的承担者"的代名词而已。而且她之所以始终拘泥于"母亲"这个被性别化了的术语,是因为就像刚才所述的那样,她相信,对这个"看护照顾的纽带"而言,除了"母亲职业"以外是不可能有其他方法的(也就是说,"非父亲才能实现的作用"等,根本就不存在)。若为慎重起见说一下的话,用

"母亲"这个性别性的隐喻来称呼"看护照顾的承担者"，并不意味着排除男性。就像我在"父性的复权？"那一节里论述的那样，男性也应该承担"母亲职业"，而且他们是能够承担这个职业的。而且，如果单方父母很难养育孩子的话，没有必要只将分担看护照顾的伴侣局限在排他性的异性恋伙伴，不管同性还是异性，一个人还是两个人，都可把他们叫进"家庭"中来。只有与孩子有关联这个事实，才构成作为父母的权利和义务的"常识"，在法律中也逐渐得到追认。

对于这样的提议理所当然会遭到它是"乌托邦的"批判，她也预先作了回答。她说，不如说把迄今为止的"自然的家庭"，看作是对现在出现的各种各样家庭问题的处方的看法本身，才是"乌托邦"（空想的）的想法。"传统的家庭并非社会所面临的问题的万能药。"［法恩曼 2003：261］"我们的对于家庭的意识形态，设定它自身能够对应显露出来的变化需要这件事本身，实际上可谓是乌托邦似的吧。"［法恩曼 2003：256］

112

把"看护照顾的纽带"替代"性的纽带"来当作家庭的单位，并用法律加以保护，这看起来也不是那么不切实际的想法。之所以这么说，是因为在现实中日益增多的单亲母亲家庭中，那是吃紧的必须要做的事情。法恩曼的提议是从对现行的家庭法的批判中产生的。这种批判认为，现行的家庭法以"自然的家庭"为标准而把单亲母亲家庭看作是脱离常规的家庭形态，那就等同于从"公共的家庭"剥夺了给予"私人家庭"的保护和权利。如果现实中的家庭发生了变化，那就如实地承认这种变化，与其使现实符合规范，不如让规范合着现实状况而进行变更，这才是法恩曼的法律改革的主旨。我要对法恩曼给予评价的是，这是一种披着理想主义外表的现实主义。

　　从"性的纽带"到"看护照顾的纽带"。法恩曼的意图，在于重新定义将要成为法律和政策之基础的"亲密圈的单位"。法恩曼的"在看护照顾的性别"上提出"母性"的战略，即便那是一种隐喻，也由于"母性"在被过度象征化的文化脉络中会伴随着危险，因此需要注意。但是，若把这个战略替换说成是"看护照顾的纽带"，她所考虑的意图会被较正确地传达出来吧。

113　　　我曾考虑过采用"看护照顾的纽带"一词作为本书的日文版的书名。

10　作为福利下层阶级的单亲母亲

　　我一直以来感到不可思议的是，为少子化而苦恼的日本，并不着手于奖励非婚生子女一事。大家都知道，出生率可细分为婚姻率、婚内出生率和婚外出生率。如果现在在日本，婚姻率的上升没有指望，婚内出生率也是停滞不前或有下降的趋势都是真的，那么无论从理论上还是实践上来说，解决少子化的处方就只能期待剩下的一项，那就是婚外出生率的上升。事实上，除了日本以外的各先进工业国的出生率中，婚外出生率贡献很大。在瑞典两个新生儿中有一个是非婚生子，在美国是三个新生儿中有一个是非婚生子，在法国非婚生子超过了 40%，在德国也达到了20% 的比率。要是日本不存在对非婚生子的歧视和偏见，即便是单亲母亲也保证她们顺利育儿，那么日本女性也可以不悄悄处理掉她们在婚外怀的孩子，而是下决心把孩子生下来吧。因为实际上，日本的男女都活跃地进行着婚前和婚外的性活动。日本极其低下的非婚生子出生率，在外国的研究者看来，是一个谜。

"创造一个女性即便是一个人也可以安心地生养孩子的社会"，很久以来一直是女权主义的目标。尽管少子化被认为是朝那个方向迈进的好机会，然而事实上那根本谈不上，反而在福利改革之下，还要减少对单亲母亲家庭的儿童补贴。这难道不是与少子化对策的方向背道而驰吗？——这是我很朴素的疑问。

然而，这个"朴素的疑问"，并不像看起来那么"朴素"，实际上包含着很激进的问题。政府期待孩子在家庭里面出生，而不期待他们在家庭以外出生。也就是说，我们明白了，他们没有变更"看护照顾的私人化"的意愿（作为包含着日本式福利的资产的家庭！），也不愿负担因单亲家庭的增加而产生的福利成本。这样的家庭政策，正是被称为父权制的东西。

所谓父权制，也是由父亲决定孩子归属的规则。因此，非婚生子的增加，就意味着不归属于父亲的孩子在增加。这件事，无论是非婚的单亲母亲，还是离了婚的单亲母亲，都没有什么变化。如上所述，这是因为在离婚的时候，父亲通过把亲权 / 监护权转让给母亲而放弃了孩子的归属权。

从这个原理来看，做一个单亲母亲这件事本身，就被视为是"脱离常规"的事情，而且是法律规则要惩罚的对象。而且她们作为"没责任的再生产者"被当作是社会的累赘，也作为福利下层阶级常常成为被攻击的对象。在美国，每次出现福利改革的议论时，不断增加的单亲母亲家庭总是成为被攻击的对象。在美国，与欧洲的对外国移民的排外主义一样，单亲母亲作为国内的麻烦制造者，被充当了"替罪羔羊"。然而，实际上在美国这个福利后进国，针对单亲母亲家庭的财政开支，还达不到标准家庭

114

115

所享受的税制上优惠的总额。实际上，美国的福利政策对双亲齐全的中产阶级家庭很优厚，而对经济阶层很低的单亲母亲家庭非常冷淡。

单亲母亲，要成为可以说是一种警诫的惩罚措施的对象，有着比单纯是累赘这一说法更为深远的、更加根深蒂固的原因。法恩曼说，那就是为了对"自然的家庭"所代表的父权制意识形态的软肋进行抵抗。

> 这是因为没被打上坏名声的烙印而平安无事地经营着母亲这个职业的妈妈们，有可能会动摇父权制意识形态的各个基本要素吧。
>
> ［法恩曼 2003：113］

法恩曼指出，"经常有人主张说，这些母亲独身这个事实，是一个反社会性的威胁"［法恩曼 2003：94］。这种非难的背后，有着女性和孩子必须属于男性、对那些不属于男性的女性和孩子必须施加惩罚的想法。我觉得在这些批评单亲母亲的人们身上，除了他们经常提到的育儿方面的失败、国家的财政负担等道德和经济理由，在某个地方，隐藏着上述的真心话。正因如此，对他们而言，"女性即便是一个人也可以安心地生养孩子的社会"，是一个必须实现的目标。

这样的父权制社会，给予单亲母亲的最大惩罚，实际上是单亲母亲在接受福利援助之前，在劳动市场处于绝对的不利条件中这个事实。对于这个事实，法恩曼用"福利的圈套"这个词来说明。虽然有些长，我来引用一下吧。

　　所谓"福利的圈套"，也并不是说福利……让她们处在病理性的依赖状态中。……真的"圈套"，实际上在于尽管很难说福利的给付额已经够了，但绝不是低工资的工作所能比及的。倘若工作了，单亲妈妈的可支配收入可以更多地增加的话，那么领取最低生活保障的多数母亲也会产生工作的欲望。但是如果工作和在家里待着都是差不多一样的贫穷，那她们就没有工作的欲望了。……要是这么一计算的话，那得到一个很难变动的结论。手里没有工作的单亲妈妈，在今天的劳动市场，无论是通过工作还是依靠福利，都没有希望能够养活自己和孩子。

[法恩曼 2003：128]

　　对于"福利下层阶级"的批评，虽说集中了纳税者们对他/她们这些领取福利津贴们依赖福利、不进行自助努力的反感，但实际上，这是一种"被制造出来的问题"，是把贫困阶层的不满更加投射在弱者身上的某种"替罪羔羊"的问题。这在日本的"最低生活保障制度的不公正领取问题"上也得到了证实。虽然一部分的福利金领取者中可能存在着"不公正领取"的问题，但是通过大题小作的编造，行政窗口开始非常严格地控制最低生活保障制度的运用，其结果，造成了真的需要保护的人没法领取最低生活保障而陷入困境的状况，比如媒体上曾报道过母子家庭中的饿死事件等等。把弱者变成"替罪羔羊"的情况，在这个饱食暖衣的日本，甚至催生了饿死这样的牺牲者。

　　实际上调查看看的话，我们就会明白，多数领取福利金的单亲母亲，被证明她们是有就业欲望的。但是，福利给付的各种各

117

样的限制、很难做到工作和家庭两立的职场环境，以及比什么都过分的恶劣的劳动条件，都使她们停滞不前去工作。劳动市场给予她们的这个评价——亦即低工资——才真正是社会给予单亲妈妈的最大惩罚吧？可以说正是这个，才是父权制的结构暴力，使女性不依赖于男性就当不了母亲。在这种结构暴力之下，女性和孩子被执拗地要求归属于男性，另外为了示众，不归属于男性的女性和孩子就成为惩罚的对象。

　　所谓对单亲母亲的公共援助，就是社会全体代替各个不想承担"看护照顾负担"的"没责任的再生产者"的父亲来分担一种"集体双亲性"，它具有这么一种特性。由于这种公共财政支出的财源来自国民的税收，一般来说男性对税金的贡献度较高，所以从纳税者男性的角度来看，就是这么一个逻辑：他们集体被迫为其他同性的没责任的行为买单。[9]他们的愤怒应该朝向同性的没责任感（和产生这种没责任的男性中心的性文化），面向单亲母亲是没有道理的吧！而且他们的愤怒情绪的背后，非常坚固地并根深蒂固地存在着"看护照顾的私人化"这个父权制的前提。

　　包括日本在内的欧洲社会，现在正欲投身于"看护照顾的脱私人化"——在福利社会论上亦被称为"脱离家庭化"——这一壮大的历史性实验。"护理的社会化"是这个实验的巨大一步，接下来要进行的是"育儿的社会化"吧。从历史上来看，倘若"看护照顾的私人化"是近代家庭成立的核心，那么"看护照顾的脱私人化"意味着脱近代家庭吧。看护照顾的公共费用负担的财源，已经不光是上班的男性，也是工作的女性的税金和保险费。从把看护照顾视为个别家庭的责任——只要这个责任继续存在，女性和孩子归属于男性的状况就不会消失——这个社会共识，到把看护照顾视为公共责任的转变，如今国民的意见统一终于逐渐形成了。在这个时候，法恩曼针对以接受公共援助为交换条件而把这样的接受公共援助的家庭置于监视和干涉之下的法律，以"隐私权"这一概念为后盾，拼命地战斗着。就好像是说，针对脱离了父权制支配的个别单亲母亲家庭，现在是国家这一集体性的家长必须行使统治权。法恩曼宣言说，"女权主义者必须把单亲母亲这个社会现象，看作是抵抗父权制意识形态的实践。"［法恩曼 2003：148—149］

　　法恩曼随手放在文本中的一句话，我特意将其放在我的结论部分，是不是把她隐藏着的与父权制作斗争的意图，给显露出来呢？如果是这样的话，那么相比于"废除作为法律范畴的婚姻"这个激进的主张会导致的困惑，大概更可能会产生直截了当的愤怒吧。

　　但是，我们必须无数次地重复如下结论：要创建女性哪怕是一个人也能安心生孩子、养育孩子的社会，并且要创建一个既不给单亲母亲带来社会耻辱也不对她们施加惩罚的社会。如果不这样的话，甚至少子化的问题也得不到解决吧。

注：

　　［1］　关于近代家庭论，我希望读者参照以下的读物。落合惠美子（1989），上野千鹤子（1994）等。

　　［2］　我们都知道前近代社会，有"共同体的母性"（communal motherhood）（最近又被性别中立地称为"共同体的双亲性"（communal parenthood））的概念。另外，像领养父母、取名父母、乳母、戴冠父母等虚拟性亲子关系，我们也可以认为是共同体为分散对孩子的责任和负担而形成的组织结构。

119

120

[3]　因此，我们可以认为2004年4月开始实施的护理保险法，因旨在实现"护理的社会化"（换言之，由于国民达成了护理并非只是家庭的责任的一致意见），而是迈入后近代家庭的、无法后退的重要一步。

[4]　在各先进工业国，非婚生子出生率的上升的原因之一，可指出是因为婚前同居率很高。也就是说，法律婚的年龄确实呈现晚婚化的趋势，但是我们可以发现，伴侣的同居开始年龄并不一定发生了变化。另一方面，只有日本社会，在各先进工业国中，其婚前同居率极其少。也就是说，在日本，法律婚的开始和同居的开始几乎是同时进行的，因此日本是一个法律上的晚婚化和实际上的晚婚化非常一致的、很少见的国家。

[5]　根据最高法院家庭局2001年进行的、对在东京家庭裁判所和大阪家庭裁判所完成的调解离婚的调查。

[6]　上野千鹤子（1997a）。在本书收录的上野和伏见的对谈中，上野对伏见所支持的同居伴侣关系法表明了她的担忧和反对的意见。

[7]　关于从家庭单位制到个人单位制的税制和年金制度的改革，请参照大泽真理（2002）。由于个人单位的年金，跟家庭的搬动无关，到哪儿都可以带着走，因此又被称为可移动型年金。

121

[8]　虽然儿童咨询所报告的儿童虐待事例中的60%，据报道母亲是加害者，这也反映了实际上承担养育工作的绝对多数是母亲的现实。另外，我们也明白，超过90%的性虐待，都是父亲为加害者。

[9]　实际情况并没有这么单纯。美国的单亲母亲问题的背后，很清楚是与少数族裔和阶层问题紧密相关。让女性怀孕的男性不得不成为"没责任的再生产者"，也有他们因失业和贫困而没有负担能力的情况。而且他们少数族裔的歧视和贫困问题，高额纳税者的中产阶级男性也应负责任。归根到底，后者要对自己造成的社会体系的结构性歪曲，支付其成本。

四　女性的变化及家庭 *

1　产业结构转换期间女性的变化

"女性进入职业场所"的实际情况

如果用一句话概括经济高度成长期以后女性的变化，可以用"女性进入职场"来表达。据 1983 年发表的"昭和五十七年度就业结构基本调查"，有配偶女子的就业比率为 50.8%，终于超过了半数。在已婚妇女当中，"工作的主妇"超过"专业主妇"，"结婚以后就是家庭主妇"这种女性的人生历程，已转入少数派。

过去 20 年间，日本女性有什么样的变化呢？

女子劳动经济学专家柴山惠美子对 1973 年以后女子劳动的变化情况作了以下 8 点总结（《国民经济白皮书》，1987）：

1. 中老年妇女的劳动力率突破了 50%。

2. 劳动力总人口中妇女所占比率上升到 40%。

3. 妇女就业者中雇员的比率上升到约 70%。

4. 雇佣者总数中妇女所占比率上升至大约 40%。

5. 女子雇员的平均年龄上升至 35 岁左右，已婚者（有配偶 /

---

* 初次发表于 1991 年。

丈夫去世/离婚）比率上升至七成。

6.大约70%的女雇员集中在第三产业。

7.女雇员中兼职工的比率上升至20%之多，派遣劳动、临时/计日劳动以及其他的妇女劳动的雇佣形态多样化，并且变得不稳定了。

8.就业领域日益高科技化。

从上述情况我们可以了解到："女性进入职业场所"的实际情况并非一时曾非常流行的"走在潮流前面的、追求自由的女性""职业女性"的增加，而是中老年女性劳动者的不稳定雇佣形态的增加，也就是出现了"女性劳动的周边化"（Marginalization of women's labor）现象。

就生命历程的一般模式而言，进入职场的"中老年妇女"属于因结婚或生孩子而一时离开工作单位的"中断—再就业"型。与此相对，生孩子和育儿期间一次也没有离开工作单位的"就业继续型"，则与人们的预期相反，并没有增加，这一点有点让人吃惊。

124 经济企划厅国民生活局于1987年委托森冈清美等人发行的《追求新女性的生活方式》（经济企划厅国民生活局编，1987）一书，按照不同的生命历程对女性的就业和家庭关系进行了详细调查。书中把生命历程分为六种模式：模式Ⅰ"未婚就业"；模式Ⅱ"无孩子就业"；模式Ⅲ"生孩子后继续就业"；模式Ⅳ"结婚/生孩子后为专业主妇"；模式Ⅴ"生孩子后再就业"；模式Ⅵ"无职业经验"。其中模式Ⅲ的"生孩子后继续就业"在全部样本中仅占21.7%。从年龄类别来看，模式Ⅲ的"生孩子后继续就业"组中30—39岁的占27.8%，40—49岁的占25.2%，50—

59 岁的占 27.9%，其中仅看雇员的话，30—39 岁的占 14.3%，
40—49 岁的占 14.4%，50—59 岁的占 12.1%，各年龄段的比率
基本上是平行的，几乎没有什么增加。如果考虑个体经营者的比
率在减少，虽然我们可以看到育儿期间也不间断工作的女性雇员
比率渐渐地有所上升，但那也只能称为"即使结婚、生孩子也不
辞职的职业女性的增加"，并没有促进大多数女性就业情况的变
化。即便是 30—39 岁的女性，她们中的大多数都因为结婚和生
孩子而一时离开工作单位（模式Ⅳ的"结婚/生孩子后为专业主
妇"组和模式Ⅴ的"生孩子后再就业"组合计为 57.2%）。我们
得到的结果是：高度成长期以后女性的生命历程中最大的变化是
高度成长期初期雇员中几乎等于零的"中断—再就业"型，在这
20 年左右的时间内这成为了大多数女性选择的生命历程。

　　然而，众所周知：等待再就业期的中老年妇女的雇用条件是　　125
极端恶劣的。比如非熟练部门的低工资、不稳定聘用等。尽管柴
山氏说"女性劳动的雇用形态变得多样化了"，我们也不能忽视
这个"多样化"的内容同时也是"不稳定化"。另外也有必要注
意一下"女性雇员中兼职员工所占比率高达二成"这个数据。如
果我们挑选 35 岁以上的年龄层来看，那么兼职劳动的比率飙升
至大约每三人中有一个。另外，虽然政府对"兼职劳动"的定义
是"每星期工作 35 小时以下"，但实际上如果工作时间和全日制
劳动者一样长，并且还要加班而仅有"临时工待遇"，即只按小
时和日计算的劳动者，那么这种"不稳定聘用"的实际状态包
括的范围要更加广泛。因此我们可以指出："女性进入职场"的
重要内容是：（1）主要是中老年女性的变化，（2）其实际情况是
"女性劳动的周边化"。

产业结构的转换

"女性进入职场"这一社会现象要成立，劳动市场的需方（demand side）和供方（supply side）的条件必须一致。供方的把女性自家庭向外推的推动因素，有妇女生孩子减少以及自 50 年代以来家庭电气化的不断进展［上野 1982a］，但是，在需求方那边我们很难说接受女性雇员的条件到今天为止已经整备得很好了。在这一点上，带来中老年妇女雇佣机会增多这一需求方变化的，正是柴山氏所指出的 1973 年石油危机以后产业结构的转变，也就是经济的重建（restructuring）过程。

产业结构的转换大大提高了日本经济中第三产业的比率。这就是经济的软化——信息化、服务化。像钢铁、造船这样支撑了 60 年代经济成长的重化学工业等重厚长大型产业发展停滞，而金融、流通等轻薄短小型产业则成了支持经济成长的主要产业。日本经济从工业化时代进入去工业化的时代。

贝罗尼卡·比奇援引 OECD 各国的例子，证明了在 1973 年的石油危机以后，像日本和欧洲这样的资源小国兼先进工业国创造了数量庞大的女性就业机会［Beechy 1987］。比奇指出了产业结构不景气时期的"高失业率下女性的雇佣机会增大"这一逆反命题。"高失业率"指的是全日制男性成年劳动者的失业率，而"女性雇佣机会的增大"是指对中老年妇女的不稳定雇佣机会的增多。这并不构成巷谈街议所说的"女性占了男人的工作位置"。因为首先，女性从事的职业是以前所没有的成长产业的新职种；第二，女性从事的职种，条件极其恶劣，成年男子一般不会从事这样的工种。

产业结构的转换直接冲击了熟练部门的中老年男性劳动者。在 127
OECD 各国，这体现为高失业率，但在日本，失业率并没有上升。
这是因为产业结构的转变，即衰退产业部门和成长产业部门的替
换，在日本几乎是没有时差地急速进行的。另外，与此相配套的
人力资源的配置转换，尽管也伴随着诸如旧国铁人才配置中心的没
落，但总的来说进展比较顺利。甚而言之，在日本，随着产业结构
的转变而产生的牺牲者集中在中老年男性劳动者身上，但在 OECD
各国，失业率集中体现在加入劳动力市场之前的年轻男子，中老
年劳动者保住了他们的既得权利。这与工会的强大有很大关系。

产业结构转换期间女性雇佣机会的增多，是基于以下几个
原因：(1) 由于经济的软化，劳动的性别差异问题相对来说已不
成为问题，(2) 在服务部门，季节性和时间性变化大的非正规
倒班的工作增多了，另外，(3) 那种"专属女性的工作"以"兼
职劳动"的形式产生了。之所以这么说，是因为"那是女人的工
作"（同上：163)。因此，针对女性而新开辟出来的就业机会是
成年男性不可能从事的、工资低且工作不太稳定的"挣零花钱的
工作"(job for pin money)。

在这里要叙述一下与 OECD 各国所不同的、日本仅有的特
殊情况，那就是在日本不存在移民劳动者。在 60 年代以来一直
持续增长的发展经济下，尽管日本的劳动市场一直苦恼于劳动
人手不足，但在日本却断绝了在其他先进工业国完全可能的一种
选择，即引入移民劳动者。在严格的出入境管理法之下，得到许 128
可的外国劳动者是"他人不可替代的"熟练部门的劳动者，在发
展经济下陷入人手不足困境的，反而是非熟练部门的劳动力。企
业通过工厂自动化（Factory Automation）或机器人化部分克服

了这个人手不足的问题，但仍不得不依赖于已婚女性中的潜在失业者群体。因此，已婚女性劳动者和中老年女性劳动者主要从事（1）机械化所不能替代的非熟练部门的劳动，（2）在其他的先进工业国为移民劳动力所从事的工种。如果我们结论先行，可以说引进移民劳动力的趋势与女性就业紧密相关。因为两者都属于非熟练部门，形成直接的竞争关系。

克劳蒂亚·冯·贝尔霍夫把这种"女性劳动的周边化"逆命题地称为"劳动的主妇化"（housewifezation of labor）［杜登和贝尔霍夫，1986］。另外她还指出在这种"主妇化"进程中，不光女性，男性也被卷进来了。女性"参加周边劳动市场"是指正规行业的有酬劳动（paid labor）和非正规行业的不付酬劳动（unpaid labor）之间的围墙变低了，女性可以自由来往其间的状态。所谓"主妇"，是指根据非正规行业的需求必须一直等待机会的女性（正因为这样，"主妇"只能是"次要劳动者"），但由于男性也加入女性的周边劳动市场，他们也就成为了"主妇般的存在"。由于"男性离开劳动市场（失业）和女性加入劳动市场"，男女双方共同形成了被称为"周边劳动力"的"劳动力预备军"（Reserve army of labor）。

2　女性生命历程类型的多样化

中断—再就业型的增加

如果像以上那样考虑的话，很明显这种"女性进入职场"的实际情况，对女性来说并不一定就是一种受欢迎的变化。现在如果我们仅局限于那些有雇佣经验的、已婚并有孩子的女性来看，

可以把她们围绕事业和家庭的生活历程的选择归纳为以下三种
类型：

Ⅰ 一直持续工作型
Ⅱ 中断—再就业型
Ⅲ 专业主妇型

如前所述，其中的Ⅰ，即一直持续工作型，在30多岁的同
时期出生的群体中所占比例大约为14%，并没有上升多少。由
于我们没有仅以雇员为主体样本的数据，所以不能明确说明。然
而要是看对"女性职工离职原因"的调查结果，如果从"结婚
或者生孩子"时"离职"的女性职工大约为80%来反推，那么
可以说剩下的两成是这种类型。这与女性雇佣率70%的两成为
14%的数字是一致的。

与此相对，Ⅲ的专业主妇型呈减少趋势。在80年代中期，
日本劳动者家庭中的夫妻双收入的比率突破了60%。即便从40
多岁的劳动率同样也突破60%来看，在35岁以后的处于生命阶
段第三期（后育儿期）中为"无职业妻子"的女性现在也仅占
三成。

在这20年当中，从几乎为零的存在飞跃到最大的多数派的，
是Ⅱ的中断—再就业型。现在四五十岁的女性，在经济高度成长
期长大成人，当她们到结婚和生产年龄而离开工作单位的时候，
并没有预想到将来会重新回到工作单位。当时，这种中断—再就
业型的生命历程在女性中间还没有充分的认知。经济的重组使女
性的雇佣机会剧增是之后20年的事情。同时这些女性对重归工

130

作单位一事也没有准备，对等待着已成为中老年的自己的劳动市场究竟是什么情况也一无所知。可以说过去 20 年日本经济的结构变化使他们体验到前所未有的经历。

生命历程的选择和经济要因

131　　综上所述，女性的生命历程的选择已经多样化了。然而又产生了以下这样的社会学悬疑：在女性面临生命历程选择之际，什么是决定变量呢？

在第Ⅰ到第Ⅲ期的生命历程中，女性要经历两次抉择。第一次是在生命阶段第Ⅱ期（生产、育儿期）所面临的，是离职还是留在工作单位的选择；第二是在生命阶段第Ⅲ期时所面临的，是重新回到工作单位还是留在家里的选择。对女性做抉择起作用的变量中有本人的学历、自立意识、家庭结构等各种各样的因素，但最终起决定作用的还是"丈夫的经济收入"这一经济因素。

据 1987 年的就业结构基本调查，按户主收入所得的五分位阶级分类所定的妻子有职业比率，从第一分位到第四分位大致都平稳在 50% 前后。到第五分位时，这个比率大约下降 10% 至 38.1%。第四分位和第五分位的分界线是年收入 700 万日元。也就是说可以做家庭主妇的条件是年收入为 700 万以上的经济富裕的阶层。这也可以从女性出去做兼职的最大动机是"贴补家用"上看出来。

132　　同时，女性的高学历并不一定与有职业率成正比。在有高攀择偶（hypergamy）倾向的日本，大学学历的女性大都与有大学学历的男性结婚。由于高学历男性多数属于经济富裕的阶层，结果就出现了高学历女性中"无业妻子"增多的趋势。

继续工作型女性当中从事专业职种的女性居多。这是因为从事专业职种而能继续工作呢？还是由于原来想继续工作的愿望很高而选择了专业职种呢？这个问题还没有定论。即便是专业职种，日本女性的三大专职是保育员、教师和护士这样的半专业职种。如果再加上公务员的话，"女性易于持续的工种"名单就出来了。女性要从事专业职种的条件是高学历，然而，基本趋势是这些女性大都与从事相同职业的男性或同行结婚，也就是奉行同行结婚。但是女性容易继续工作的职场以及"男女同工同酬"的职种，反过来从男性的角度来看，是那些男性的工资控制在与女性相同水平的职场。在公务员和教师当中，因结婚或生孩子而离职的人很少，这不仅仅是因为她们具备诸如育儿休假制度这样的容易继续工作的条件，还有因为她们不能缩小靠两人全职工作的双份工资才得以维持家庭生计之规模这样的实情。

从博报堂所实施的《90年代之家庭》（博报堂生活综合研究所编，1989）的调查结果，我们可以发现：在上述三种生命历程模式的选择中，不仅"丈夫的收入"这一流量因素，而且"父母的资产"这一存量因素也是非常相关的。据这个调查，要成为第Ⅲ种的专业主妇型的条件还列有"夫家的资产"。即使丈夫的收入没有达到年收入700万日元，如果夫家父母的家底很厚，那么家庭的可支配所得就增加。另一方面，支持第Ⅰ的就业继续型的，是"妻子娘家的资产"这一条件。首先，为了使女儿拥有能够从事专业职种之学历，其生育家庭如果不是已经属于学历非常高的家庭，就是经济条件非常优裕的家庭。从80%以上的日本父母至今还想让"儿子上四年制大学，女儿上短期大学"这样的状态来看，女性要有四年制大学学历，要么其父母认为当然应

133

I 近代家庭的动摇

该让女儿拥有大学学历，要么其有支持她获得大学教育的家庭背景。第二，妻子娘家富裕的家境可以为女儿结婚以后的家庭，提供看得到或看不到的援助。包括接受妻子娘家的实物或者现金的援助在内，甚至出现了把这样的家庭称为"三种收入"的词汇用法［上野 1989］。

据博报堂的调查，从夫家和娘家都得不到援助，在流量和存量方面丈夫和妻子都处于不利地位的，是第Ⅱ的中断—再就业型。妻子再就业的动机大多是为了弥补丈夫收入的不足以"补贴家用"，但是另一方面，由于使妻子维持被抚养家庭成员地位的收入上限是"90 万日元这一壁垒"（从 1989 年起上升到 100 万日元），这种"补贴家用"的收入还不到家庭年收入的 25%。

因此，第Ⅲ的专业主妇型，是丈夫的流量和存量条件均很优沃的经济阶层的女性，第Ⅰ的就业继续型为妻子出身资产存量方面很富裕的家庭，通过与丈夫的双份收入而获得流量的阶层。第Ⅱ的中断—再就业型属于在存量和流量方面都不富裕的阶层。如果仅从经济因素来谈论女性就业，我们就面对以下煞风景的现实：不得不工作的人都很认真地工作着，不工作就可以度日的人则不工作。

中断—再就业型的性别规范和夫妻观

问题在于这种"工作女性"之中包含了第Ⅰ类的就业继续型和第Ⅱ类的中断—再就业型两种女性。第Ⅰ类和第Ⅱ类在就业形态、职种、从业地位和工资等方面显著不同。把类型Ⅰ和类型Ⅱ作为"有职业主妇"统括起来，与类型Ⅲ的"无职业主妇"相比较的做法，实际上并不十分有效。类型Ⅱ的人中包括了"没有工

作的意愿却不得不工作的人"和"虽然有继续工作的意愿，但因
各种各样的事而不得不中断工作的人"。不管怎么样，他们都是
在生命阶段第 Ⅱ 期把养育孩子放在职业之前优先考虑的人。倘若
参照各种各样的数据，我们会发现，在夫妻间的分工意识和性别
规范上，类型 Ⅱ 远比类型 Ⅰ 更接近于类型 Ⅲ（丰中市女性问题推
进本部编，1989）。类型 Ⅱ 的工作方式至少并没有达到使夫妻之
间的性别角色分担弱化并改变丈夫在家庭内行为的程度，因此夫
妻之间的权势关系也属于传统型。其结果是，类型 Ⅱ 女性所肩负
的是：百分之百地承担家务的同时，还负有挣工资的责任，也就
是所谓的"双重角色＝双重负担"（double role=double burden）
［上野 1985c］，但是"既是主妇又是挣工资者"的双重角色会引
起"角色冲突"（role conflict）这一一直以来就存在的社会学假
说，就类型 Ⅱ 而言是被否定了的。首先，她们复归工作单位的时
间是相对来说可以从孩子身上放手的第 Ⅲ 期以后，第二，她们
收入的主要用途是还房贷和支付孩子（学校以外）的教育费。第
三，在次级社会化（secondary socialization）的教育过程专业化
并成为可以购买的服务之后，为了给孩子提供"更好的教育"而
挣钱，也成为做"好母亲"的一个条件。正如娜塔丽·索克罗夫
［Sokoloff 1980／日译版，索克罗夫 1987］所指出的那样，女性
是为了"执行"作为"好母亲"的"角色"而出外工作，这与成
为"好母亲"一事并不一定引起角色冲突。

　　类型 Ⅱ 的性别规范和夫妻观的基准群体是第 Ⅲ 类的全职主
妇型。从这一点来看，可以说类型 Ⅱ 是那些"不幸没能成为全职
主妇的具有全职主妇志向的女性"。如果说区别类型 Ⅱ 和类型 Ⅲ
的是丈夫的经济阶层，那么在这 20 年间把女性分化为"复归职

136 场的女性"和"停留在家庭的女性"的社会背景中，有着日本社会发生了阶层分化这个原因。

3 女性阶层的分解和动向

专业主妇志向的高涨

过去二十年间，女性生命历程的多样化和阶层分化，对日本女性来说是史无前例的体验，同时也给她们带来了值得今后学习的历史经验。也可以说这种在 20 世纪 90 年代的今天仍在持续发生的变化是女性的经验所得出的一种历史判断。让我们把女性分为有职业女性和无职业女性，来探索一下女性阶层分化的动向。

根据女性论坛于 1989 年对在富士通、NTT 等 114 个民间企业工作的 2990 名女性所得到的调查结果[1]，希望继续工作的女性占全体的 25%。但是年龄层越低这个比例越小，25 岁以下的女性希望继续工作的为 16%，20 岁以下的为 6%。"所有年龄段的女性均有一半以上希望进入家庭"。如果我们挑 20 岁以下的女性来看的话，以家庭主妇为志向的占了 55%。

这个调查结果，和其他的以女学生为对象的调查结果也是一致的。即便根据我自己对女子专科大学学生的调查，1988 年志

137 向当家庭主妇的有 60% 之多，与 80 年代前半期中断—再就业志向占绝大多数的情形相比，我们可以清楚地了解到：在年轻女性中间中断—再就业型已经失去了魅力，取而代之的是专业主妇志向。志向继续就业的为 20% 左右，虽然呈渐增趋势，但离成为多数派还很遥远。

在专业主妇事实上转为少数派的情况中，这种专业主妇志向

的高涨，究竟意味着什么呢？

我们可以想到以下一些原因。

首先，随着专业主妇成为少数派，中断—再就业型的"劳动主妇"登场，但是这种"劳动主妇"的现实在任何人看来都是不言自明的，于是这个典型就失去了魅力。70 年代是中断—再就业型女性急速增长的时期，这种"工作和家庭"按照所在的生命阶段来均等分配的生命历程模式，甚至是当时政府推崇的典范。"专业主妇"这一词汇的出现是在 70 年代前半期。随着职业女性的增加，这些专业主妇的自我认同意识受到威胁，在她们中间也开始出现了"我只是一个家庭主妇"（just a housewife）的说法。

尽管如此，等中断—再就业型的女性占据多数时，她们生活中的现实就显而易见了。因减少不了的家务负担、恶劣的劳动条件和"双重角色"而负担加重——在这种付出空闲所得到的只是"零花钱"（pin money）的现实面前，最底层的女性阶层中间开始出现了即便眼前有就业机会也选择"我并不想去工作"的女性。中断—再就业型这种以前曾经被一度认为是可以同时达成女性的"工作和家庭兼顾"愿望的生命历程，在现实面前褪色了。

第二，在此期间，阶级分层得以进行，把女性分成"复归职场的女性"和"停留在家庭的女性"，实际上是经济阶层的划分这一点已经很明显，难以再掩盖了。专业主妇的身份现在成了"富裕的证明"。这要是在女学生中进行一次对"专业主妇"的印象调查就很清楚了。"专业主妇"在 70 年代是"身上带着米糠酱气味""为家务操劳而面容憔悴""没个性"的样子，但是在十年后的 80 年代后半期，"专业主妇"却被认为"打扮漂亮""生活宽裕"。从 70 年代到 80 年代的十年间，专业主妇的印象从负面

138

到正面来了一个 180° 的大转弯。

与此同时,"专业主妇"实际上并不是"停留在家庭里面的女性"。她们虽然没有走上工作岗位,但是为了参加地域活动和建立人际交流网络她们并没有待在家里。金井淑子称她们为"专业交际主妇"。意思是说专业主妇虽是主妇,但并不是一味以家务为主,而是把交际作为专业。

我自己对京都、大阪和神户地区主妇群体之间的群众性网络作过调查 [上野 / 电通网络研究会,1988,2008]。我发现保障主妇外出走动的条件是时间资源和金钱资源。事实上,她们都属于高过平均值的高学历、高经济阶层。

专业主妇已经不是汉娜·加普隆所说的"被囚禁的女人" [加普隆 1970]。她们"为了做自己想做的事",渐渐成为选择不从事工作的特权阶层。因此,年轻女性想当专业主妇的志向和通过结婚以达到阶层上升的愿望(即因与有钱有势的男性结婚而获得高贵地位的"玉辇"愿望)并不是没有原因的。唯一的问题在于志向和现实的差距。尽管几乎有近 60% 的女性都希望做专业主妇,但事实上,属于能够让她们成为专业主妇的经济阶层的男性,即便是现在四十多岁的男人也只有 30% 左右,现在二十多岁的男人在二十年以后他们到四十多岁时,预计这个比例可能会下降到 20% 左右。心里希望成为"全职主妇",但实际上并没有实现理想的大部分女性,在专事育儿期之后不得不为了"贴补家用"而出外工作,成为中断—再就业型的成员。等待这些没有什么准备就投身环境恶劣的周边劳动市场的中老年妇女的,和为今日大多数的中断—再就业型女性所苦恼的现实是相同的东西。这样就再产生了许多以全职主妇为夙愿,实际上并没有达到愿望

139

而挫折感很强的妻子。

雇佣机会均等法的影响

这里我想谈的是 1985 年所成立的雇佣机会均等法的影响。据研究女子劳动经济学的千本晓子说，年轻女性希望做专业主妇的志向，与其说是"尽管实施了均等法"，还不如说是"因为均等法的实施"，而得到了逆命题式的加强。均等法实际上是一个没有保护的平等、没有惩罚而只规定努力义务的有漏洞的法律。尽管如此，这个均等法给尚未加入劳动市场的女性学生的印象是一种竞争印象：哪怕是表面文章，也能够与男性为伍一起工作。各企业为了对付均等法，马上引入了路线不同的人事管理方法——综合职和一般职，从而把性别歧视置换成了"个人的选择"，被录用为综合职的女性还不到新毕业生录用人数的 1%。而且由于"机会均等"只对相同学历适用，所以对短期大学毕业的女性的"学历歧视"依然冠冕堂皇地存在着。即便存在着许多怠慢女性的实情，但人们对均等法却普遍有一种"机会均等"的理想印象："女性只要真想干，可以在综合职位上努力"。但是这种"机会均等"的幻想，对今天的女学生而言并不那么有魅力。因为这意味着女性将和男性一样被卷入"机会均等"的竞争之中。欢迎这种竞争的，只是一小部分在偏差值竞争中一直获胜的既有实绩又有自信的偏差值优秀人才。而且她们都很清醒地认识到，要在这样的竞争游戏中取胜，必须要靠女性本人非凡的努力并能够承受巨大压力。至于在过去的二十年中继续就业型女性没有显著增加的背景，我们可以列举如下：（1）使工作女性能够育儿和工作两立的客观条件一点也没有得到改善这一事实；（2）对

141 看到了"育儿和工作"的两立是通过女性本人的负担和牺牲才得以实现的年轻女性来说，这种生命历程没有什么吸引力。

雇佣机会均等法在其形成过程中就已经大大地从雇佣平等法上倒退了，但是我们很少知道像妇女问题恳谈会和"制定我们的男女雇佣平等法的女性会"这样的女权主义系统的女性团体，曾经强烈地反对过均等法的内容。她们预先看到了这个和劳动基准法中的女性保护规定搭配在一起的均等法中的"无保护的平等"会激化女性劳动者之间的竞争，并使女性的劳动条件恶化，因而反对了这个法案。和均等法同时建立的派遣事业法，更是包括了劳基法中的变相劳动时间制度的导入。从之后的进展来看，可以说反对方的预测基本上是言中了。

均等法所带来的，是促进了顶尖与非顶尖女性劳动者之间的分化。一部分拔尖的女性劳动者得到了综合职位，也得到了和男性同等的工作机会，但是等待大多数非顶尖女性劳动者的，是"如果不能和男性一样同等地工作，那么……"以及已经准备好了的周边劳动市场。均等法实施以后，女性的雇佣形态，不仅有兼职工，还有合同工、派遣工、在家工作、再雇佣制度等等，非常多样化。既有像伊势丹那样的导入"随你方便"的雇佣形式和限时工作制的地方，也有像 Jusco 这样的公司，很早就采用了把

142 退休人员登记下来并优先录用的重新录用制度。只不过在正式聘用为全职员工之前要分成好几个阶段，很难说是恢复原职。虽说主张"女性劳动力专业化"的声音很大，那也只不过是把女性吸收到周边劳动力部门意义上的多样化。

在这期间，在均等法实施之前进公司的女职工中悄悄地发生了异变。据劳动省的工资结构基本调查，（兼职工除外的）女职

工的工龄，从 1976 年的 5.3 年变为 1986 年的 7.0 年，十年间增长了 1.7 年。持续工作十年以上的女性也增长至 25.4%，也就是四人中有一个人。1986 年工龄为七年的女性当然是在均等法成立以前就已经进公司的女性。她们没有综合职位的选择，在企业内被分配干那些"适合女性的工作"，她们是那些既没有调职也没得到晋升就径直成为老练的办公女郎的女性们。虽然女性持续工作年限的延长当中有着晚婚化的影响，但是从中断—再就业型女性的实际状况来看，不光是晚婚趋势，因再就业的不稳定性而不轻易放弃稳定工作的女性的自卫意识也在发挥作用。她们对公司的贡献程度并不一定很高，公司对她们的期待程度也不高。虽然超过了公司对她们的工作期待年限，她们还是一直留在公司里，与其说这是她们的就业动机高，还不如说这是她们为确保稳定工作，所以尽管工作很没有意思，她们也还是干着。最近各企业在职工培训活动中很积极地开展对持续工作五年以上的女职工进行再次活性化的研讨会，这也并不是公司的经营者由于均等法的影响，对其女性员工的态度发生了改变，而是面对这些一直留在公司的女职员，他们开始认真地考虑她们的工作潜力问题了吧。对企业的人事部门负责人而言，均等法以前就进入公司的女职员和之后进公司的女职员之间的待遇以及工作热情的差异已渐渐成为新的课题。

143

女性的人际网络活动

另一方面，在无业的主妇阶层中间也发生了新的动向。40 岁以上的现为全职主妇的女性中包含了以下两种类型：（1）在中老年妇女的就业机会扩大以后也不选择再就业的女性；（2）没能赶上劳动市场的变化，想再就业的时候已经超过了年龄上限的女性。在招聘和录用时的性别歧视由于均等法而被禁止，但是年龄限制还是很强的，超过 40 岁的女性要得到就业机会是非常困难的，这是事实。

女性人际网络活动的核心是 45—59 岁的女性。第一个条件是这些人进入了生命阶段的第Ⅴ期，已经完全从育儿负担和对孩子的教育负担中解放出来。即便做兼职，她们的收入要百分之百成为自己可以处理的钱，则必须是过了子女独立期。这个年龄层的女性，她们的育儿负担为零，再加上丈夫还没有退休，属于时间资源和金钱资源（还有体力）最为富裕的阶层。

144　　与女性走上工作岗位同一时期，她们积累了参加地域活动和扩大人际网络的经验，然而从这种实际成绩中培养起来的是主妇的新自雇业。比如像志愿者的有偿化、小组的事业收入、生协的集体农庄活动等等自己决定劳动的性质和内容，并且自己管理的都市型新自雇业（self employment）[2]。与家庭产业经营型的旧自雇业不同，她们的丈夫多为雇员。

主妇的新自雇业既是女性被雇佣劳动所疏远的结果，也是她们没有选择雇佣劳动的产物。根据劳动经济学，自雇者多为在劳动市场受到组织性歧视的社会少数派，在这个意义上，正因为女性也是社会少数派，所以可以说是她们自己不断地创造着雇佣劳动以外的劳动形态。在雇员化进程这一难以抵挡的趋势中，诸如追求劳动质量的工作方式，悖论般地在从雇佣剩余下来的中老年妇女中试行着，其中也有成功的事例。只不过，如果换算成计时工资，这一收入水准低于兼职工的工资的"另一种劳动方式"，大概也可以说是"富裕的产物"吧。

4　家庭的分解和生活文化的多样化

前面我已经论述了过去二十年间日本社会的结构变化使女　145
性产生了阶层分化。女性的这种变化必然会带来家庭次文化的分
化。在"结婚以后就成为家庭主妇"这种生命历程已不再是唯一
选择的今天，现实生活因女性的选择而大大地发生了改变。

虽说女性的生命历程已经多样化，但是我想在当前和今后，
它也会在第 I 的就业继续型、第 II 的中断—再就业型、第 III 的专
业主妇型这三种基本类型及其变化类型的范围内进展。正如先前
所述，这种分化的决定因素主要是经济因素——即女性的阶层归
属。只不过决定女性的阶层归属的因素，除了上面提到的"丈夫
的收入"，再加上"妻子的收入"之外，"丈夫或者妻子，或者双
方父母家的资产"也是影响因素。虽然这种说法免不了会被批判
为经济还原主义，但是很遗憾，夫妻双方的经济实力是影响夫妻
之间的力量关系和相互依存关系的最强因素，这一点确为事实。
如果妻子一方的流出和储存变大，那么，原本就属于双系的日本
家庭结构，或许其母系志向会更强。和女儿同住愿望的强化、城
市型母系同居的增加等等都显示了这种倾向。而且，妻子有独立
收入这件事情并不一定会弱化夫妻间的相互依存关系。为了维系
以妻子的收入为前提才得以成立的家计规模，家庭的凝聚力会增　146
强的事实也在情理之中。此外，随着夫家或妻子娘家资产价值的
上升，作为为保全资产的共同体的家庭凝聚力非但没有减弱，反
而强化了。博报堂生活综合研究所把这种凝聚力很强的家庭看作
不以血缘连接的直系家庭而是以利益连接的家庭，并将其命名为

"利系家庭"。

具体来说，夫妻和家庭的生活文化因妻子属于第 I—III 的哪种类型而相当不同。可以说现在的有职业主妇和无职业主妇各自的生活结构和生活时间，因它们属于不同的生态系统而很不相同。不仅她们出没的时间段和空间有偏离，甚至在围绕家长会和垃圾处理的需求和利害上她们之间还会出现对立。在家计支出方面，有职业女性的交际费和通信交通费的比例会大一点，而且在消费行为上也会有所不同。另外对家务劳动合理化的意识以及优先顺序的确定方法也不尽相同。

首先，不同类别的女性对配偶的期待和选择条件有很大的不同。第 III 类的女性期望丈夫的经济实力，而第 I 类的女性则期待丈夫参与家务劳动。根据今村安的"日本主妇"的调查，主妇在期待和角色一致时感到一种"幸福感"（国际女性学会编，1978）。从这个意义上来说，期待就业志向很高的妻子成为家庭主妇的丈夫，以及反过来妻子非常想成为全职主妇而丈夫却没有相应经济实力的这两种不相配的婚姻，就成为"不幸感"的源泉。问题在于与女性的多样化相适应的男性多样化有没有发生这一点上。

因此，一个家庭的生活文化——兴趣、业余时间的利用、有没有以夫妻单位为主的行动模式、是否以孩子为中心、消费行为等等——都会随着妻子属于第 I—III 的哪种类型而大有不同吧。"近代家庭"是以专门从事家务劳动的主妇和专门工作挣钱的丈夫的组合而形成的一种性别角色分担型家庭，其生活文化应该成为多样化家庭文化中的次类型的一种吧。我们已经来到了"何谓夫妻"和"何谓家庭"这种问题的一般化已不再成立的历史阶段。

———

注：

[1] "越是年轻的女性越主张'妻子在家'：女性论坛调查，多数人期望当专业主妇"(《朝日新闻》晚刊，1989 年 5 月 23 日)。

[2] 关于生协的工作人员，天野正子（1988）进行了详尽的调查。据她的调查，工作人员的骨干，也是属于高于平均值的高学历和高经济阶层女性。

II 近代和女性

一 日本式近代家庭的形成 *

1 "家"的发明

长期以来日本的"家"制度被认为是"封建遗留制度",但是,近几年的家庭史研究的结果表明,"家"是由于明治民法的制定而产生的明治政府的发明。严密排他性的父系直系家庭,在明治以前的武士阶级中间可以见到,然而并不为百姓所知。江户时代的武士为人口的3%,包括家庭成员在内最多也只占10%,剩下的90%的人口在各种各样的家庭结构中生活着。正如《传统的发明》(日译版名《被创造的传统》)〔Hobsbaum & Ranger(eds.)1983 / 霍布斯鲍姆 & 兰杰编 1992〕中所说的那样,"家"是近代的发明。

在明治民法采用排他性的父系继承制之前,曾经有过一次历时约 20 年的"民法典论争"。这个事实反过来证实了民法中曾经有过父系继承制以外的选择。

明治政府最初构想制定民法是在 1870 年。翌年的 1871 年,政府开始制定法案,1873 年出台了暂定的民法案。这期间政府

151

---

* 初次发表 1994 年。

开始在各地展开关于继承和家庭的习惯法的调查。根据这些调查结果，政府在 1878 年制定了第一个法案。

在各地的习惯法中间，也存在着母系继承和幼子继承。被称为"姐姐继承人"的母系继承，曾在豪农和富商之间广泛实行。在作为经营体的农家和商人家庭，在众多的人才当中选择继承家业的女婿以代替不成才的儿子是一种家庭策略。与此相对，排他性的父系继承，是武家——亦即以武艺侍奉主家的家庭——固有习俗。在武士阶层，如果只有女儿的话，即便是通过过继的方式也必须立男子为继承人。在农家和商家，并没有家业继承人必须是男子的规定。但是在民法制定过程中，这种母系继承的方式被看作"庶民的野蛮风俗"而最终被废除。

最初的民法案成立以后，至 1890 年民法制定，共花了 10 年时间。这个民法原来预定在三年后实施，但是在这期间发生了有名的"民法典论争"。这个被穗积八束猛烈抨击为"民法出而忠孝亡"的"民法典论争"成为了很大的政治问题，以致政府最终取缔了民法的实施，再一次投入到法案的修改中。民法的最终法案直到 1898 年才得以实施。民法的成立花费了如此之长的时间这件事本身，就证明民法所制定的家庭制度是从多个选择当中，经历迂回曲折才被政治性地制定的。

"家"制度是适应近代国民国家而形成的家庭模式，反过来说，国民国家也是为了适应家庭模式而形成的。伊藤干治在《家庭国家观的人类学》[伊藤干治 1982] 一书中深刻论述了"家"概念是如何由明治政府的官僚发明的。在明治民法制定前的 1890 年，明治政府发布了教育敕语。第二年，政府的御用学者井上哲次郎在《敕语衍义》中对国家和国民的关系论述如下：

152

国民之于臣民，犹如父母之于子孙，即一国使一家扩充之际，一国之君主指挥命令臣民之事，以一家父母之慈心吩咐子孙，是以无相异之处。故今我天皇陛下对全国若要唤起尔等臣民，为臣民者亦皆以子孙之于严父慈母之心，非谨听感佩不可。

[伊藤（干）1982：10—11]

井上哲次郎在 1908 年刊的《伦理和教育》中也重复相同的主张。

如果说在一国内推广在一个家庭内对家长尽孝的精神，那这仍然是对天皇尽忠。但是，所谓的忠亦可谓孝。为什么呢？由于天皇处于日本民族的家长地位，那么在一个家庭中对家长的义务就应该和对天皇尽忠一样，这个忠也就是与孝相同的东西。因此，忠孝同本这种民族道德的教义是自古以来就有的。

像忠孝同本这样的民族道德，如果不是上述一样的社会组织，就不会产生。它是上述社会组织中必然会发展起来的首要道德。如果没有上述的首要道德，前面所述的社会组织就不可能存续。

[伊藤（干）1982：474—475]

伊藤把井上的学说解说如下：

在这里，国家层次上的天皇与国民的关系，可以视为类同家庭层次上的父母与其子孙的关系，而且天皇被比喻为父亲，国民则是他的孩子。正如"国家是扩充一家的手段"这句话所说的那样，这里构想了一个以"家"为基础的国家形象。

[伊藤（干）1982，8—9]

伊藤在"忠孝同本"的意识形态中寻找这种"家庭国家观"的秘密。明治政府采用儒教作为"教育敕语"的公认意识形态，但正如在"修身齐家治国平天下"这句话中可以看到的，儒教的德行是以自己为中心同心圆地扩大伦理。在这里对父母的"孝"先行于对君主的"忠"，而且两者之间经常蕴含着对立的可能性。明治五年（1872年）政府发布征兵令，各地爆发了反对它的"血税起义"；明治三十七年（1904年）日俄战争爆发的时候，和歌诗人与谢野晶子在她的著名反战诗中这样写道："啊，弟弟呀，不要再有让你哭泣、让你死亡的事情。"对国家的奉献和对父母的孝道并不一定一致。因此正如井上所说的那样，为了证实"忠即孝"，必须展开令人叹为观止的伦理技艺。

岂止如此，在"教育敕语"的制定过程中，"孝忠"这一儒教德行的自然顺序被前后对调改为"忠孝"。奉职于明治政府的儒学家元田永孚，1879年撰写了《教学大纲》一书。其中他强调了对天皇的忠相当于对父母的孝这一儒学教义。在那个时候儒教德行的顺序还是"孝"优先于"忠"。但是，在1882年由同一作者所著的《幼学纲要》当中，"忠"和"孝"的顺序就掉转过来了。依据元田的思想，日本在第二年制定了最初的修身教科书，那里面强调了"要像侍奉父母一样侍奉君主"。明治政府所

154

采用的儒教，与江户时代为止的儒教相比，其解释很明显是不同的。

自学成才的电影评论家佐藤忠男，通过荧屏上的家庭剧独自摸索找到了与伊藤相同的发现。在《为了家庭的苏醒——家庭剧论》[佐藤 1978]一书中，他注意到欧洲电影中的家长与日本电影中的家长采取的行动绝然不同。当家庭成员中的某个人因犯罪而逃跑的时候，法国和意大利的家长都拒绝把犯人交给警察，而是加以私自惩罚。与此相对，日本的家长岂敢庇护犯人，他们会把犯人交给宪兵，甚至他们会因害怕累及祖先而断绝与犯人的关系。佐藤发现：欧洲的家长能够了解家庭伦理与社会伦理之间存在着对立，而日本的家长表现得完全像外部权力机构的代替执行者。他想通过追溯家庭制度的起源来解开这个谜团。终于他从《教育敕语》找到了它的立案人元田永孚，并且注意到"从明治十五年的《幼学纲要》到明治二十三年的《教育敕语》为止，忠和孝之德行的排列顺序发生了颠倒"[佐藤 1978：50]。他断定，

> 用一句话来说，"忠孝"让人们在脑子里认为孝和封建的忠诚是密不可分的，让人这样想象本身，不过是明治政府的创造。
>
> [佐藤 1978：262]

忠和孝这两者于儒教来说是完全不同的道德思想，但是在日本，它们被牵强附会地连接在一起称作"忠孝"，被视为不可分离的一体的概念，其结果，我们就深信孩子为父母尽孝道和人民为了国家而牺牲这两件事是相同的。……

就这样，把性质完全不同甚至截然相反的两个概念按照 156
字面意思连在一起，把国称为国家，以在人们的头脑中制造
一种国家主义和家庭主义的结合体是与个人主义相对立的印
象。虽然我不知道是谁制造了这种印象，但是我认为这个人
是天才。

[佐藤 1978：176—178]

佐藤得出结论认为：正如明治政府使家庭伦理从属于国家伦
理那样，很明显，"家制度"就是这样由政府人为地制造出来的。
如果家族主义是指家庭伦理比其他任何伦理都优先的思想观念，
那么日本的"家"并非欧洲意义上的家族主义。[1]

青木弥生也从女性的观点追认了相同的过程。她论证了日
本的"女人味"并不是传统的产物，而是在近代化过程中受儒教
的影响才形成的[青木 1983 / 青木 1986]。像《女大学》那样的
对女子的训诫书的流通，只限于能够读书写字的阶层，贞操和处
女的观念也与平民百姓没有关系。迄止明治中叶，日本的离婚率
和再婚率都创了很高的纪录，所谓的"贞女不事二夫"等等的德
行，对百姓而言是不现实的。

2 "家"和"家长制"

家庭和国家，换句话说也就是在私人领域和公共领域之间存 157
在着上述可见的强烈的相互依存和干涉的关系。这也正如家庭史
研究所显示的那样，因为公共领域和私人领域的分离正是近代所
带来的结果。把自律性的共同生存领域分离成两个相互依存领域

的，正是近代社会。而且这两个领域之间事先埋藏了非对称的关系，私人领域作为公共领域的"影子"是一种看不见的存在。因此，可以说在公私分离过程中产生的"家"制度，根本就不是"传统的""封建残留制度"，而是近代化所重新组成的家庭，亦即近代家庭的日本式版本。

　　但是，那种把"家"看作近代家庭的一种、强调"战前家庭和战后家庭的连续性"的立场，与迄今为止的家庭论争格格不入。以往的家庭论认为："家"是"封建残留制度"，消灭了那种封建残渣的是战后的新民法，与新民法的诞生一道，父权制的身影从历史的舞台上消失了。旧民法和新民法之间存在着巨大的断层，战后的改革实现了"家庭的民主化"，父权制就理应和"家"制度一起成为过去的东西。[2] 在 70 年代的激进女权主义拿出父权制的概念来批判近代家庭的时候，大部分论者表现出似乎在论述过去亡灵般的困惑，认为"父权制已经不存在了"。然而，"父权制"作为一种说明近代家庭中固有的性别支配的概念，由女权主义者重新定义并使用至今。据莉莎·塔特尔编的《女权主义词典》[Tuttle 1986 / 塔特尔 1991]，所谓"父权制"指的是"男性支配女性，年长的男性支配年纪小的男性"的社会结构。"扩大家庭"中的"父亲的支配"和夫妻家庭中"丈夫的支配"都是"父权制"的变种。从"两性的共同意愿"这个表面来看，似乎战后民主的"友爱家庭"已经形成了，但是在法律平等的背面由于存在着因性别角色分担不同而产生的社会和经济不平等，战后的家庭中"丈夫支配"的情形仍然继续着。

　　因此，这里的课题带有两重性。首先，"家"也是近代家庭的变种，第二是有人指出，战前战后近代家庭中固有的压抑性——

158

贯存续着。

3　家庭的"记述模式"和"规范模式"

阻碍把"家"看作日本版近代家庭的理由大致有两个。一个
是意识形态的原因，另外一个是理论原因。

首先从意识形态的理由而言，大部分历史学家从来不问
"家"的历史起源，就把"家"看作"封建残留制度"。从这个意
义上来说，可以说他们本身就已经掉进了"家"的圈套。之所以
这么说，是因为意识形态的功能就在于隐藏起源，使人们自然地
看待存在。他们非但没有解构自己所生活的时代的意识形态，反
而由于把意识形态看作"传统"而帮助强化了意识形态。不错，
把"家"视为"传统"这种做法有一半的真理。因为"家"确实
是以武家的传统为模型而创造出来的。以文献资料为依据的实证
历史学，只限定研究识字阶级的历史。在由于民众史和社会史的
影响而使人们认识到没有文字的人们也有历史和文化的多样性之
前，历史学家一直把统治阶级的历史置于其他民众的历史之上。
我们毋宁应该考虑到：传统在地域和阶级方面存在着多样性，历
史每每随着其脉络的变化而不断地从多样的文化母胎中挑选适应
时代的文化项目，以作为"传统"来重新定义。因此，作为"传
统"而生存至今的东西，已适应时代的要求而历经了许许多多的
变化。并不存在什么"超越时代的传统"。但是，只有把某种东
西命名为"传统"的意识形态，才真正隐藏了"传统"的起源。

在意识形态要因中还有一个性别偏见的问题。当私人领域
作为公共领域不可或缺、看不见的半身而被创造出来的时候，那

159

160 是作为从竞争和效率压力很大的公共领域逃脱出来的避难所、爱
和安慰的圣城而被制造出来的。作为这样的私人领域的家庭，被
看作是超越时间和空间而普遍存在的东西，其存在的理由甚至是
不容置疑的。但是，私人领域对男人而言和对女人而言所具有
的意义完全不同。对男人来说，即便家庭是避难所，但对在那里
被期待为男人提供爱和安慰的女人来说，家庭只不过是一种职
业场所。所以当女权主义者提出私人领域中女性的"影子工作"
［Illich 1981／伊利依奇 1982、1990］的问题，来质疑家庭的历史
以及意识形态的构成从而侵犯这个"圣城"的时候，历史学家和
家庭社会学家——他们中的大部分为男性——就露骨地表示了困
惑和愤怒。因为作为男性，他们在维持性别支配的家庭制度的现
状方面，利益是共同的。

第二个原因是理论性的。以西欧为模式的"近代家庭"，其
成立的条件之一是它必须是核心家庭，这一点被认为不适用于日
本的"家"。

落合美惠子在《近代家庭和女权主义》［1989］一书中，总
结了近代家庭的以下 8 个特征。

1. 家庭内领域和公共领域的分离

2. 家庭成员相互之间强烈的情绪关系

3. 以孩子为中心

161 4. 男人在公共领域、女人在家庭领域的性别分工

5. 家庭集团性的强化

6. 社交的衰退

7. 排除非亲族

8. 核心家庭

西川祐子在《近代国家和家庭模式》[1991]一书中指出了落合在有关"核心家庭"规定方面的犹豫不决。

> 相同的 8 个特征在《女性学年报》第 10 期"近代家庭和日本文化——解明日本母子关系的切口"的表一中,以"近代家庭的特征"为题登载的时候,第八个特征是以括号形式出现(8 采取核心家庭的形式)。这大概是因为在考虑日本的情形时,如果不以括号形式出现,就不能把战前的家庭作为近代家庭对待。

西川在进一步说明了"我在考虑近代家庭的时候也想把第 8 项放在括号里"之后,添加了以下两项:

9. 统括这个家庭的是丈夫

10. 这个家庭成为近代国家的基础单位

西川继续论述说:"这样的话就可以把日本战前的家庭和战后的家庭都作为近代家庭来把握。把第 8 项以括号表示这一点,不正说明了日本近代家庭的特征吗?"

把"核心家庭"的规定"放在括号里"包含了两个理论含义。正如西川所指出的那样,通过强调"战前和战后家庭的连续性",就可以同时论述第一个战前家庭的近代特性和第二个战后家庭的父权制特性。西川在第十项中指出了"战前家庭的近代性特性",在第九项中指出了"战后家庭的父权制特性"。在核心家庭中父权制也只是从"父权支配"转移到"夫权支配"。

落合的八大特征总结了近代家庭论的成果,但没有说明其出处。而且为什么是 8 个特征,或者这 8 个特征是否完整概括近代

162

家庭的特性也没有明确说明。要是像西川那样追加项目的话，最终会成为多少个项目也不明确。例如"1 家庭内领域和公共领域的分离"和"4 男人在公共领域、女人在家庭领域的性别分工"几乎是重复的，"2 家庭成员相互之间强烈的情绪关系""3 以孩子为中心""5 家庭集团性的强化""6 社交的衰退"和"7 非亲族的排除"可以归纳到"家庭的自律习惯性和排他性"这一项内。

　　落合的论说依据欧洲家庭史研究的许多成果，根据其中最有代表性的英国家庭史研究者爱德华·肖特所著的《近代家庭的形成》[Shorter 1975 / 肖特 1987]，近代家庭的充要条件为以下3 个：

163

　　　1. 罗曼司革命

　　　2. 母子之间的情绪羁绊

　　　3. 家庭住家的自律性

　　肖特自身并没有把核心家庭列为近代家庭的条件。只不过我们可以从"罗曼司革命"中所强调的丈夫和妻子的关系上推论出夫妻家庭制乃至核心家庭为近代家庭的归结。

　　家庭的近代化和核心家庭化相结合的学说，已经由拉斯莱特[Laslett & Wall, 1972]的核心家庭普遍学说得到了反证。根据他的学说，无论近代和前近代，核心家庭的居家形式在任何一个社会都处于优势。而且在日本验证这个说法是非常容易的事。根据日本最早的国情调查，1920 年（大正九年）的数据表明[3]：在这个时期全部居家形式的 54.0% 为核心家庭。直系家庭的形式仅占全体的 31% 左右。据最近的人口志学，从宗派派别记录等了解到的住户人数，在江户时代也只不过为一家五个人左右

［坪内 1992］。

如果我们追踪 1920 年以后每隔五年举行的国情调查的数据，可以看到从 1920—1975 年约半个世纪的时间内，核心家庭率从 54.0% 上升到 64.0%，仅仅增加了 10%。夹在战争和经济高度成长期之间的这个"断绝"期仅仅把核心家庭率推上了 10%，就凭借这个，是否可以称其为"核心家庭化"还是一个疑问。

164

汤泽雍彦根据他于昭和十几年在长野县诹访地区测定的战前家庭的家庭周期，对战前的核心家庭率很高的事实进行了说明［汤泽 1987：19］。根据他的测定，因结婚嫁到夫家而形成的直系家庭居家形式，到公公去世的时候其平均家庭周期为 6 年，到婆婆去世的时候平均周期为 10 年。因为平均的家庭周期是 26 年，所以即便所有的婚姻都是以共居为前提的婚姻，那么在某个特定的时间点上，家庭的居家形式为核心家庭的概率是 26 年中的 16 年，相当于三分之二的时间。这与统计数据基本一致［盛山 1993］。另外，如果考虑出生婴儿数的话，明治时期女性平均生育婴儿的数目为 5—6 个，如果性别为男女各半的话，男孩子的人数大约为三人，其中即使长子娶妻经营直系家庭，直系家庭的出现率也只是三分之一。战前的核心家庭比率高这个事实是从平均寿命短和孩子数量多这两个因素来进行说明的，从这个意义上来说，我们反而可以说半个世纪内核心家庭率增加了 10% 这件事，充分说明了这是一个很大的变化。因为如果我们考虑到一方面平均寿命从 50 多岁飞跃式地延长到 80 多岁，而另一方面孩子的数量一直减少到 2 这些事实，那么在这个基础上核心家庭率上升这件事就会使我们推测：即使是在直系家庭意识形态之下，自然而然被期待与父母同居的长子大概也和父母分开住了吧。

165　　　　仅从统计数字看，实际上战前的家庭和战后的家庭之间并没有太大的断层。历史人口学所谓的"核心家庭的普遍性"，单从住家的规模和构成来看也适用于日本。但是，社会历史学家在历史的变动中引入了"心性（精神）的变化"这一概念。他们的立场是：即便在同样的核心家庭生活，如果当事人的心性并不是"近代家庭式的"，那他的家庭不能称为近代家庭。如果保留什么是"近代家庭式的"的问题，而只看日本核心家庭中构成成员们的行动，我们可以明白：他们想从自己一直想生活在直系家庭却未能达成直系家庭愿望的"欠缺形态"中亲自实现组建自己的直系家庭，换言之，即从自己出生的定位家庭的直系家庭转移到自己生殖家庭的直系家庭。甚至从一开始就被迫与父母的家庭分离的次子或三儿子，都为了和长大成人的儿子建立直系家庭的居家形式而言语行动都要表现得像"创设分家第一代人"的样子，这一点也可以从他们购买自己的墓地和佛坛的行为上清楚地看到。当然，近代化本身使次子、三儿子不指望从父母那儿分到财产就独立组建自己的家庭成为可能，然而，生活在核心家庭的这些人，并不把自己当作长兄家庭的成员，而是把自己当作创设分家的家长，像"家长"一样地言行举止。对他们而言，死了以后进入长兄家的墓地象征着创设分家的失败，是"没有价值"的体现。从这个意义上，如果我们把"心性"视为问题，那么就不得不说战前家庭和战后家庭之间的断层很小。之所以这么说，是因为虽然新民法规定以子女均等继承财产替代长子单独继承财产，

166　但是，在习惯法层面上由于家庭财产都集中在长子手里，至今仍然随处可见要求次子以下的孩子放弃家产的习惯做法。[4]根据情况的不同，还有让长子肩负从旧民法过渡到新民法期间的不利

情况，例如抚养父母的责任都集中在长子一人身上，而在财产方面其他的兄弟姐妹要求均分。从战后出生的现为四十多岁的人的父母中有 60% 以上回答说将来"希望和儿子一起生活"的现状来看，我们只能说战后民法并没有改变人们的内心想法。爆发性地购买墓地的热潮，实际上是在高度经济成长期以后发生的。在由于都市化而产生的大规模的住家分离之后，核心家庭的户主们接下来开始追求"（某某）家之墓"。而且他们掩饰说这么做不是为了自己而是"为了不给孩子们添麻烦"，从而获得了战后的关于"家的永存性"的新论说。在这里我们可以看到民俗学家高取正男所提出的"子孙崇拜"[5] [高取、桥本 1968 / 森 1987]。

　　我并不是想提出"心性"这个新奇的词汇。在社会学和人类学中"规范模式"和"记叙模式"是很早就被区别开来的。[6] 在"核心家庭的普遍优先"论下，虽然指出某个特定社会的家庭类型是很难的，但是如果有生活在那个社会的人们所规范性地指明的类型，那么一般来说即便统计学上没有达到 30%，那个类型也可以被视为该社会的"规范模式"。从这个意义上来说，我们所看到的是在规范中生活在直系家庭的人们，在现实生活中营建着核心家庭这一事态。在那里，直系家庭是被理想化了的模式，现实中自己的家庭是以距离直系家庭多远的标准来衡量的。从中我们可以明白，家庭相对来说是一个规范性程度很大的概念。

167

4　"罗曼司"的神话

　　在核心家庭的"规范"中存在着相对于系谱性的两性的相对优越性。这种相对优越性，是通过一个住家中不可以安置数对夫妻的住家分离的规则来表现的。换句话说，"家庭是以婚姻才成立"的夫妻家庭（conjugal family）制。在今天任何人也不会怀疑的夫妻家庭制度下，尽管人们想当然地认为"家庭因结婚而成立，因离婚而消除"，但是在家谱或族谱很受重视的直系家庭和扩大家庭，或者复婚式家庭中，特定的两性关系只不过是构成家庭的一个要素。即使一对两性关系消除了，家庭也仍然继续存在，家庭的系谱得到优先考虑，消除了的一对夫妻由新的一对两性关系来补充。

现在让我把肖特提出的"罗曼司革命"，即通过强调夫妻之爱而被认为是从"制度家庭向友爱家庭"转变的契机，从其情绪和规范性的负载中分离出来，技术性地定义为"家庭中夫妻关系处于优先地位"吧。这个意义上的"夫妻家庭制"，早在16世纪日本的"家"制度成立当初就存在了。胁田晴子指出，在家长权成立的同时主妇权也成立了，即便是处于一夫多妻婚状态，正妻的优越地位也得到了确立。主妇的地位很高，经常代替家长作为"家"的代表。这对于重视家谱族谱的中国和韩国的"家庭主义"来说，是难以理解的现象。在有着同姓不婚原则的中国和韩国社会，从别人家嫁过来的妻子因为保持着娘家的姓，所以一辈子都是异族。妻子和丈夫不同姓，在这里是"妻子是家的外来人"的标记，也是"肚子是借来的"思想的体现。与此相比，把嫁进来的其他氏族的女子看作"家"的正式成员，与频繁的养子过继形式一样，表现了并不一定遵从血缘原理的日本"家"制度的利益社会的特性。日本的婚姻礼仪也象征了这一点。结婚时新郎新娘各用三只一组的酒杯饮酒三次共九杯的"交杯换盏"仪式，首先新娘与丈夫的父母之间为了巩固亲子关系而交杯，之后作为加入这个"家"的女儿进行交杯，及和丈夫之间为巩固夫妻关系而交杯。作"后妻"的女性经常成为家业继承人的事实，在东亚儒教圈也是特例。即使是现在，与诸外国相比，日本中小企业经营者中女性经营者异常得多，这并不是日本女性"进入职场"的结果，而是"家"制度的影响，因为在家业经营型的同族公司，丈夫死了以后妻子代行经营权的事例很多［小松 1987］。其证据就是：女性经营者多集中在中小规模的企业中，在从业人员五百人以上规模的企业中，女性经营者几乎为零。然而，正如过世了的议员的妻子出马加入"吊唁大战"之事一样，原来在家谱上属于外人但因结婚而嫁进来的女性，代表"家"行事的习俗，显示了日本的"家"与亚洲的家庭主义有区别（如果把东亚的血缘优先的系谱主义称为"家庭主义"，那么日本的"家"制度就不应该叫作"家庭主义"），它体现了夫妻关系的优越性。

但是，倘若是肖特，他会说日本的"家"缺少"罗曼司"吗？我们容易看到作为经营体的"家"的家长与他的妻子之间形成了"同志之爱"。这不能叫作"友爱家庭"吧。但是，这个"友爱"中存在着历史的局限条件。因为在家庭脱离了生产的单位而成为纯粹的再生产单位时，"近代家庭"论只把已经压缩为对性爱的留恋这一情感称为"友爱"。

然而，"罗曼司"究竟是什么呢？肖特把"罗曼司"定义为配偶选择时的"非功利主义的选择"。如果女儿违背父母的意愿，选择一个贫穷的年轻人作为自己的丈夫，那么这里面存在着"罗曼司"。据肖特说，19 世纪中叶"非婚生子出生浪潮"也意味着"年轻人中间性爱主义的高涨"。这意味着年轻的男女青年开始忠实地根据自己的"感情"和"性冲动"采取行动，代替了以往的

169

"实利性的动机"。肖特把人们的这种"心性"变化叫作"罗曼司革命"。然而，在强调"心性"的家庭历史学家肖特自身身上，是不是看不到"罗曼司"的"罗曼司化"（romanticization of the romance）呢？

　　历史的变动期，同时也是阶级的交替时期。讨厌父母所选定的同一阶层的结婚对象，而选择比自己阶层低的年轻人为结婚对象的年轻女性，也许像买期货那样，投机在了将取代没落阶级的、正在蓬勃发展的大有前途的新兴阶级的男子身上。事实上，在这个时代的罗曼司小说（实际上，"罗曼司"本身就是"故事"的代名词）中出场的年轻人，就像《红与黑》中的朱利安·于连一样，是适合"野性的"这样的形容词的低阶层男性，他凭借自己的谋略和才智去获得身份很高的女性的爱情。高出生率也就像肖特所说的那样，是与愿望相反（因男人的不负责任）的"没能结婚"的结果。关于如何解释19世纪中期非婚生子出生浪潮的高涨，家庭史研究人员之间曾有过争论，也出现过两种不同的对立意见。一方面有人持"被害者史观"的见解，认为这是从农村出来的女佣受到东家主人以及东家儿子们性"压榨"的结果。另外一种观点认为这是在性规范本来就很松散的农村共同体出生的女孩子们，在伦敦与具备"性的双重标准"的伪善的"维多利亚道德"进行"异文化接触"的结果。当然，这也许是城里的上层阶级男人趁机占乡村出身的女孩子们的便宜，从女孩子方面来讲，这也许只不过是她们忠实地依照自己的性符号而采取的行动。这里边大概也有像《帕米拉》[理查逊1972]中的主人公一样，以自己的性魅力为武器、想方设法挤进都市上流阶级的女佣吧。我们可以这么认为：属于不同文化的两个社会集团各自按照自己的符号行动，其结果是两种"不同的现实"带来了"非婚生子出生"这一社会现象。

在社会移动很激烈的近代化时代里，相对于以学历为武器就能够"出人头地"的男性而言，结婚是女性一生中重新选择阶层归属的唯一机会。那个时候对女性来说，选择虽然现在很穷但"有前途"的男人，是非常"功利性"的。

特里·伊格尔顿在《克拉丽莎的凌辱》[Eagleton 1982 / 伊格尔顿 1987]中，把19世纪的罗曼司小说作为女权主义的批判对象，论述了"浪漫之爱"是如何对近代父权制的成立做出贡献的。在19世纪的大众小说《克拉丽莎》中，主人公克拉丽莎在被自己不惜违抗父命而选择的男人背叛之后，在失意和绝望中自杀了。对克拉丽莎来说，"恋爱"意味着从"父亲的支配"下逃脱出来，在没有任何后盾的情况下把自己委身于"丈夫的支配"之下。父权制下的年轻女性为了脱离"父亲的支配"，需要巨大的离心力。浪漫之爱的激情给予她可以不顾一切的原动力，然而也正因为如此，她也同时失去了"父亲的庇护"。父权和夫权处于一种竞争状态，对夫权的行使来说，没有父权的介入，女儿失去退路的情形更为有利。近代的父权制为了使核心家庭中"丈夫的支配"成为可能，多有把女性自娘家分离的言论。从这个意义上，也许我们可以说，所谓"恋爱"，就是女性自发地从"父亲的支配"转移到"丈夫的支配"之下的爆发性原动力。女性方面的"恋爱"观念的内在化，是近代父权制成立的必要条件。

在20世纪的法国，皮埃尔·布尔迪厄把结婚看作"为使社会资源最大化的家庭战略"，他从经验性的调查实证了这一看法也适用于"罗曼司革命"以后的时代[Bourdieu 1979 / 日译版

172

布尔迪厄1990]。对于战后改革以后的日本家庭,我们也可以说是情况相同吧。尽管实际上"介绍结婚"才真正是近代的发明[上野,1990b],在配偶选择行为上,"恋爱结婚"替代"封建的"介绍结婚占优先地位,是1960年代的事情。但是,如果我们拿学历、出身地、父母的职业等选项来看,我们可以发现:在恋爱结婚中,"同类婚法则"在惊人地发挥作用[7]。在通婚圈的接近方面,恋爱结婚甚至比介绍结婚的范围更狭小[汤泽1987]。介绍结婚因为有媒人的参与而使远方婚成为可能;但是在恋爱结婚中,男女双方经常因为居住和工作单位的接近而产生恋爱感情。由学历差异所代表的"身份不同的恋爱"也令人惊讶地很少见到实例。毋宁说夫妻的学历和年龄相反的实例,在养子过继等的情形下居多。据此,我们可以明白前近代的"身份不同的恋爱",正因为是例外,所以才成为大事件。

在恋爱结婚中可以看到的是,比介绍结婚还要强烈的"阶层内婚"(class endogamy)倾向。正像恋爱感情的产生一样,"我们是很相似的一对"这样的意识是不可欠缺的。在恋爱这种可以预见婚姻的"自由市场"的结构当中,我们应该如何解释形成了比介绍结婚还要牢固的阶层内婚这一事实呢?相对于过去父母替婚姻当事人来判断"家庭战略"的基准,现在在"自由选择"的名义下,"家庭战略"的基准已被当事人内在化了。而且,如果父母选择的话,会被视为"强制",如果由当事人本人选择,就成了"自由意志"。而且介绍结婚和恋爱结婚之间,选择的结果几乎没有什么变化。在"公司内部结婚"和"感觉夫妻"中的"恋爱",只不过是在已经接受同一阶层的筛选的游戏参加者之间,上演着一出无论选谁差别都不大的争夺游戏。在"自由放任

主义"的自由市场中，作为"自由的行为者"而"主体化"一
事，只不过是把游戏规则内在化。这正是福柯所说的通过"主体
化"，近代"主体者"（subject）作为"臣服化"的形成。

5　"家"的自律性

肖特所提出的近代家庭的三个条件中，"住家的自律性"多　　174
少是个矛盾的概念。可以说，作为经营体的自律性一开始就在
"家"中具备了，原本从共同体中分出"家"这件事本身，就是
为了从前近代的共同体规则中解放"家"。然而由于"家"从共
同体"孤立"开来，所以反过来也可以说它对国家性的统制就没
有防备了。所谓"家庭国家主义"，意味着为了直接把"家"与
"国家"的统制连接起来而把成为障碍的中间集团解体。日本的
"家庭主义"不仅对"公"没有设防，而且它作为"公共"的代
言人发挥作用的弱点，早在前面就已经由佐藤忠男指出了。作为
相对于"公法"的"私法"领域的家庭，"家"缺乏其作为私人
领域的自律性，从这个意义上来讲，它不能被称为（与国家主义
相对的）家庭主义。明治国家作为天皇制的代理机构而"发明"
的"家"，毋宁说是国家主义的一个要素。

小路田泰正对近年来家庭史研究的成果——女性史综合研究
会编写的《日本女性生活史》第四卷"近代"［1990］进行了评
述，他接受了收录在本书中的西川祐子等人提出的问题，并且评
价说"（西川）给那种把日本的近代家庭社会论说中的家看作封
建遗留制度的看法画上了休止符，从而为把家视为不过是与日
本社会的资本主义化相对应的事物的观点开辟了新的道路"［小　　175

路田 1993：134]，但是，他同时也表示了对西川过低评价"家的自律性"的不满。他引用村上淳一的著作《德国市民法史》[1985]，认为"对于近代的中央集权国家，家才是有可能保存市民伦理自律性的堡垒"[小路田 1993：135]。他批判西川忽略了这样的事实：近代国民国家将前近代存在的"'中间团体'对于王权的自律性，继承接受为'家长'的自律性"，"在近代社会里，家和国家虽然相互依存但总处于紧张的关系"[小路田 1993：135]。西川对此进行了强烈的反驳，她认为，如果说要谈论"家"和国家的紧张关系，那么无论德国还是日本都"必须把作为国民国家基础单位的近代家庭拿出来进行比较"，她还指出"毋宁说国民国家是在剥夺了那样的中间团体的自律性后才成立的"[西川 1993：27]。她还进一步附加说明道：

> （前不久）小路田还在那儿开始说不应该光看"家"和"家庭"的否定方面，这不会是他从出色的历史学家的分析，突然转变为作为家庭生活当事者、其拥护者的发言吧？我觉得他再次让我感觉到"家庭"这一词汇的意识形态的强烈程度。
>
> [西川 1993：27]

"家"的自律性，对于共同体和国家来说，发挥的作用是不同的。可以说，小路田是不折不扣地相信那种倡导把"家"理想化、视父权制为绝对权威的意识形态言论的。而且从他的言论中可以看到：其中大概存在着正如西川所尖锐指出的、他想守卫父权制的男性利益和怀旧感吧。然而和小路田的"信念"相反，从共同体获得了自律性的近代家庭，对于来自国家的统制其抵抗力是相当弱的，这一点即便在欧洲也为顿兹洛的《介入家庭的社会》[1991]等所证实。正如西川所说，近代国民国家多多少少具有"家族国家主义"性质。佐藤在欧洲的电影中看到的也是理想化了的家长，因此属于正走向灭亡时代的家长的姿态。[8]

　　不管家庭构成是核心家庭还是直系家庭，肖特所说的家庭自律性，换句话说，也就是家庭的孤立和排他性在日本战前的家庭中就已经实现了。在肖特身上也可以看到对家庭自律性的理想化，但是在近代家庭中缺少共同体的规则这一第三者的介入。在这样的家庭中盛行着什么样的父权/夫权支配，这就是女性学研究想要探明的课题[9]。

6　作为理念的"家"

　　正如前面论述的那样，日本的"家"具备了肖特所说的近代家庭的所有条件。它之所以没有采取核心家庭的形态而采取直系家庭的形态，是和日本的原型工业化主要由家庭内部工业承担，以及第一次和第二次产业革命后，在产业双重结构下工业化多依赖于中小零细的家庭经营密切关联的。随着工业化的发展，旧中间阶层解体，受雇者比率增大这种单纯趋势并不符合日本。与美国这样的受雇者比率超过90%的社会不同，日本的受雇者比率在80%左右就打住了。即便现在也是每逢经济不景气，个体户的比率仅仅增长少许，从受雇者新转为个体户的人也络绎不绝。在这里我们可以看到"家"作为经营体的理念被继承下来了。

　　鹿野政直在《战前"家"之思想》[1983]中，著有"被强

177

化的理念和被解体的现实"一章。武士阶级的"家"正是在以其为模型的"家"制度被国家确立的时候急剧崩溃的。另一方面，在严酷的资本原始积累和松方紧缩政策＊之下，都市的下层居民也经历了家庭解体。在"家制度"作为理念被确立的过程中，现实的家急速地走向解体。但这也正是理念被强调的理由。

公文俊平、村上泰亮和佐藤诚三郎一起撰写的《文明的家社会》[1979]，具有与鹿野政直完全不同的意识形态背景，但有相同的观察所得。这本书与其说把"家"视为封建压迫的装置，毋宁说它肯定评价了"家"作为推动近代化的媒体的作用，从而在日本文化论中制造了新的浪潮。然而在这本书里，三位作者把"家"作为组织原理而非实体来把握。[10] 他们认为，"家"在战前期就开始踏上解体消亡的道路。产业化的进展促进了小企业的准家（ie）同族式经营的解体，从而使城市的工资收入生活者剧增，其结果是家庭的规模缩小了，更加广泛地造就了一批家庭组织系统极端脆弱以及家（ie）原则几乎完全消失了的核心家庭。新宪法和新民法的规定是对这样的现实所进行的制度上的追认［公文／村上／佐藤，1979：476］。在这基础上，他们又论述如下：

……国家和"家"不再成为归属或视为一体的对象之

＊　19 世纪末，日本由于西南战争的军费开支而增加发行了不兑换纸币，国立银行也发行不兑换银行券，因此陷入严重的通货膨胀。1880 年，财政大臣松方正义就任后，推行了一方面通过增税增加国家的财政收入，另一方面紧缩军费以外的所有财政开支，用剩余的财政收入来处理不换纸币和积蓄正统货币的财政政策。——译者

后，剩下的唯一可得到满足的关系，是企业等的职业场所。为此，家族型企业实体的社会必要性越来越高涨，很多人一味地献身要求与企业（或）企业内工会一体化的企业和社会运动。

[公文／村上／佐藤，1979：479]

他们认为，作为经营体的"家"原理，与其意图相反，与其说是在国民国家或家庭中，倒不如说是在企业体中幸存下来的。为什么这么说呢？首先，因为"家"在其成立之初就是超越血缘原理的经营体。第二，是因为国民国家和家庭与企业实体相比，也缺少使"家（ie）"原理得以实现的物质基础。"家（ie）"意识形态作为经营家族主义继续生存于近代。

7　结论

从很大意义上来讲，我们可以证明"家"是近代形成期中历史／社会的构建物一说。从这个意义上来说，"家"只不过是日本版的近代家庭，它确立了采取夫妻家庭制形态的近代父权制。

就这样，如果"家"既不是"传统"也不是"封建残留制度"，那么通过家庭系统来谈论日本的自我认同意识就很困难了。即便假设"家"的原生模式是在前近代，那也是通过历史在发生变化。由明治政府新采用的"家"是从多样化的文化矩阵中为适应时代而被选择出来的。一旦被选，它的起源就在"传统"中被正当化，除此以外也许可能实现的多样选项就会被遗忘。而且如果"家"是日本版的近代家庭，那么在日本文化特殊性的文脉

179

中来谈论"家"就很奇怪了。固然"家"在日本近代这一时间和空间中是固有的,但它决不"特殊",也不是非历史性的超时性"文化传统"。

在这里必须视为问题的是:用家庭模式来讨论日本社会论这件事本身的妥当性。换言之,也就是要在重新追溯模式形成的过程中,来询问背负着过重价值负担的"家"的社会理论是怎样形成的问题。在中根千枝的《纵向社会的人际关系》[1967]中,她在把家庭视为社会的基本单位的基础上,把其他各种层面上的社会结构解释为家庭基本结构的同心圆扩大体。[11]然而使这样的前提成为可能的,不正是因为家庭从其他所有的社会组织中切割开来,作为社会雏形的自律性单位而构成的吗?而且如上所述,家庭的"自律性"与表面所看到的相反,它正是为了允许上层社会的渗透而成立的,那里面并不仅仅存在着原因和结果的看法差异。不光是中根,其他把家庭模式拿来作社会结构的说明原理的论者,也只追溯了近代所构成的事物的痕迹,而忘记了询问那是如何历史性地形成的这个问题。他们不仅仅在自己构建的理论当中重复家庭的社会构成,而且通过这样的做法,他们的理论本身就对家庭模式的强化做出了贡献。

社会形成了家庭模式,这一次家庭模式对社会进行了解释——即所谓的家族国家主义——也只是赘语。大概我们应该把家庭模式具有如此巨大支配力的近代这个时代本身,作为"家族的时代"来怀疑吧。社会科学家们也为近代所创造的家族意识形态所束缚。他们不把家族看作被说明项,而是把它当作说明变量来对待。这种做法反而起到了意识形态制造者的作用。相反,"家族"的历史/社会构成这一点才正是我们必须质问的对象。

这样想的话，那么为什么 20 世纪弗洛伊德的理论这么专横跋扈的谜团就揭开了。虽然弗洛伊德学说是最恰当地解释近代家族的理论，但反过来，弗洛伊德理论本身也是近代家族的产物。由近代家族而产生的理论能够很好地解释近代家族，只不过是太冗长罢了。同样，家庭模式可以很好地解释国民国家，也很冗长。之所以这么说，是因为国民国家是由家族模式制造出来的。

作为意识形态的家族模式只为一个目的服务：即把家族的自然特性看作不可侵犯的，禁止质问其起源。近代家族形成的背面存在着公私领域分离这一秘密。国家这一公共领域自身向私人领域依存这件事，说得更简单一点，就是有隐蔽家族压榨的必要性。把家庭作为神圣不可侵犯的圣地来构建，是近代父权制的"阴谋"。从这个意义上来说，日本的"家"也只能说并非例外。之后到女性学挑战这块圣地为止，这个"近代家庭的神话"一直存续着。

注：

182

[1] 佐藤主张，个人主义只在针对公共权力要求家族权利的主张中才能培养起来。从这个意义上来讲，他的看法和后面所述的小路田的主张是一致的。但是佐藤想引起人们对国家主义使家族解体，然后在把个人一一分离之后重新再组建"家"这一历史过程的注意。日本的家族主义和前近代的同类主义之间经历了断层。

[2] 伊藤干治也把"从明治末期到战败为止"的半个世纪视为"家族国家观这一意识形态"的寿命［伊藤（干）1982：42］。他认为，"近世以来扎根于日本社会的'家'制度，随着诸如此类的战后一系列的变化而被迫进行了改革。其结果是家族国家观也因失去了'家'制度这一支柱而不得不崩溃。

从这个意义上来讲，战败这一历史事实也就成了使明治末期
以来近半个世纪中一直起着主导作用的家族国家观最后瓦解
的契机……"［伊藤（干）1982：207］。

［3］　第一次国势调查是在 1920 年，即大正九年实施的。在这以前
并不存在可以信赖的人口统计学上的数据。对全体国民进行
全面调查的国势调查自身，也反映了因为人口移动非常激烈
的原因，再也不能依赖于户籍上的记载这一时代趋势。

［4］　在冲绳的"托托美"（相当于本土的佛龛／牌位）继承中，执
行的是排他性的男系继承，即便是直系，女性也被亲戚强制
要求放弃财产的继承权（理由是为了维持祖先牌位的祭祀需
要很多费用）。只不过他系男性比直系女子更占优势的排他性
男系主义，是中国式的东西。战后民法所保证的无关性别的
子女之间均等继承财产的做法，在习惯法层面上几乎不具有
任何意义。以法律为依据在法庭上争夺财产继承权的案例，
战后只有两起。虽均以原告方女性的胜诉而告终，但其中的
一个案例，尽管法律判决是胜诉了，但是由于社会性制裁，
起诉的女性被迫从冲绳搬到本土［堀场 1990／琉球新报社
1980］。

183

［5］　"子孙崇拜"替代"祖先崇拜"又可以成为超个人的"家之永
存性"的依据，研究"女人与墓地"的森绫子指出，生前付
款的"永代供养费"也是"子孙崇拜"的表现。虽然支付了
"永代供养费"，但他们并不把墓地当作个人的墓地。期待孩
子这一代也进入这个作为"××家之墓"的墓地（另外也期
待孩子将来会感谢父母为其准备好墓地这一点）。

［6］　列维·斯特劳斯把前者称为"机械式的模式"，把后者称为
"统计式的模式"［Levi-Strauss 1958／日译版列维·斯特劳斯
1972］。

［7］　据可以称为现代的身份制度的"夫妻按学历的同类婚、异类
婚指数"［井上（辉）、江原编，1991：11］，同类婚指数在大
学毕业的同学中数值最大，接下来是中学毕业的同学，而且
一般来说上升婚倾向很强。夫妻学历相反的例子是很特别的。
在恋爱结婚占优势的 1987 年的数据中（厚生省人口问题研究
所第九次生育力调查），也可以说阶层内结婚的倾向很强。

［8］　在这点上，把电影和文学这样的文化表象作为民俗志资料来

对待是有问题的。因为艺术性的表现怎么说都是规范性的表现，另外佐藤在实例中举出的自律性的家长像，是以在南法、意大利等中世纪的扩大家庭的传统还保留得很浓厚的地区为舞台的。这一点也是意义深远的。在这里所描绘的是理想化的、但逐步走向消亡的家长像。

184

[9] 明治时期激增的父子 / 母子一起自杀现象，也可以看作是被家庭共同体所孤立的结果。当父亲 / 母亲认为不能把孩子托付给对直系亲族以外的成员强烈排外的其他家庭成员，打算自己死的时候，他 / 她会带着孩子一起上路。这就是父子 / 母子一起自杀。

[10] 他们把"家"用片假名写作"イエ"，这也是从家并不是实体而是理念这一观点得来的。另外用"イエ"这一片假名，也出自他们想把"家"放在比较文明史的视野来看待的意图。

[11] 中根的理论原本基于 F.L.K. 许的《比较文明社会论——氏族·种姓·俱乐部·宗家》[Hsu 1963 / 许 1971] 的模式，许把家庭看作社会结构的最小单位，其中根据"纵向型"人际关系和"横向型"人际关系哪个占优势而把其他所有的社会结构都看作是家庭的同心圆之扩大体来进行模式化。但是把许的模式看作"普遍性"的模式这一点是有问题的。首先，像家族、村落、国家等集团，如果其集团的层次不同，就不一定都能够把它们看作是同一原理的"同心圆之扩大"（家庭和企业可以是共同社会性的，而村落和工会也可以是利害社会性的）。其次，许的"家庭模式"本身，因为受到弗洛伊德的影响，所以是"近代"的东西。

附论　关于"父权制"的概念[*]

　　在日本的社会科学传统中，"父权制"概念是和韦伯连接在一起而被理解的。在 1958 年有斐阁出版的《社会学辞典》中，"父权制"（Patriarchalism）被解释为"男性家长通过家长权来支配和统率家庭成员的家庭形态"，而且"古代和中世的家庭"被列举为例。参考文献中还列有韦伯的《家产制和封建制》［Weber 1921—1922 / 日译版　韦伯 1957］一书。在同是有斐阁于 1993 年出版的《新社会学辞典》中，"父权制"的影子消失了，尽管"家长制家族"（patriarchal family）被列在条目中，但引用的是勒·普莱［Le Play 1855］的定义，即作为"家庭内的权力集中在父亲身上的家庭形态"，"这种家庭形态可以在东洋的游牧民族、俄国的农民以及中欧的斯拉夫民族中间看到"，书中举例进行了说明，并特地把它与"近代家庭"相对照。在见田宗介等于 1988 年编撰、由弘文堂出版、据称囊括了社会学新潮流的《社会学百科全书》一书中，"父权制"（patriarchy）也被定义为"具有家长权的男子统治和支配其家庭成员的家庭形态"，与 1958 年的有斐阁版本没有什么不同的地方。它也主要依据韦伯的定义，解释说"父权制"在"古代以及中世纪的欧洲和日本"都可以看到。而且日本的"明治民法中所见到的家长式的家制度，规定了封建社会的家庭秩序"，书中还记述着这样的认识：
"然而，随着第二次世界大战之后近代家族的展开和家制度的解

---

[*]　初次发表于 1994 年。

体，父权制的身影在逐渐消亡"。

当我们把日本的主流以及反主流的社会学辞典中的"父权制"记述与丽莎·塔特尔编的《女权主义辞典》[Tuttle 1986 / 塔特尔 1991]中的"父权制"（patriarchy）相对比时，我们不得不惊叹于两者之间的巨大落差。塔特尔的辞典对"父权制"作了如下纠正：它在"字面上意味着'父亲的支配'，原本它是人类学家使用的词汇，指的是一个高龄的男性（家长）对其家庭的其他成员具有绝对权力的社会构造"。在这基础上，辞典又指出：其后女权主义者对这个词汇进行了再定义并一直使用着。书中写道"父权制的概念对女权主义者而言是很重要的"，并且引用了凯特·米莱特［Millett 1970 / 日译版 米莱特 1973，1985］和朱丽叶·米切尔［Mitchell 1975 / 日译版 米切尔 1977］的定义，指出"所谓的'父权制'，是指'男性支配女性，年长的男性支配年纪小的男性'"的社会结构，历史上为人所知的"所有社会"都是父权制社会。1986 年在英国出版，并于 1991 年在日本翻译出版的《女权主义辞典》，尽管其存在这件事本身证明了女权主义领域已经有了足以编撰一本书的研究积累，但是显而易见的是，这本书并没有为日本的学术界带来任何影响。因为连在"女权运动以后"1988 年编撰的弘文堂版本和 1993 年的有斐阁版本对"父权制"都是那样解释的，可见日本学界并没有很好地对待 70 年代以后二十年间的女权主义的研究积累，这些研究在日本就像不存在一样。

当然，《女权主义辞典》也认识到"父权制"的概念是多义的。"这个用语（父权制）虽然频繁地为现代的女权主义者所用，但其意义并不一定相同"。濑地山角指出了"父权制"概念

187

的混乱，主张为了避免这种混乱应该使用其他的词汇［濑地山1990］。长谷川公一在《性别社会学》中写有一篇题为"何为'父权制'？"的研究报告，其中对 patriarchalism 和 patriarchy 进行了区分，建议把前者译为"家长制"，把后者译为"父权制"。他说："我们应该把这种在古罗马等社会典型的男性支配的方式，即最年长的男性对全体成员具有绝对性的、排他性的生杀予夺的权利和权威，限定性地译作'家长制'"［长谷川公一1989］。然而，我们同时也不能忘记其他学者指出的女权主义者"重新发现"了"父权制"概念并在使用它的事实。

但是问题并不是"家长制"还是"父权制"的翻译用语。英语圈的女权主义者一开始就使用 patriarchy 这个历史性词汇。这是因为 patriarchy 这个词显示了贯穿历史的普遍性，所以是特地从原先一直有的词汇中挑选出来使用的。为了追溯在这之前被称作"男性绝对统治"（male dominance）或"性别歧视"（sexism）等现象的根源，并展示这些现象的整体结构，女权主义者重新定义了"父权制"（patriarchy）并加以使用。虽然长谷川认为"女权主义者的用语方法与原本的用语方法的差异"是造成"混乱和误解"的原因，但这种"混乱和误解"仅仅发生在女权主义外部。在"性别"这个词固定以后，就像仅限在"语法上词汇的性别"意义上使用这个词的人消失了一样，或者人们不再把"女权主义者"指认为"尊重女性的绅士般的男人"那样，概念是在历史中，一边被重新定义一边被使用的。我们只能说在女权主义把"父权制""重新定义"并开始使用的20年后，当濑地山和长谷川这样的年轻社会学家围绕"父权制"的概念撰写论文的时候，90年代出版的社会学辞典中丝毫见不到这个概念的变化是很异常的。

同样的缺乏理解也可以在比较家族史学会于 1992 年发行的《家和父权制》[永原等编 1992]中见到。在这本 12 位执笔者均为男性的书中，女性史研究者除高群逸枝一人以外没有提及他人，女权主义以后的女性学业绩也未加一顾。其中的编者之一，即"前言"的执笔者永原庆二认为，"父权制"对资本主义的经济发展而言是"宿命的矛盾物"[永原等编 1992：9]，仍然强调的是它的"落后性"；讨论由明治政府有意识进行的"父权制稳定化政策"的镰田浩也认为"父权制"是"日本社会的结构特殊性"[镰田 1992：27]，他所持的也是一贯就有的看法。但是据住谷一彦的"'父权制'论的展望"一文，"父权制"已经从作为"封建残留制度"而被讨论的阶段进入了"近代市民社会中的父权制"这一"新问题"的领域——比如，他指出"可以说父权制的问题现在完全迎来了新的局面"[住谷 1992：298]。然而，他指出的理由也仅仅停留在因日本的经济高度成长使欧美的"先进—落后"这一"发展阶段论的视野褪了色"，以及欧美社会史研究中的欧洲"近代"论缺少了"父权制"显然是无法论述的这两点上，他并没有阐述近代家庭的形成史由于女性史和女权主义研究者的参与而开拓了新的天地。岂止如此，他还以"旧制度（Ancient Régime）的'封建遗制'原来是被批判的对象，现在却'截然相反地'作为日本文化中有价值的传统遗产，被评价为日本经济跃进的最关键的前提条件"[住谷 1992：297]这样的状况认识为背景，提倡不要把"父权制"当作阶段论，而应该看作是"普遍史"式的"类型论"。这比女权主义把"近代家族中固有的父权制"视为问题的历史意识更后退了一步。江守五夫基

189

于"现实中形成近代市民社会根基的，并非个人而是家族"［江守 1992：280］的认识，提倡"市民社会中的父权制"这个概念，并在普鲁士一般邦法和法国拿破仑法典这样的市民法中确认了父权的概念。但是，在江守的"为近代市民家庭的父权制结构带来动摇的，是机器大工业化状况下妻子回归劳动市场"的论述中，残存着"女性向公共劳动领域的完全复归"是"女性解放"之条件的恩格斯类的社会主义妇女解放论的影响。与"劳动者家庭不知道性别歧视"［井上（清）1949］的神话相反，江守的论说丝毫没有反映至 80 年代为止的、已经获得的女性学见解，即劳动阶级中也历历可见地存在着父权制，在父权制的资本主义制度下，"女性向公共劳动领域的复归"，与劳动市场的性别隔离一道，虽然只会造成私人领域和公共领域的双重压迫，但并没有动摇父权制。在江守的这本可以说是论述"家和父权制"的 90 年代最尖端成果的著述中，女性学研究 20 年间的积累好像根本就不存在。

二　家庭的近代 *

1　家庭的幸福

即便被认为是与自然和本能最接近的性和家庭，也因历史 191
和社会不同而发生变化。明治时期日本的夫妻、婚姻、家庭、男
女、性爱、身体等观念发生了巨变。或者毋宁说我们可以通过探
究这些观念在其形成期的情况，来很好地了解在明治维新一个世
纪后的今天仍然根深蒂固地被认为是很自然的许多观念，只具有
多少程度的历史深度这个问题。

欧洲的近世和近代史受社会史和女性史的影响，而不断变
得很明确的事实是：随着社会的变动，家庭领域也发生了重新构
建。岂止如此，"私人的家庭领域"本身就是在近代化过程中与
公共领域一道沉淀出来的。家庭是"远离世俗的避难所"的普遍
性信念本身，正是近代的产物。[1]

在日本也可以追溯"家庭的近代"的成立。在明治维新之后 192
经历急剧近代化的日本，"家庭的近代"是以外来思想与原有思
想的对立、欧化主义和反对欧化主义的形式体现的。

---

* 初次发表于 1990 年。

首先我们必须列举"家庭的近代"中"家庭"概念的成立。

明治二十五年（1892年）在标题中以其字面意思冠以"家庭"之名而发行的《家庭杂志》，是这个赞美家庭意识形态的强有力的旗手。

> 家庭是一种仙境。花开鸟语，天丽日永。一重墙划了内外，桃花流水杳然，比比皆是远离世间之物。……这里有一个家庭。娴雅窈窕，子女嬉戏以维持其和乐，维持其清洁，维持其健康，维持其特殊的家风，此为有内外之区分，非为开辟别个小天地。
>
> 　　　　　　（自助生"家庭和时事"，《家庭杂志》第 24 期）
>
> 慈爱的父母、友爱的兄弟、友爱的夫妇，善良、忠实勤勉、质朴谦逊的一家，这岂不正是诗人们于茅屋之荫梦想的人间之幸福、地上之天国及理想之家庭吗？
>
> 　　　　　　（铁斧生"家庭的福音"，《家庭杂志》第 24 期）
>
> 和平的家庭，即欢乐的家庭。在这个家庭，丈夫出外不忘家，妻子祈祷丈夫的安全，孩子和兄弟也仰慕父亲和兄长。及至偶尔的团聚，则嘻嘻笑快乐语。人生没有比这等更快乐之事。
>
> 　　　　　　（八木生"快乐家庭"，《家庭杂志》第 26 期）

193　　我们也可以从《家庭杂志》第 15 期和秀香女士论说中的"人能够真正获得清新快乐的场所就是家庭（home）"（"婚后的幸福"一文）这句话中，知道"家庭"是英语 home 的译词。这个"家庭"之上附加的形容词是"幸福""快乐"和"健康"等。

象征着"家庭幸福"的是"一家的团圆"。"何谓夜晚家庭的天国？指的是善良、干净卫生的一家人团圆的时候。"（蔽日生"夜晚的家庭"，《家庭杂志》第1期）。

构成这个"家庭幸福"的内容，包括（1）由相爱的一对男女组成，（2）一夫一妻，（3）包括未婚子女在内（不含他人）的核心家庭，（4）丈夫是上班族，（5）伴随着妻子是无职业主妇的性别角色分工的城市劳动者家庭，等等的条件。"一家团圆""茶话会"这样的概念首次被引进，家庭内部的"谈话"被强调（社论"家庭的谈话"，《家庭杂志》第6期）。《家庭杂志》创刊号介绍了《国民新闻》第790期的报道，认为"家庭的一大快乐是老幼大小团聚在一起吃饭，没有比这更美好的事情了"，很强调家庭成员的"一起吃饭"。如果我们考虑到在传统的家庭中吃饭是按照性别和年龄而分开吃，以及吃饭时说话被斥责为不得体的做法等情况，打乱了性别和年龄范畴的"一起吃饭"以及吃饭时的"谈天"会被荒谬地当作家庭道德的涣散[2]，然而这样的做法在这里却被褒扬为新道德。但是我们反过来考虑的话，强调"谈天"这种家庭内部的交流，也可以认为是因为城市家庭失去了生计和财产的共有而变得个人化，所以有必要找到一种把成员相互连接起来的新手段。传统家庭是建立在"家业"这个制度性的基础之上的，它可以不特地强调家庭内交流而存在。

使这个"家庭的幸福"成立的首要条件必须是相爱的一夫一妻。甲田良造在《奇思妙想 色情哲学》（明治二十年）中歌颂道："人生的最大快乐存在于一夫一妻之中"。他说：

　　"原本所谓人生的最大快乐，没有比个中问心无愧且心

194

灵相互融洽的男女在一起更大的了。

　　"只有尽守一夫一妻之道德以及男女感情和肉体的忠贞，才能享受到纯粹的人情和道理上的最大快乐。"

　　"色情哲学"这个题目正如字面所示，意味着"性爱的形而上学"，但是与江户时代的性爱形而上学，比如说与藤本箕山在《色道大鉴》[3]中把艺妓和地女[4]区别对待，一味地赞扬"艺妓的模样"相比，一夫一妻的道德是一个一百八十度的大转变。

　　自不必说这个一夫一妻的观念，是文明开化而引进的外来思想之一。井上次郎在明治十八年（1885年）出版的《女学新志》中，以"夫妇之爱"为题介绍了"美国学者库丘克"（Kuchuk）的学说。

　　一、要成为夫妇的人应该是最最诚挚相爱的人。

195

　　二、最最诚挚相爱是指必须在两人之间而不应该在两人之外实行。

　　三、最最诚挚相爱的人就应该成为夫妻，而且所谓最最诚挚相爱，就是只应该在两人之间实行，故夫妻应该仅限于两人（也就是说不应该有像一夫数妻或者一夫一妻一妾的情形）。

　　四、如果不能诚挚相爱，就决不会成为夫妇，也不可能成为夫妇。

　　五、是不是最至诚相爱，应该根据以下的种种条款而得知。

　　1. 一旦缔结的缘分因为某个事情而破裂的时候，有没有想使其恢复如初的心。

2. 要约定成为夫妇，须双方共同同意方可生效，如果只有一方想这样做，而迫使对方服从，那是不行的。

3. 看两个要成为夫妇的人有没有为了其中一方而可以牺牲自己的觉悟。

六、如果上述的最至诚相爱的两个人结为了夫妇，那么他们婚后绝对没有不愉快的事情。

七、不是上述情况的婚姻，只不过是违反自然法则的婚姻，也是违反社会法则的婚姻。

（从《女学新志》第 20 期和第 21 期合成）

上述几条真可谓新教式的严格标准，特别是第五条的三项内容可能震惊了所有的人。

从恋爱和结婚一致这一新教道德中产生了要求"自由结婚"的请求。宫川铁次郎在《日本女性学》第 11 期的题为"自由结婚和干涉结婚"的论说中主张"自由结婚"。他说，"天下谁不想自由结婚，谁不讨厌父母的干涉，谁不希望夫妻和乐幸福？吾辈迫切希望早日有结婚的自由"[5]。

如果把这个"家庭幸福"的理想作为标准，那么就派生了各种各样的问题。

首先，日本家庭中存在着离"家庭幸福"理想很遥远的男人压制一切的现状。在《家庭杂志》创刊号的论说栏目中，九溟生以"现今的家庭"为题写道，"家庭这个小国依然是君主专制国也"，感叹了家庭中丈夫和妻子处于"主人和佣人"般关系的现状。

196

　　没有比混乱的家庭更不愉快的事情了。……这毕竟是因一家之主只与他人一起分担痛苦，而不共同分享快乐而造成的。分不分享快乐，首先在于主人的心意如何。其次，根据主人的心意，既可以形成快乐的家庭，也可以成为不快乐的家庭。……妻子要是说这甚至是主人的命令，即便有少许勉强，她也不会说这不行那不可，而是一味地唯唯诺诺。若此主人……在家里的话，举止行为就像大官一般，游乐费大抵就自己一个人消费，以为家里人是佣人和用品承办商人，胡乱地使唤他们以满足自己的欲求，稍稍有不如己意的时候，就眼睛瞪圆，横加指责。家里人则为了不触怒主人而每日战战兢兢地度日。要是主人外出，就好像恶神病魔走了以后那样，家里充满了笑声。在这种形势下，即便是渴望快乐的家庭，最终也实现不了。

　　　　　　　　（八木生"快乐家庭"，《家庭杂志》第26期）

　　担忧"现今家庭"的标准，是与"西洋人"的比较。在《日本女性学》第11期上，有一篇咄咄居士撰写的题为"告你们女性诸君"的文章。

　　他们西洋男子总是夫妻一对，经常携妻子的手以扶之，无论万里的远游还是一宵的宴会，总是成双入对不相离。而日本的男子则傲然斥责妻子，让妻子伺候自己，哪有扶之的时候？有时还在某某处捻花戏柳，置小妾外妾之事仿佛惯例一般。哪有亲切之情？反而可以说冷淡至极。

197

　　甚至是宣传"妇德"的《女性之友》也以"日本的男子对女性亲切吗？"为题，认为"妇人自己屈从于'啊，没有比女人更无聊浅薄的人了'这样的说法实际上是非常可怜的。由于男人在外面做很多充满活力的工作和愉快的活动，回到家的时候更应该好好地安慰妇人"（松操子，《女性之友》第 41 期）。其中写着"日本的男女应该互相尽对等的爱情"（重点号为引用者所加），很明显，作者的脑子里所想到的是"西洋男子"。

　　像《性事的方法》（戏花情子即神根善雄，明治十六年（1883年））这样的通俗性指南书，也在"夫妇的鱼水之交"一章中指出如下："在横滨和神户看到外国人郊游外出，大凡伴着妇人步行的人很多。他们决不把夫妻相伴之事当作可耻的事情，反而把这作为深厚密切的关系来期待"。[6] 这和福泽谕吉在《男女交际论》（明治十九年）中论述的情况是完全相同的。"川柳的句子里有说，过了两三丁目就看到夫妇结伴而行。在男女的天赋夫妇之情中，所谓散步之事原本就是夫妻从自己的家相伴出门……"。

　　西洋的家庭文化以及对"西洋男子"的理想化，最终导致了"日本男子其实是一无可取的动物"这种看不起自己的观念，甚至出现了"余要忠告你们各位女子""要嫁给西洋人成为宝贝"（"告诸位女子"，《日本女性学》第 12 期）和"国际结婚的劝诱"等文章。针对此等说法，视欧化主义为仇敌的《女性之友》进行了反驳，并出乎意料地发展成欧化主义—国粹主义的论争。新的家庭观，由于是外来思想，也免不了招来"尊奉外国人主义"的诽谤。

　　其次，还有破坏一夫一妻道德的男性方面的蓄妾、卖淫等的现状。

198

　　　　把男女两性的关系当作至关重大的东西，在缔结夫妇同

　　　室的约定时，则称之为人之大伦，为社会百福的根基又是百

　　　般不幸的根源……实际上，如果探究在古今世界上实际是两

　　　性的哪一方不把夫妻关系当回事并破坏大伦的，得到的回答

199　　经常是男性。

　　　　　　　　　　　（福泽谕吉立案、手塚源太郎《日本男子论》

　　　　　　　　　　　　　明治二十一（1888）年）

　　　福泽所指出的这个"性的双重标准"（sexual double standard），还表现在明治刑法中对通奸罪的性别非对等性，即妻子通奸的话要受到处罚，而丈夫通奸则不受处罚。

　　　植木枝盛以德富苏峰的《国民之友》为舞台，后来在自己主办的《土阳新闻》报上展开了废娼论、一夫一妻论、家庭论等论坛。然而在《植木枝盛日记》中，他于明治十三年 9 月 17 日写道："晚上，在千日前的席上作演讲。论述男女同权论。召菊荣艺妓。"丝毫不避嫌自己白天是壮士晚上是游客两种面孔的植木枝盛，他本人也生活在"性的双重标准"之中。[7]

　　　另外，还出现了男人之所以品行不端，是因为其"家庭的幸福"没有得到满足的见解。《性事的方法》谈论说夫妻媾和的秘诀在于"夫妻始终相伴的时候，丈夫不可以像在他人家里狂饮之后和其他女人嬉戏一样，另外也不能像妻子不在家时那样有非分之想"，这和福泽谕吉的见解没有什么不同。

　　　富贵的男子中有内外养妾又在家里召妓以取得快乐者，

　　　下至下流阶层，则有自行登青楼醉花柳，犯下超过人生想象

之极限的丑行的人。……我辈酌量其情状，不是找不到可以
稍稍谅解的地方。这是因为大凡人生，除了那些有绝伦气力
和体力的人，其他的人在这样无情的日本社会里可能使自己 200
的品行高尚优美，并且自行其乐吗？正是因为无法快乐，所
以追求行乐之道的一条血路，就只有蓄妾聘妓的丑行了。虽
说其丑行真的很丑，其目的只不过是单纯地追求肉欲的快
乐。其实别室妾宅也好，花街柳巷也好，正因为是世俗礼教
习俗之外的别一个乾坤，并且恰好是可以免除社会压迫的乐
地，所以虽然很鄙劣，倘若是想利用这个地方来满足肉体性
交快乐的人，那么也并非值得极端痛恨，反而正是值得可怜
之人。

（福泽谕吉立案，中上川彦次郎笔记
《男女交际论》明治十九（1886）年）

福泽所说的"社会压迫"，是指没有"妇人和男子之间的交
际""两性关系极其无聊"的"我们日本国的一大不幸"。福泽感
到"女性的不愉快是男性的不愉快"，然而他的这种男女同权观，
比不上江户时代性文化气息残存很浓的《性事的方法》一书中所
提到的两性之间的对称性，亦即与丈夫的品行不端一道，也有妻
子品行不端的可能性。

第三，人们认为夫妻之间发生无情之事的原因，在于结婚的
方法。

当我们询问我们国家本来就有的习俗中的相亲结婚等
的情形时，要成为丈夫的那一方如果喜欢对方的话，那么这

件事就成就，尽管要成为妻子的那一方十例中有七八例是有其他隐情或不同意的。就这样，女人只按照男人喜欢的去服从，去嫁给他，要是做了他不喜欢的事情就离去。这成了定规。实在是令人感叹不已的。

（"夫妇之爱"，《女学新志》第 21 期）

201　之所以这么说，是因为结婚是一种经济行为。

要看待今天的夫妻关系，男人是生活富裕了，为了娱乐而娶妻。女子到了适龄期，则为了获得生活的地位而嫁人。因此男人经常要问的是女子是不是美人，女人呢，则经常询问男人每月挣多少工资而决定是否结婚。因此夫妇之间绝没有真的爱情，男人常常以离婚来恐吓女人，女人呢，则常常向男人献无心之媚。倘若没有生活问题和社会问题，那么大概今天大多数的夫妻马上就分开了吧。

（《平民新闻》明治三十七（1904 年）2 月 21 日）

之所以这么说，也是因为"女人没有自己养活自己的能力"（《世界妇女》第 14 期，明治四十年 7 月 15 日）。这种"没有爱情的结婚""特别在贵族和富豪的婚姻中最为显著"（《世界妇女》第五期，明治四十年 3 月 1 日）。[8]

《色情卫生哲学》（黑目静也·饭田千里著，明治三十九（1906）年）以"难道今天的结婚不都是淫卖的结婚吗？"为题，写下了这样极端的话语："他们的大多数不就是和爵位结婚，不就是和地位结婚，不就是和金钱结婚吗？""把结婚理解为是一个商法，不停地做人身买卖"。

据柳田国男的《明治大正·世相篇》[1931，1976][9]，这个时代正是（特别是明治四十年代）结婚从"若众宿"和"娘宿"*占多数的村内通婚向请"媒人"说亲的远方通婚／村外通婚和相亲结婚转变的过程。只能说发生把"相亲结婚"称作"我们国家原来的风俗""不应该主张自由结婚"的逆转，是时代的悖论。在倡导"夫妻之爱"和"家庭幸福"的同一时代里，结婚是经济交换的趋势，也同时进展着。

第四，为了"家庭幸福"的理想而导入了核心家庭的模式。植木枝盛所说的"儿子和媳妇应该与公婆分开居住"的主张，就是从这儿出现的。为了创造"纯粹的家庭、不夹杂异分子的家庭、以真实贯通万事的家庭、任何事情都商量以后再行事的家庭"，"倘若提到一家的异分子，那就莫如比没有更好的了。……一家最好还是应该只有家庭成员一起生活为好，特别是和纯粹的家庭成员"（社论"淳美的家风"，《家庭杂志》第3期）。

这个所谓的"异分子"，指的是食客、寄食的人、雇工等。植木建议说，如果经济条件允许的话，也应该与"公婆分开居住"。在传统的直系家庭中，"媳妇""是旁人"，但是在核心家庭的"家庭幸福"的理想当中，公婆最终被当作是"异分子""寄食的人"。

202

---

* "若众宿"和"娘宿"是民俗学概念，分别指未婚的男女青年聚集、集体活动和住宿的地方。在江户时代，"若众宿"和"娘宿"被认为是地域社会教育其青年成员的场所。明治时代也存在。随着公共教育的普及，以及战后人口流向城市而导致农村、山村和渔村青少年人口的急剧减少，"若众宿"和"娘宿"已经逐渐衰退消逝。

这种"家庭内分居"更因以下两个理由而被正当化。

为父母的一对夫妻亦即公婆，在和子女夫妇，即和女婿
或媳妇一起居住的时候，

首先，由于公婆以旧习惯支配女婿和媳妇，所以恐怕会
妨碍人世间的进步。

第二，会引发这样的倾向：公婆年纪大了就会产生想依
赖少壮的女婿媳妇的心，而倘若女婿媳妇年轻的话，也会产
生想要依靠老练的公婆的心思。

（"家庭内分居"，《女性之友》第 51 期）

203　　　也就是说"分开居住的建议"是从"时代差异"和"代际差
异"两个理由来说明的。在社会变动非常激烈的时代，代沟扩大
了，从而很容易引起纠葛。开明的思想家们以"家庭改良"的名
义支持居家形式的分离。

至于人们经常谈论的婆婆欺负媳妇和媳妇在丈夫家地位很
低的说法，我有必要对此保留意见。从森有礼在女子高中进行
的演讲中所说的"结婚后十有八九的人都和公婆一起居住。不但
如此，其生计权柄都掌握在公婆手里"（《女学杂志》第 120 期）
中，我们可以看到媳妇丝毫没有主妇权。福泽谕吉也指出了"公
婆的不人道（inhumanity）的做法"：他们"一方面对儿子媳妇、
女儿女婿间的和睦感到高兴，另一方面又祈祷媳妇与儿子、女婿
与女儿之间的关系疏远……"（《男女交际论》）。

然而，如果考虑到柳田国男所报告的在明治中期为止的农
村，仍然存在着婚礼与娶媳妇的仪式相分离的事例，以及主妇权

的移交与媳妇进门的礼仪同时进行，亦即媳妇作为堂堂的主妇嫁进夫家的事例，我们可以了解到直系同居家庭中儿媳的地位低下是出于以下几个条件：（1）婚姻和出阁同时进行的出嫁婚已经得到了普及；（2）婚姻被认为不可逆转，女子出嫁之后与娘家不再有任何关系，为人妻的女子失去了娘家这个本可以回去的地方；（3）高攀择偶普及，儿媳娘家的地位相对夫家来说下降了；（4）儿媳不再是劳动力，而是作为没有经济能力的无业妻子嫁进城市雇佣者的家庭。果真如此的话，那么婆婆和儿媳的不睦也只不过是"近代的"产物。我们也可以认为"分开居住的建议"是针对这种日益激化的不和睦而被提出来的。无论怎么说，根据明治时期的平均家庭周期，媳妇嫁到夫家到公公过世为止的周期为平均 6 年，到婆婆过世为止是平均 10 年，媳妇在 35 岁之前坐上主妇之位［汤泽，1987］。

204

2　主人和主妇

就这样，结婚的一对男女成了一家的"主人"和"主妇"。"主人"和"主妇"作为一对对义词出现，是在明治二十年代。掌管"家庭"的"主妇"责任特别重大。女性作为"家庭""主妇"的作用也是教化的外来思想。这种想法以直接引进片假名、西洋文字概念的形式而被介绍进来。例如：

"The Woman is the key of the home."（女人是一家的关键）

（"日本妇人其三"，《日本女性学》第 10 期）

西洋有谚语曰"贤妇造家"（The wise woman builds

her house），实际亦然。一家中势力最大者，为一家之主
妇也。

（"小学经济家政要旨后篇"，《家政学文献集成》）〔中
部家庭经营学研究会编 1972：416〕

家之为家的第一要事，在于这个家的妻子，也就是这个
家的女王。

（内村鉴三"基督徒·家"，《女学杂志》第 125 期）

家是一国也。成为此国的女王，调理万事乃主妇之大
幸也。

（"家政天下"，《女学杂志》第 229 期）

相对于妻子，丈夫也被认为是缔造"家庭"的共同经营者，
但是他的影子就比较淡薄了。据在《日本女性学》第二和第三期
上连载的"妻子的责任""丈夫的责任"，"家庭内部的事情都由
妻子来支配"，丈夫"尽量不要干涉属于妻子领域的家政事宜"，
描绘了角色分工型夫妇的原型。虽然"妻子要做的事情停留在家
政"，但是我们从中也可以窥见妻子自律性之高。"特别是论及经
济方面的话，丈夫就像人民，而妻子则像政府"。（"小学经济家
政要旨后篇"，《家政学文献集成》）〔中部家庭经营学研究会编
1972：415〕

尽管迄今论述的问题会引起误解，但是内村鉴三所指出的
"自古以来虽然日本的女子从社会的表面来看似乎没有势力，但
是我们应该看到她们在其家庭内是隐然具有很大势力的"（《女学
杂志》第 489 期）是正确的。就是在近代的性别角色分担中，日
本的主妇在家政方面具有很高的自律性，这一点与西欧相比是值

205

得特别指出的。[10]

明治十一（1878）年，望月诚出版了《妻子的心得》《亭主
（丈夫）的心得》等有关家庭经营的通俗实用图书，并且获得了
好评。《妻子的心得》共有 33 条，而《丈夫的心得》要少一些，
只有 19 条。在标题的下面特地加了"针对妻子的心得，用亭主
二字代替丈夫的字眼，也是想让人们知道其意思就是家主"这句
话，也是考虑到民俗用语中有"家主"一词是专指主妇的，这一
点很耐人寻味。主妇，当然从字面意义上来说，是指"家庭的主
人"，但丈夫就不是。与《妻子的心得》多是实用的技巧相比，
《丈夫的心得》就充满了戏剧性的滑稽趣味。作为"家庭经营"
的承担者，主妇被要求具备的能力是多种多样的，包括家务、育
儿、管理佣人等等，然而最重要的一点是"经济知识"，具体来
说就是"算术"能力。在这点上，"妻子"要是没有"学识和才
能"是不能胜任的。作为"经国济民"之学的"经济"在明治时
期进入家庭一事，和原来的家政学（oeconomia）在欧洲改变为
国家和市场的经济原理（economy）的方向是截然相反的，这一
点也颇为有意思。

3 女性的职业

"健全的社会由健全的家庭构建，而健全的家庭由健全的夫
妇建立"（"新夫妻"，《家庭杂志》第 4 期）。因此，"女性的独立"
就是当务之急，甚至像《女性之友》（第 2 期）这样的颇为保守
的杂志，也是这样论述的："就女性而言，只要她不能获得独立，
那么作为其配偶的男人也决不能获得其独立的坚固基础"。独立

206

了的男女为了继续"最恰当的关系","必须有每日固定的工作",

207　"人就是为了工作而存在的"(《家庭杂志》第 4 期)。然而"女
人的工作"内容,正如"社会是男人的战场,家庭是女人的报国
之处"这句话所言,被局限在家庭内部。木村熊二也在题为"家
庭经济的概要"的文章中表示了如下暧昧的态度:"所谓双职工,
并非指女性也和男人一样出外工作。而是妻子成为统管家庭内部
事物和财政的人员,保全家庭成员的健康,从事儿女的家庭教
育,注意奴婢使役之事。男人呢,则经常要注意家中避免发生内
顾之忧"(《女学杂志》第 131 期)。

　　然而,服部彻却主张说,"女子既已嫁入他家,于治其家政
之时,日常之职并不限于整理家政、教育儿童,亦即应该从事别
的事业"。对于"贵妇 / 淑女"(lady),他说"(她们)只是早晚
呵斥奴婢和仆人,仅在闲暇之余弄弄编织。至于像裁缝之技、机
织之术,她们颇为轻视,认为它们是卑下的职业。无论什么事都
要借他人之手来取得,从来没有自己主动去获取,这恰恰与艺妓
娼妓的委身于其情人、居于新妾宅、贪图安乐不相径庭也"("女
子社会的殖产事业",《日本女性学》第 25 期),评论颇为尖刻。
从"女性也有从事职业的义务"的立场来看,"贵妇人"即便被
称为"寄生植物",也无可奈何。

　　　　但愿可以允许吾辈将这些所谓的贵妇人比喻为寄生植
　　物。……而这些并不能安于把自己的终身置于他人的保护之
　　下,不得不永久占据天然固有地位的人们,在称呼她们的时
　　候,岂不可以以寄生妇人称之也。

　　　　("女性也有从事职业的义务",《女性之友》第 23 期)

女性的职业与独立的关系因阶级差异而显著不同，这是很早就为人们所认识的。迹见学园的创始人迹见花蹊在《女性之友》第 38 期的"妇女职业论"中这样写道：

> 试看上流社会的高贵女性，她们身负高贵的官爵，常驱驷马横行街市，而考虑其私下生活情形，仍然是丈夫不在家的留守之人也。……降至看中产阶级的妇人，其丈夫父兄夙夜不懈，各自从事其职业，妇人则日夕无为，读书习字之余，多只沉溺于琴瑟歌舞。……又下降至看低阶层的妇女，我却不得不惊叹于其有职业之事。……下等妇女有职业，而中上等妇女却没有职业。……世上的论者常以上流女性的言论推广至中产阶级以下的妇女，而我欲推介下等妇女的职业，并把它扩充至中上阶层。
>
> ……假如身无职业，白白接受丈夫的赡养，势必不得不居于其下风。……而看那些下等妇人，因她们熟悉其职业，故不必受丈夫的牵制，反而有压制丈夫的人。她们无学无识，动辄反目相骂，虽说本来应该引以为教，但我觉得在此也应该把这些下等妇女作为有实有名者来看待。

从这个意义上来说，明治社会是一个很明显的阶级社会。

然而，很难说适合妇人的职业已经充分登场了。"我国妇女在中等社会以上的没有职业，下等社会的女性往往有职业，但是很多是不恰当的、男女不分的职业，损害了文明的体面，很多甚让吾辈感到不快"（武田柳香"妇人的职业"，《女性之友》第 29 期）。武田所考虑的"适合女性的工作"，除了"手工"职业以

208

209

外，还包括"女教师、保姆、护士、妇产科医生、会计、文员秘书等"。《家庭杂志》第 31 期在"大阪三井银行分店"中，通告了首名"女子银行员"诞生的消息，那时正是都市型女性的新职业一个接一个诞生的时期[11]。然而，那些职业主要都是些有效利用女性的手指灵巧、坚韧不拔、照料孩子等"特性"的，不跟男性竞争的适合女性的职业，也就是通常所说的粉领职种。

　　那么在中产阶级以上的阶层中，被认为与家庭生活不相抵触，且"适合女性"的职业是什么样的呢？我们可以在《家庭杂志》第 15—32 期的连载报道"妇女职业指南"中窥见一二。在这里被称为"职业"的，最终是"家庭中的手工"，即"家庭副业"。尽管杂志上说，"即便是在没有必要做手工来赚钱维持温饱的富裕家庭，也不可以懈怠从事手工之事"（"家庭中的手工"，《家庭杂志》第 2 期），但实际上，从"要说起高贵之人做家庭副业的话，难免有怕人说长道短之处"[12]来看，我们可以看出杂志上对"体面""合算""高级的家庭副业"等方面的报道反响很大。同时围绕家庭副业的诈骗和夸大广告也不绝其后。

　　另一方面，"下层社会"女性的劳动现状，则异常艰难。在村上信彦的《明治女性史》[1969—1972][13]一书中，他对女工的超时劳动、恶劣的劳动条件，也可以说是由于上述恶劣条件而产生的工伤引起的肺结核、男性监工的性虐待等均有详细记述。"10 小时法"是一个要把长达 12 小时、14 小时的劳动时间限制为一天 10 小时的法律（伊藤铁次郎译述："论已婚妇女从事实业之弊害"，《日本之女学》第 14 期），虽然这个法律是一种福利立法，但同时它导致了把女性排除在劳动市场之外的结果[14]。与花蹊女士的"我欲推介下等妇女的职业并把它扩充至中上阶层"的志向相反，无论在西欧还是在日本，"中等社会"以上的家庭模式，也渗透到了工人阶级中间。

注：

[1] 阿里耶斯［Ariès 1960，1973 / 阿里耶斯 1980］，巴当泰尔［1981］等。关于"近代家庭"的定义，参考的是落合［1989］的定义。

[2] 在有"夫妻分开吃饭"传统的地方，"夫妻一起吃饭"就冒犯了范畴混同这一禁忌。

[3] 翻刻版中有野问编著［1961］的版本。

[4] 地女是针对娼妓而言的，指的是在乡土关系和血缘关系的框架中，作为男性结婚对象的普通人家的女性。

[5] 虽这么说，结果是在各列举了自由结婚和干涉结婚的弊端后，提出"因此我认为在我们当今社会应该实行的婚姻法，是那种折衷自由和干涉、取其利避其弊的法律"，因此是极端折衷主义的说法。

[6] 关于《性事的方法》，请参照小木、熊仓、上野的校注［1990］中所收录的"新撰 造化机制论"。

[7] 其中的很多论文收录在外崎编［1971］的书中。
植木认为应该对将成为自己妻子的女性给予爱和尊重，但是在他的内心深处对妻子的敬爱与每天晚上的游荡是丝毫不矛盾而并存的。在女性史研究者中间，虽然有把这种行为看作是植木的"言行不一"而对他进行非难的，但我并不认为这是切中肯綮的批判。因为考虑到当时阶级差异悬殊的社会环境，对他而言应成为他妻子的那个阶层的女性，和与嫖客交往的女性属于完全不同类别的人，因此对这两类女性采取不同的态度，是理所当然的。

[8] 中部家庭经营学研究会编［1972］第九章"女子教育"第373—432页。另外，这本书的结构如下：
序言：明治时期的特征和家庭生活 第一章家庭关系 第二章家庭经济 第三章衣着生活 第四章饮食生活 第五章居

住生活　第六章健康生活　第七章家庭文化　第八章家庭
教育　第九章女子教育　第十章女性问题　第十一章社会福
利　我从这本提倡"家庭学"的挑战性力作中得益匪浅，但
是作者的某些观点和我的看法不同。我对此著作有以下方面
的不满：首先，与其说它是按字面上的 Household Economy
来解释说明"家庭经济"，倒不如说它并没有脱离在国民经济
的范畴内诠释家庭经济的倾向。其次，在"家庭文化"这一
极富魅力的概念中，主要只包含了物质文化的方面。另外在
"健康生活"中有关性的条目中，虽然提及性病和生育方面的
内容，但是并没有提到像《造化机制论》这样的新的性知识。
而且在第十一章以前的全文中，没有单独设立"性"的条目。

212

［9］ 1931 年柳田 56 岁时著述的不朽名著。文库版有讲谈社学术文
库（1976 年）。

［10］ 家政的责任，特别是家庭经济的管理由妻子主持这一点，与
西欧相比是很有特点的。在西欧，家政的管理者并不是妻子
而是丈夫。日本家庭主妇的家庭经济管理权和与之相应的较
高地位，被认为是从农家的主妇权而来［Ueno 1987］。

［11］ 从明治末至大正时期，陆续出现了不少以前所没有的新型的
女性雇佣劳动形态（打字员、秘书、电话接线员、女店员、
新闻记者等等）。

［12］ 对职业的轻视和对金钱的蔑视，与高攀择偶趋势以及武士阶
级的价值观相结合，至今仍然根深蒂固地存在于中产阶级以
上阶层的女性思想当中。

［13］ 全四卷的大著作。

［14］ 关于福利劳动立法的两重性，请参照上野［1990a］。

三 女性史和近代 *

1 "解放史观"和"压迫史观"

从女性史的角度如何评价"近代"是一个极为矛盾的问题。213一方面存在着"近代"对女性而言是解放的观点，另一方面也有"近代"对女性来说是压迫的看法。让我们称前者为解放史观，后者为压迫史观吧。前者的代表有井上清的《日本女性史》[1948]和高群逸枝的《女性的历史》[1954—1958]。后者则是在接受了70年代以后的女性解放运动和女性学的影响而出现的思潮。

70年代初，村上信彦挑起了女性史论争。撰写了《明治女性史》全四卷[1969—1972]的在野女性史学者村上信彦，把井上的女性史批判为"解放运动史"，提倡更加实证性的庶民的"生活史"。村上的著作当中虽然也描写了女工哀史和公娼制度下诸如年轻女性卖身的悲剧，但由于他强调女性在那样的"压迫"214下仍然坚毅勇敢地生活着，故有人讽刺他的女性史为"坚毅"历史观。围绕这种"解放史"和"生活史"的对立，女性史学界升

---

* 初次发表于1991年。

腾起一股论争的热潮。

村上提出的"生活史"倡导和女性史方法论的转换期是一致的。首先，受法国现代历史学年鉴学派的影响，日本整个历史学界都增强了对社会史的关心。第二，历史学和民俗学的相互渗透进一步加强，听写式的口头历史颇为盛行。第三，受 60 年代的反主流文化运动 * 的影响，从社会少数派和被压迫者的角度，重新把历史看作"民众史"（people'history）的趋势高涨。最后还有 70 年代初的女性解放运动的影响。尽管村上自身是一个不创设任何学派的独步独行的研究者，他所提倡的"生活史"得时宜之便，吸引了众多不满足于"解放史"的女性们的心。

日本女性解放运动的诞生是在 1970 年。草根的基层女性学习小组，为了探明女性受压迫的根源，而把视线转向女性史，但是可以说她们面前所有的教科书只有井上的女性史和高群的女性史。然而，在倡导女性的压迫是由"封建遗制"造成的和歌颂"近代"所带来的女性解放的"解放史观"中，对于女性们"实际感受"到的，为什么在 70 年代的今天，虽然表面上看来男女是平等的，但是暗地里对女性的压迫并没有消失的问题，其解释说明并不充分。

215　　　女性史在这个时候，首次把目光投向"近代"对女性而言的压迫性。因此，就出现了将长期以来在"解放"和"进步"的名义下不可侵犯的"近代"本身视为问题的观点。从这个意义上来说，女性史的这个转变是继承了 60 年代对"近代"所带来的"发展"和"生产"等价值观进行重新审视的反主流文化的源流

---

*　counterculture movement.——译者

的。另外，受女性解放运动和女性学的影响，女性史正尝试着从一直是男性史正史的补充物到以女性的角度重新讨论迄今为止的所有通史的转变，这是一种彻底的范例转换。挑战性的女性史研究者们把自己的这项工作称为"颠覆史"或者"扭转史"。

在女性学的领域，最先挑战"近代"之禁忌的，是水田珠枝的《女性解放思想的历程》[1973]。水田是研究欧洲社会思想史的学者，她缜密地分析了"人权"思想创始人——被称为"法国革命之父"的让-雅克·卢梭的工作，从而搞清了他所说的"人权"（human rights）只不过是"男权"（men' rights），在男权之下"女权"（women's rights）被组织性地剥夺了。也就是说，她指出"近代"带来了"男性的解放"和"女性的压迫"这一整套东西，"近代"这个观念本身就孕育着"女性的压迫"。

对把从倍倍尔（August Bebel）的《妇人与社会主义》和恩格斯的《家庭、私有制和国家的起源》[1965]开始的女性解放思想史当作经典教材，将"近代"阅读理解成女性解放之历史的人来说，这是一个冲击性的指正。水田本人是一个彻头彻尾的近代主义者，她看到的问题是："人权"的思想并没有进入女性的现实这一"近代"的不彻底性。

216

确实，"近代"的讽刺在于：于发明"人权"和"平等"的观念之后，因进一步扩大了这些观念的适用性，结果在下层阶级的人们中间引发了怨恨和愤怒。从这个意义上来说，"歧视"的观念是"平等"要求的副产品。

伊万·伊利依奇指出了这一点，并攻击了女权主义者的"近代主义背后假说"的盲点（《性别》[Illich 1982 / 日译版 伊利依奇 1984]）。伊利依奇认为女性的"性别歧视"正是"近代"的产物。因此，那些揭发"歧视"、要求达成"平等"的女权主义者，不仅陷入了困境，而且因为在近代主义理念的完成上助了一臂之力，所以她们自己实际上支持了"近代"的压迫性。伊利依奇因为把女权主义者称作"女-性别歧视主义者（Fem-sexist）"，而引起美国激进女权主义者的愤慨。

伊利依奇通过他以前的著作《摆脱学校的社会》[Illich 1971 / 日译版 伊利依奇 1977] 和《摆脱医院化的社会》[Illich 1976 / 日译版 伊利依奇 1979] 而在 70 年代的反主流文化运动的旗手中获得广泛的支持。《性别》中，他也开始在"近代"批判的范畴中叙述性别歧视的问题。伊利依奇认为性别歧视的元凶是产业化。他的这种见解在日本的生态学者和女权主义者中也具有一定的影响力。

伊利依奇所代表的"近代"压迫假说是从社会史中产生，这并非偶然。伊利依奇自视为中世纪史学家，我们从他引用的文献也可以看出他受年鉴学派的影响很深。社会史扭转了人们对"黑暗的中世纪"的印象，生动地描绘了中世纪民众们自管自律的小宇宙。伊利依奇认为产业社会破坏了生态学性质的小宇宙。

在伊利依奇身上，有一种把"产业社会"以前的社会作为和谐有序的世界来美化的倾向，这在女权主义人类学家埃莉诺·里科克 [Leacock, 1981] 身上也有相同的体现。里科克根据对北美拉布拉多地区印第安人的调查，认为给他们自管自律的小天地带来"性别歧视"的是近代化即殖民地化。根据她的研究，殖民地化以前的印第安人之间，尽管有性别分工，但是两性之间的关系是对等协调的，"女性的压迫"并不存在。尽管伊利依奇很雄辩，但是我们认为"性别歧视"可以追溯到产业化以前。应该可以说在产业社会里，只存在着性别歧视的固有历史形态。

2 "家"的发现

社会史所关心的是"近代"的形成期。家族史和女性史陆陆续续地搞清了"家庭性"的崇拜、女性生产劳动被忽视、"孩子"的诞生和"母性"观念的形成等等表明"近代家族"特征的各要素的历史相对性。受其冲击，日本也兴起了对"家"观念的重新探讨。与迄今为止的"家"制度是"封建残留制度"的常识相反，作为制度的"家"是明治政府的发明物，是"近代家族"的日本版对应物这样的发现，渐渐成为定说。自学成材的电影评论家佐藤忠男，以早期银幕上看到的日本近代为对象，独自探究了"家"制度的历史性成立过程（《为了家庭的复苏——论家庭剧》[佐藤1978]）。其结果，他查实了在明治初期制定教育敕语时，"孝顺父母效忠君主"的"修身"思想逆转为"效忠君主孝顺父母"的过程，证明了日本式的家族主义是作为国家主义的雏形而形成的事实。他认为，从世界范围来看日本的家族主义与任何一种家族主义都不相似。如果说意大利和中国的家族主义是作为与公对立的私人据点而发挥作用的，那么日本的家族主义是以体现公的私人领域而发挥作用的。他指出，这种形式的家族主义是在"家"制度的名义下由明治政府发明的。佐藤仅仅通过从银幕上窥探其他文化的方式，就获得了这样的比较文化的视野。

后来，文化人类学家伊藤干治在《家族国家观的人类学》[1982]一书中追认了佐藤的见解。伊藤以明治民法制定前所谓的民法论争为例，追究了在论争过程中，认同"长女户主权"的

218

219

母系继承被以平民的"野蛮风俗"之名遭到排斥，而由同一祖先发展而来"男子单系"的父系继承则获得胜利的原委。他认为，"家"制度是以武士阶层的"家庭"为模型，作为国家的雏形而被制造出来的。父系单独继承的"家"观念，是作为与"万世一系"*的天皇制相对应的观念，而被植入人们意识中的。正如"万世一系"的天皇制国家观也是明治政府的发明物一样，在"家族国家观"的意识形态下，国家被比喻为家庭，家庭被比喻成国家。就这样，明治以后家庭与国家就开始互相渗透了。

从女性的角度论述"家"制度形成的，有青木弥生的"探索性别歧视的依据——关于日本的近代化和儒教意识形态的纪要"［1983］。和伊藤一样，青木一边追溯"家"制度的成立，一边指出了在"近代化"过程中女性所受到的忽视和压迫。

青木认为"家"制度是武家的制度，原本和老百姓没有什么缘分的看法，由于民俗学和引入了民俗学方法的民众史的发现，而获得了强烈的支持。在社会结构发生变化的时候，新体制就会从既存的文化项目中挑选合适的项目。那个时候，旧项目就会被置于新的文脉中。仅限于这一点来看的话，也可以把"家"称作日本的"文化传统""封建遗留制度"，然而那也只不过是武家的"文化传统"。某个文化项目一旦被选，它就会像万古不变的"传统"一样被追加上"历史的自我认同意识"，但是在"家"观念的形成之际，从其形成过程的起伏当中，我们也可以知道它其实是有其他选项的。

220

---

* 指自公元前 660 年的第一代神武天皇起至今的所有天皇都出于同一血脉家族、从未出现过王朝更迭的情况。——译者

"家"是武家的文化传统，并不是庶民的文化传统。在江户时代，属于武士阶层的人不到人口的10%。所谓阶级社会，是指生活文化互相隔绝的一种文化多元化的社会。占国民大半的老百姓，生活在与儒家式的武家文化无缘的、自律性的共同体社会中。在这个共同体内部，横向型的年龄阶梯秩序要优越于纵向型的"家"秩序，包括婚前性交在内的通婚非常自由，处女的观念很淡薄，离婚和再婚以很高的频率发生着，等等，民众史的研究连续不断地揭开了庶民共同体的上述事实。

社会史和民众史认为，女性受压迫的万恶根源是"近代"。正是"近代"把女性从生产劳动中排除出去，剥夺了她们的性自由，在"家"制度下把她们作为妻子和母亲幽禁起来。在"家"制度岂止是"封建遗留制度"，更是"近代"日本国家的发明物这个事实被论证以后，女性应该斗争的敌人就从"前近代"转移到了"近代"。

比如说女权主义者的文学研究团体，开始从女性的角度全面重新阅读日本近代文学史（《魔女的文学论》[驹尺1982]）。根据日本文学史的通论，私小说被解释为"家与自我的纠葛"的体现。这种解释图式，指的是"封建遗留制度"和"近代的个人"之间的，也就是"前近代"和"近代"之间的对立和纠葛。然而，据新的女权主义文学史，无论志贺直哉的《暗夜行路》，还是岛崎藤村的《拂晓前》，描写的都是"家"制度下男性家长的"因难以忍受家长责任而发出的微弱的自我呻吟"。事实上，甚至像石川啄木和太宰治这样的"弱者文学"的旗手们，他们在家庭中所处的地位并不是受压迫的女人 / 孩子的位置，而是一家之长。私小说实际上并非"孩子的文学"，而是"家长的文学"，尽

221

管看起来像"被害者的文学",而实际上是"加害者的文学"。事实上,在没有责任感的软弱的"家长"底下,存在着受其迫害的妻子们——啄木的妻子节子和太宰治的妻子——以及她们的孩子们。

3 "近代"的完成

222 这种因把"近代"从解放换读为压迫而产生的对历史的重新阅读,仅仅这么做,就已经非常刺激和有意思了,但是"压迫史观"的问题在于它是一种把"近代"看作万恶之根源的片面的单线性进化论。从这个意义上来说,"压迫史观"和"解放史观"都共同具有单线性的"发展阶段说",前者是后者的翻版底片,一种反进化论学说。一方认为"近代化"越发展,女性的地位就会越提高,而另一方则认为"近代化"越发展,女性的地位就越下降。这种看法的差异,也为围绕女性的历史性变化的解释方面也带来了对立。例如,恩格斯认为,女性进入职场是获得男女平等和女性解放的道路,但是伊利依奇却认为,那根本谈不上,相反,女性被产业社会的脚绊住而搞得非常忙乱,最终完成了作为"经济人"(homo economics)的自我忽视和女性性的压迫,从而是最坏的选择。

在这个从"解放史观"到"压迫史观"的转变中,60年代的经济高度成长期所带来的社会变动起到了很大的影响作用。贝蒂·弗里丹(后来成为全美最大的妇女组织 NOW 的首任会长)于1963年撰写了描写郊区中产阶级妻子不安和不满的《新女性的创造》一书[Friedan 1963 / 日译版 弗里丹 1977]。弗里丹经

历的女性在高度产业化社会中所受到的压迫和忽视，经高度经济
成长期到 70 年代初期，终于在日本女性中间也变得现实化起来。

　　日本的经济高度成长期也是人口学（人口志学）上的变化非
常显著的时期。集中向城市移民和离开农村的现象急剧进展，人
口的城市化率达到 30%。同一时期，个体户和雇佣劳动者的比
率发生倒转，60 年代成为"工薪职员的时代"。家庭的平均构成
人数从五人左右急剧降到三人左右。形成了"挣工资的丈夫和专
注于家务／育儿的妻子，孩子最多两个"的城市工薪阶层的核心
家庭。也就是在这个时期，"近代家庭"的实质才终于在日本大
众中间变得现实化起来。

　　直到经济高度成长期的末期，日本才具备了先进工业社会的
共同特征。60 年代末，妇女解放运动大致在同一个时期在世界
各地兴起，并非偶然。日本的女性解放运动既不是美国妇女解放
运动的波及效应，也不是引进产品。在日本，存在着能使日本的
妇女解放运动得以形成的产业社会非常成熟的时代背景。

　　藤枝澪子把女权主义的历史分成两段，她把 19 世纪末到 20
世纪初全世界同时发生的女权扩张运动命名为第一期女权主义，
之后半个世纪后的 60—70 年代作为妇女解放运动而爆发的运
动为第二期女权主义。落合惠美子在"'近代'和女权主义——
历史社会学的考察"［1987］一文中把第一期女权运动特征化为
"近代主义"，第二期女权主义为"反近代主义"。之所以这么说，
是因为第一期女权主义，无论资本主义女权思想还是社会主义
妇女解放论都共同拥有"解放史观"，都支持和主张"进步"和
"发展"的发展阶段说。与此相对，第二期女权主义，无论激进
女权主义还是生态性的女权主义，都对"近代"给女性带来的

223

224

东西抱有深深的怀疑。换一种说法，就是对"近代"的怀疑，是"近代"作为眼前可经历的现实体现出来之后，才出现的。女权主义的"近代"批判论的登场，不得不等到日本的"近代"经过整个60年代得以实现以后。女性史研究者鹿野政直在《妇人、女性、女人》[1989] 一书中，把从第一期女权主义到第二期女权主义的变化，视为从"妇女问题"到"女性学"的转变和接受，有以下说法：

> "妇女问题"的研究和运动遭遇了困难，赢得了一个又一个"近代"的胜利，在此基础上，可以说"女性学"正是因此才开始与"近代"所呈现出来的压迫性做斗争。……反言之，"女性学"的诞生本身从对"前近代"的考验这个意义上来说，也是一个告示日本社会的"近代"已经到来的指标。

[鹿野1989：130]

4 近代主义对反近代主义

1985年发生了以"青木对上野"论争而闻名的"80年代女权主义论争"。针对青木弥生所提倡的生态学女权主义，上野千鹤子在"女性拯救了世界吗？——彻底批判伊利依奇的《性别》论"[1985b] 一文中，指出了"女性原理"的政治性陷阱及其反动性。伊利依奇的把女性作为"近代"的受害者来看待的观点，虽然抓住了一部分日本女权主义者的心，但是伊利依奇的为了解决"女性问题"，只有废弃产业社会的片面的反近代主义观点，

225

包含了许许多多的问题。80年代的日本兴起了批判产业社会的大合唱,"女性原理"作为拯救走入死胡同的"男性社会"的出路,这一次并不是被贬低了,而是被褒扬了。

江原由美子在"散乱的钟摆——妇女解放运动的轨迹"[1983]中,边追溯日本的妇女解放运动史,边指出日本的妇女解放运动从一开始就具有共同体倾向、母性主义、向身体和自然回归的"反近代主义"倾向。伊利依奇的"反近代主义"与日本式的女权主义的土壤非常相符。

在美国完全不受重视的伊利依奇在日本却被疯狂追捧的时代背景中,我们也必须记住一些日本的特殊情况。首先,伊利依奇的批判产业社会的理论,很久以来一直是日本的一些反美"进步文人"的知识武器。在这一点上,伊利依奇打动了他们的国家主义和反近代主义想法。第二,伊利依奇的"前近代"理想主义,为一直从女性的变化中感到威胁的男性知识分子和一部分女性指明了一条追认现状、肯定传统的道路。不光是强调性别差异的一部分女权主义者,甚至很明显有右翼倾向的女性,也都很支持伊利依奇。长谷川三千子著有题为《汉心/汉意》[1986]的书籍,主要论述本居宣长,她写道:"'男女雇佣平等法'破坏了文化的生态"[1984],从而反对男女雇佣平等法(后来作为雇佣机会均等法而成立)。然而,她在书中表明了对生态学的亲近性,后来又对伊利依奇有所共鸣。她希望天皇制继续存在,尽管她是支持男女性别角色分工的保守派女知识分子。她受邀参加以伊利依奇为中心的研讨会,与伊利依奇相互交换了"认识"。与青木弥生从女权主义者的立场来加强对伊利依奇的批判相比,这种把伊利依奇夹在中间、右派女知识分子与左派男知识分子同坐一桌讨论

226

的日本式构图，充分象征着日本的有关"女性问题"的错综复杂
的现状。

　　青木对上野的论争共同拥有对"近代"的批判，但采取的是
"后近代派"与"反近代派"对立的形式。西川祐子总结了论争
的过程，把它比喻为大正时期曾经展开过的母性保护论争（"同
一个源流——平塚雷鸟、高群逸枝、石牟礼道子"［1985］）。西
川认为：如果把主张作为近代个人的女性之权益和独立的与谢
野晶子视为"女权主义"，主张母性保护的平塚雷鸟为"女性主
义"，调停两者之间的对立并指出两者局限性的山川菊荣为"新
女权主义"，那么像水田珠枝这样的近代主义女权主义者是"女
权主义"，与此相对，提倡生态学女权主义的青木弥生则是"女
性主义"，上野则处在山川菊荣的"新女权主义"的位置。山川
之后，高群逸枝成为雷鸟的后继者。女权主义对女性主义的对立
构图，是从高群的图式借鉴而来的。高群认为，自己超越了山川
的个人主义，是站在强调日本女性的"母性我"的"新女性主义"
立场上的。在80年代的女权主义论争中，与高群逸枝相对应的第
四项"新女性主义"的栏目是空白的，这后来由加纳实纪代和江
原由美子的围绕"从社缘社会的总撤退"论的论争接续下来。

　　就这样，80年代的女性史围绕着对"近代"的评价而波动。
江原由美子在《女性解放的思想》［1985］一书中认为，近代对
反近代的对立是强加给女性的"类似问题"。她说："把近代主义
和反近代主义双方的言论，在都符合女性要求的基础上使其解体
并贯彻到底，才是当今女性解放论的课题。为什么呢？是因为这
个对立本身，就是近代社会系统的一部分"［江原 1985：57］。

5　作为加害者的女性史

80 年代女权主义和女性学的成熟，使从两种意义上来把握近代女性史成为可能——即既不是片面的"解放史观"，又不是片面的"压迫史观"，对"近代"女性来说解放和压迫两种因素都在产生作用。例如，近代初期的家族形成史表明了由产业化带来的公私领域的分离和"家庭性"的建立，既把女性隔离和幽禁在"私人"领域，同时又使"女性之家"的女主人"从劳动中得到了解放"。在现今看来是对女性起到压迫作用的维多利亚意识形态下，形成了逆命题的家庭女权主义（domestic feminism）。在当时，成为中上流阶层家宅（domus）的女主人意味着女性地位的上升。家庭女权主义还影响到日本近代的女性史。明治以来日本的女性中一贯存在着"想成为家庭主妇的愿望"，这其实是隐性的她们想结婚以后成为"工薪阶层妻子"的阶层上升愿望的体现。

两面性地看待"近代"还引出了不仅仅把女性史视为"被害者的历史"，同时也视为"加害者的历史"的观点。加纳实纪代的"枪后史"研究（《女性们的"枪后"》[1987]），是一部追究女性大众在"十五年战争"期间的加害责任的力作。穿着白色烹饪服、摇着小旗把战士送上战场的女性庶民们，都自发地参加这样的活动。村上信彦（《近代史的女性》[1980]）很早就指出，战争体验对女性来说也是起着"解放的"作用的。在国防妇人会活动的名义下，农村的年轻媳妇们一点都不顾忌婆婆，堂堂正正地获得了到处跑的自由。国防妇人会对女性来说，也是一种很体

228

面的"社会参加"的方法。村上在书中证实了女性当事者们在妇人会中生动地开展活动的史实。

　　铃木裕子的《女权主义和战争》[1986]，描写了以市川房枝为首的女权扩张运动的领袖们自发协助参加战争的过程，追究女权主义者的战争责任。对把颁布男子普通选举法的1925年视为"剥夺女性参政权的年份"的市川房枝来说，大政翼赞也是"女性参加政治"的一个手段，是悲壮地通向"妇女参政权"的道路。

　　从女性的加害责任的观点出发，日本也开始了批判性地重新讨论女性解放思想史的工作。年轻的女性史研究者山下悦子在《高群逸枝论》[1988a]中挑战了一个禁忌，那就是批判性地论述战前日本产生的独创性女权主义思想家及民间女性史学家高群逸枝。山下在书中指出：高群的反近代主义否定了个人主义而倾向于母性主义的女权主义，它必然倾向于法西斯主义和赞美战争。高群称之为"这个战争是我们女性的战争"的无私的母性主义，是向女平民百姓呼吁的。山下在她的第二部力作《日本女性解放思想的起源》[1988b]中指出，日本式的女权主义思想当中绵绵地流传着这种母性主义的传统，这种传统是与天皇制法西斯主义相亲和的。她认为，一直到战后的和平运动、母亲大会、生协运动和反对原子能发电运动，日本的女性运动中母性主义的影响是根深蒂固的。

6　文化的逆命题

　　80年代以后，女性的状况越来越增加了双重含义。在石油危机以后的15年间，日本实现了产业结构的转换，经济的信息

化和服务化大幅度增加了女性的就业机会。1983 年，已婚女性
的劳动力比率终于超过了 50%。"兼职主妇的时代"到来了。

女性进入劳动力市场的现实是，它带来了低工资和不稳定雇佣等女性劳动的周边化现象。从"专业主妇"到"兼职主妇"的变化，也为女性带来了"工作和家庭兼顾"的双重角色来代替以往的"或工作或家庭"的二选一的选择。樋口惠子把这种双重劳动即双重负担称为"新·性别角色分担"。与以前的暴君式的丈夫统治不同，这一次是家庭住房的分期付款和孩子们的教育费这些经济动机因素，把女性"温柔"地束缚起来了。

另一方面，在 1985 年男女雇佣机会均等法颁布以后，也出现了在工作单位追求"与男性相同的平等"的女性。作为"落后的近代人"后来被产业社会的职业伦理卷进去的职业女性，代替了开始呈现疲态的男性们，有可能比男人更会宣誓效忠于职业伦理。1988 年香港出身的歌手陈美龄（Agnes Chan）带着孩子上班的事情引发了一场"全民性的大论争"。在这个论争中，精英的职业女性大都对陈美龄持批评态度，这反证了在她们身上还残存着以公私分离为前提的男性式职业伦理。

意义深远的是，80 年代日本的"后近代"的状况，把"近代"式的各种价值观表现为时代错误，再次使"前近代"的文化传统的价值浮现。比如，陈美龄把孩子带到电视台这个高科技的
传媒世界。很多论者说，"正因为她是中国人"才能够这样做。她只不过是把对香港人来说带孩子到工作单位这一天经地义的习惯行为，带进了电视台这种尖端的职场，这种文化的差异产生了冲击。虽然这种行为正是因为她是传统的"亚洲母亲"才得以实行，然而这种行为与追求缩短劳动时间和职场余裕的"后近代"

的志向，在结果上是一致的。

　　经济高度成长期以后的 20 年间，日本一直推动女性的多样化和分化。专业主妇与兼职主妇、全职与临时工等工作方式的差异，渐渐不再允许把女性当作同样的阶层来看待。即便是同一现象，从某个侧面看女性是受害者，但从另一个侧面看，她们又是受益者。比如，停留于"专业主妇"地位的女性们，一方面是"被残留下来的存在"，然而她们相反又是时间资源最丰富、日本经济繁荣的最大受益者。上野根据对关西地区主妇们的草根信息网用户的调查，出版了《"女缘／女性关系网"可以改变世界》[上野—电通网络研究会编 1988，2008]一书。她认为，现在在社会参加的名义下膨胀溢出的主妇们的精力，是她们时间和经济宽裕的产物。金井淑子对这些女性有一个出色的称呼："专业活动主妇"，她们属于高学历、高收入阶层。上野命名为"女缘／女性关系网"的女性网络，反论性地来说，是日本社会牢固的性别歧视的副产品。这种性别歧视表现在四个方面：首先，是劳动市场把女性从正经体面（decent）的就业机会中排除出去的性别歧视；其次，根据根深蒂固的性别角色分工，丈夫长时间地从事劳动，经常不在家里；第三，传统的分担型夫妇之间的相互不关心、不干涉；第四，在性别隔离（sex segregation）的文化传统下，把女性隔离在"女人的世界"中。"女缘／女性关系网"是性别歧视社会的副产品，同时也是它的受益者。事实上，根据关于劳动时间缩短的调查统计数据，在按性别、年龄和职业分类的各种群体中，无业的主妇阶层也是最不欢迎丈夫缩短劳动时间的阶层。

　　这同时也反映了 80 年代阶级分化变得很明显的事实。"落

后"的专业主妇阶层，实际上是经济地位很高的阶层，而理应
"进步"的工作主妇，实际上属于为了贴补家计而不得不工作的
低经济阶层，这个事实赤裸裸地展现在人们的眼前。在被称为年
轻女性的保守回归的新"专业主妇志向"中，再一次潜藏着女性
的阶级上升的愿望。

另外，高龄化推进了城市里的包括三代同堂、母系同居在内
的选择性同居。女性的继续工作，经常是在很高的三代同堂比率
的支持下才得以实现的。在这里，也可以看到传统的家庭制度支
持着女性的职业愿望的反论。

什么是"近代"？什么是"反近代"和"后近代"？这些问
题越来越错综复杂。对女性而言，"近代"和"后近代"是压迫
性的还是解放性的？这也难以一概而论。传统的文化项目，顺
应它所处的文脉，发挥着或正或负的作用。对准备顺应历史的文
脉，欲缜密地探讨这些问题的女性史来说，"个论"的时代才刚
刚开始。

7　后现代派对物质主义者

80年代以后，女权主义的世界性潮流集中在文艺批评和媒
体批判这样的文化批判上。这种文化批判以怀疑现代的"个人"
和"主体性"概念，并对这些概念进行解构的后现代主义的言
论为背景，与无性的（实际上是男性的）"个人"的概念相对
置，使得女性性和母性的价值显露出来。法国的后现代女权主义
者吕思·伊里加雷提出了为了从"男人创造的语言"（man-made
language）的紧箍咒中解放思想的"女性书写法"（écriture

233

féminine）［Irigaray 1977 / 日译版 1987 ］。

其背景有：（1）进入 80 年代以后，70 年代女权主义的旗手们迎来了生育这个生理性的时间限制，她们不得不直面母性这个问题；（2）出于对男性社会的失望，以女同性恋为首的分离派开始抬头，并取得了女权主义的运动上和理论上的领导权；（3）学术界内部形成了女性学的"市场"，主要在文学、心理学等领域产生了大量的论文；（4）通过 70—80 年代的经济衰退期和经济重组，政治性的对抗反应（比如里根经济学、撒切尔改革）和在此基础上的女权主义的消退，使人们失去了对制度性的社会变革的希望，等等。在美国，1982 年的 ERA（Equal Rights Amendment，《平等权利修正案》）运动遭遇了失败，在日本，1985 年男女雇佣机会均等法的通过，大大地背叛了广大女性团体的期望。

对文化派的后现代论说无法隐藏其愤怒的，是唯物论的女权主义者。像林·西格尔（Lynne Segal）、克里斯汀·德尔菲（Christine Delphy）这样的马克思主义女权主义者认为，女性的解放并不是"文化革命"，它只能通过下层建筑的改革才能实现。与古典的社会主义女性解放论把"劳动阶级的解放"等同为"女性解放"的看法相对，经历了第二期女权主义的马克思主义女权主义以废除父权制为目标，也就是废止丈夫对家务劳动的支配权这一女性被压迫的物理基础。资本主义制度下的非资本劳动，即家务劳动的发现，是马克思主义女权主义的巨大贡献［上野 1990a］。因此，可以说只要不付钱的家务劳动还存在，那么在社会主义社会里，父权制也还会继续存在。

对马克思主义女权主义而言，家庭和其中的两性关系、代际

间关系的变革，是女权主义革命的大目标，然而，资本主义制度
下的父权制与资本制度的变化一起，实现了它的变革。首先，家 235
务劳动越来越商品化，失去了它的实质；第二，女性已经变成了
部分生产者 & 部分消费者。这种家务劳动的外部化只不过是把
女性在家庭内部做的事放到外部去做的市场规模的性别分工，是
女性劳动在周边劳动市场的重组，是全球范围内发生的"劳动的
主妇化"（克劳蒂亚·冯·贝尔霍夫（Claudia von Werlhof））现
象，只要是这种情况，父权制只会重组，而不会消失，它依然是
"主要的敌人"（德尔菲）。

　　在 80 年代以后的国际化和后工业化这种新的历史发展中，
像性别、年龄、阶级、人种、国籍这样的因素，不断地增加着
新的重要性，"近代"的那些应该已经在抽象的"个人"中消化
了的被视为"前近代"的归属性价值，又在"后近代"的文脉中
再次浮现。近代的"性别差异"的意义，又和同样是近代概念的
"国家"和"个人"的命运一样，到达了极限。然而，这并不意味
着消失，而是在和其他的各种变量的关联中，接受新的重组吧。

（附记）

　　本稿是根据在国际日本文化研究中心举行的讲演《世界中的
日本Ⅱ—七　从女性看近代和后近代》（1989 年 3 月 17 日）的
原稿，经修改和添加而成。

Ⅲ　家庭学的展开

一 "梅棹家庭学"的展开 *

1 "梅棹家庭学"的起源

　　作为《阅读主妇论争·全记录》第一、二卷的编辑，梅棹忠夫的论文我收录了三篇之多（"女人与文明""妻子无用论"和"母亲之名的王牌"）。对我来说，梅棹发表这些论文时还是个35、36岁的少壮派文化人类学家，他为什么会对"家庭论"和"主妇论"这样的东西感兴趣？这是萦绕在我脑中已久的疑问。战后三次所谓的"主妇论争"［上野1982b］，主要是由女性论者以女性读者为对象在女性杂志的舞台上进行的"由女性发起、女同胞参加、为了女性的论争"。"女性的问题"长期以来一直没有跨出过门，至于参加这个论争的男性阵营，除了直接或间接被逼入挑战的少数经济学家外，都是一些想对女性说教的"妇女科"常驻论客。在这中间，梅棹氏的论文以其明快的笔调闪烁着异彩。

　　这个"谜团"在"主妇论争"25年之后，也就是我读了1991年出版的梅棹忠夫著作集收录的论文中新补充的附记之后，

---

* 初次发表1991年。

终于得以破解。附记中记述了梅棹氏"参加论争"的前后经过，据这篇附记，梅棹并不知道有这么一个论争存在，他也没有要掀起风波的意识。"那个时候，我丝毫没有参加论争的意识。我不是说要赞成哪个人的学说或反对哪个人的学说，只不过是把自己思考的东西记录下来而已。但是看了上野氏总结的这个'论争'的经过，才知道很多人批判、提及了我的论考。我是在自己不知情的情况下被卷入这个论争的。"〔梅棹 1991：132〕

据梅棹本人的证言，把他拉到《妇人公论》杂志上来的，是当时的"三枝佐枝子总编和宝田正道次长的好搭档"〔梅棹 1991：4〕。他说自己可并没有意识到是论争，他不过是"顺着要求"，"按着自己关心的课题"，"写自己想写的事"而写了这些论文，也就自然而然地成了论争性文章了。这种说法真是名副其实的梅棹式风格。梅棹传送的信息给当时的"社会常理"制造了相当大的噪音。

虽然明白了梅棹为什么"被卷入"主妇论争的缘由经过，但他为什么踏入"家庭论"领域这个"谜团"仍然存在。甚至是石毛直道在构想《饮食文化人类学》的时候，他也必须突破社会对"不像一个男人样"地进入厨房这种事情所默认的禁忌。学术世界一点也不公正和客观。到处都是禁忌。现在我自己和一位男性研究员一起做一个关于饮食文化的共同研究课题，那位男同胞反复辩解说"这课题其实不该是我这么个大男人搞的领域"，自己是打头阵踏入了"女性的领域"，对此我感到很烦恼。

梅棹在备忘录中说，他"最初把女性问题作为文明论的问题来论述"〔梅棹 1991：8〕是 1957 年。在这之前的 1955 年，梅棹作为京都大学喀喇昆仑山脉（Karakoram）、兴都库什山脉

240

（Hindu Kush）学术探险队的一名成员，在阿富汗、巴基斯坦、印度访问。人类学家会对研究对象之民族的生活文化给予细致的关心。特别是作为一位来自外国的人类学家，会很轻易地攻破生活文化中的性别壁垒。[1]

> 　　对我来说……我对厨房有好几个难以磨灭的印象。在日本，由于我们不可以经常进入别人家的厨房，反而缺少对厨房的常识。但是在外国，我们可以凭借人类学家的特权，看遍许多不同民族的家庭厨房。我的印象就是这样。
>
> 　　　　　　　　　　　　　　　　　　　　　　　　　　　　［梅棹 1991：10]

　　从这种观察出发，梅棹从比较文化的角度接二连三地撰写了"阿富汗的女性们"（1956 年）、"女性地理学"（1957 年）、"泰国的女性们"（1958 年）等女性论和家庭论的文章。所以他把相同的视线投向日本的家庭也并不奇怪。这是对通过异文化而重新发现的日本生活文化的最早的比较文明史的视线。同时，那个时候梅棹也是作为一个生活者来"营建家庭"的实践者。我并不认为在职业性的"智力生产的技术"（1969 年）中发挥了那么强的实践能力的梅棹，在生活技术方面是无能的。对成家、生子、作为生活者正处于营建家庭最盛期的梅棹来说，生活是最适合的田野场所。

　　如果在个人史的背景中加上社会史的背景，那么梅棹接连发表家庭论的 1950 年代后半期，正是厨房能源革命和家庭电气化急速发展的技术革新时代。这不仅为作为生活者的梅棹提供了适当的生活革命的实践场所，也为作为思索者的梅棹提供了最好不过的文明史式的思考实验的基地。即便现在重新阅读他的文章，我也经常惊叹于他预言的准确性。比如 1959 年在《朝日新闻》连载的"创建新家庭"中，有这样的预测：

> 这从现状来看似乎是很荒唐的梦想，但是几年后问题可能会浮到表面来。中层工薪阶层开车上下班，马上就会成为极其平常的事。这个征兆已经呈现在许多方面了。国民用车的生产马上就要开始了吧。便宜的二手车也一定会大量出现。小轿车将会成为任何人都买得起的东西。
>
> ［梅棹 1991：190—191］

因此，梅棹建议"建立新家庭时，一定要把车库考虑进来，设计将来的计划"。考虑到日本的汽车的普及化进程，是在 60 年代后半期也未把日本的道路和住宅条件恶劣当回事，从而背叛了大多数专家的预测而进行的情况，那么在 50 年代的当时，梅棹的预测是惊人地言中了。

对于家务的商品化，梅棹在当时就已经作了如下预测：

> 在家庭里面，家庭成员穿的衣服大致都是家庭主妇自己做的，这种做法极其原始。穿的衣物，应该要么买成品，要么由专家制作。自给自足的体制显得很愚蠢。……今后的女性，不管怎么说，不会裁缝也没有关系了。只要有从制成品当中发现适合自己的东西的眼光，不就行了吗？
>
> ［梅棹 1991：193］

242

宣告成衣时代已经到来的杂志《安安》（*An An*），是 1970
年创刊的。整个杂志的版面满是服装成品及其信息（在哪儿可以
以什么价格买到）。考虑到直到 60 年代的女性杂志的服饰栏里都
还是样品及其"作法"的信息，那么 1956 年梅棹的预测是何其
早啊！这种预测，是触怒了当时认为裁制技术是新娘的必修科目
的大众认知的。由于太领先于时代，这里也体现了无意识发布了
挑战性噪音的梅棹氏论考的性质。

243   同时，好像事先就存在着《妇人公论》的编辑把并没有意
识到"主妇论争"的梅棹"卷进"论争的预谋一样，我们也不是
说没有感觉到让梅棹写了这些异端家庭论的（过于正统的言论在
时代的文脉中通常被视为异端）背后策划人即编辑的存在。因为
"梅棹家庭学"要是其背后没有"接生婆"这个发起者的话，也
许就不会在这个世界上出生了。

2 "梅棹家庭学"的特征

"梅棹家庭学"有以下四个特征。

首先，是其把"家庭"看作一种以（生活）技术和道具为基
础而组装成的装置系统的文明史观点。根据这个冷冰冰的实事求
是的观点，这种"家庭"是与高度浸染于价值观念及情绪氛围的
"家庭"概念相分离的。倒不如说这是一种把家庭的人际关系和
制度看作因基础建设的变化而产生的从属变量的唯物主义观点。

第二，它是一种把两性差别当作历史 / 社会体系的固有变数
而彻底地相对化以后再来把握的文化相对主义的观点。没有比
244 "本质"论和"本能"论更让梅棹讨厌的理论了。虽然也有人认

为研究比较文化的人类学家当然会从文化相对主义的角度来看待两性差别，但是在认为两性差异是自然的想法如此根深蒂固的日本社会，像梅棹这样的由"自明之理"而来的自由精神也是相当罕见的。然而，这种自由精神与近代主义的人权意识和人道主义在价值观方面是没有联系的（也就是说是价值中立的）。从被赋予的文化体系中，梅棹能够形成如此清醒的视野，在同时代的人类学家当中也是非常突出的。

第三，是其看待文明史的时间跨度的长度，以及来自其中的令人惊异的预测能力。特别是从对社会现象的"流行"很敏感的社会学家看来，如果社会学家所处理的时间跨度最多是十的一次方或二次方，那么他们一定会惊叹于人类学家的时间跨度了，因为后者所覆盖的是十的三次方或四次方这样长的时间跨度。即便是年鉴学派社会史中所说的"长时段"（Longue Durée）的概念，其波动的时间长度至多也只是三四百年。三百年的"持续"，在活着的人们眼中几乎是"不易"的。梅棹超越了这一点，用清醒的眼光眺望文明史的兴亡。他对时代的预测，具有以时间跨度很长的文明史的长期波动为依据的正确性。

第四，最后我想指出的是，梅棹的也可以说是文明史式的虚无主义的观点。他的彻底的文化相对主义容易被误认为合理主义。然而，梅棹既非具有近代主义启蒙式理性思维的思想家，他的论说也没有加盟于发展阶段学说那样的历史主义。与未来学家的乐观主义也没有共性。如果说他的眼光是合理主义的，那他也太清醒了。梅棹不相信进步，洞悉人是不合理的生物。人类史哪里谈得上是理性和协调的历史，它充满了人类的愚行和破坏行为。然而，我们除了虚无主义这个词以外，还有什么更合适的词

245

来形容这种一方面既不陷入旁观者的悲观主义，另一方面又不陷入预言者的浪漫主义，只是有什么就看待什么的保持现状的眼光呢？我们叫它什么为好呢？文明史赐予梅棹的视野，与其说是俯瞰式的或者宇宙飞船式的视野，不如说它具有这两者都没有的、更大立场的广泛性。

以上就梅棹的论考，追溯探讨其四个特征。

3　作为系统的家庭

"梅棹家庭学"的特征是"把家庭作为一个系统来把握的观点"[梅棹1991：322]。这个家庭学有"物质系统""能源系统"和"信息系统"三个侧面。另外还有"稳定系统"和"变动系统"两个相。

如果写成教科书形式，那么"梅棹家庭学"可能看上去不过是系统论在家庭中的应用，但是要在因"爱情"之名而被贴上了封条的"家庭"上，加上分析的眼光，必须要等待70年代的家庭社会史和女权主义的影响。现在应该是"以家庭生活为中心的综合科学"的家政学，如果我们看到它在既存的个别科学的领域中进一步细分的现状，那么就可以说"家庭学"这门学科，在梅棹的倡导之后，至今仍然没有建立起来。

如果把家庭看作物质／能源／信息的"代谢系统"（流出，flow）和"依恋系统"（储存，stock），那么，要是为它而建立的基础设施即装置系统（技术·工具·机械）发生变化的话，人们的行为和关系也就发生变化。而不是相反的情况。这个明快的唯物论打破了众多的文化论和意识革命论。例如，梅棹在因技术革命带来的家务省力化而产生的主妇身份的形成以及保证这种身份的"伪装劳动"——亦即超过需求的高水准的家务劳动——中，来寻找主妇身份的依据。技术革命首先把帮助干家务活的佣人从家庭中赶出去。然后，主妇为了确立其在家庭内的主权[2]，通过"伪装劳动"阻止男性参加家务劳动。

技术革新和基础设施的水准规定了家庭内部的性别分工这一假设，也是以下面的事实为依据的。在中国，很难找到家务帮工，而且为使家务省力化的装置系统也没有普及。在这样的地方，由于家务负担繁重，迫于需要，丈夫也参加家务劳动。相反，在家务机器化极端发达的美国，由于家务劳动的水准达到了"男性也可以做"的低标准，那儿也发生了丈夫参与家务劳动的情况。这么说来，我们得出这样一个结论：所谓排他性的主妇劳动——是"主妇做的工作"而非"家务劳动"——，是家务技术革新的水准从像中国那样的低标准发展到像美国那样的高标准的过渡性阶段的、文明史式的产物。日本的"主妇论争"是"主妇劳动论争"而非"家务劳动论争"的历史性理由，这样来看的话，就能想通了。

247

与此同时，虽然梅棹有"没有家务最好"的文明史式的预言，但他并没有提倡简单的家务省力化论和家庭合理化论。我们不能忘记他也指出了：作为"想扔也扔不掉的东西"的存放场所，家庭具有"依恋系统"的要素，以及抵抗家务机器化的，实际上是主妇这个"非合理因素"等的观点。他甚至预测说，在家务机器化达到极致之际，家务可能会再次成为用于消闲的"个人爱好"。在他的显示了出色命中率的各种预测中，唯一没有猜中的，是家务电器化之后接下来的需求是自动洗碗机这个预测，这也是因为日本的主妇并没有将饮食生活"合理化",以达到适应自动洗碗机的标准。把日本、西洋和中国的多样化菜式、陶器、瓷器、漆器等具有多种多样的材料和形状的食器类,规划成多功能盘子的想法,现在还没有得到日本主妇阶层的支持。反过来也可以说,自动洗碗机并不能适应多样化饮食文化的需求,尚停留在技术水平较低(low-technology)的程度。正如梅棹所说的"做菜这件事,并非生活的合理化等等的事情,实际上,它原来就多为趣味性的劳动"[梅棹 1991:177]。从这篇文章也可以明显地看出,梅棹不一定就支持"生活的合理化"。

4 梅棹的"两性差别"论

248　　　梅棹写道:"女性是什么呢?要是考虑女性的能量的话,就其总量是和男人相差无几的。抑或女性具有超过男人的能量"[梅棹 1991:144]。另外他还说"在知识能力方面,男女没有差异,在管理能力和调整能力方面亦然"[梅棹 1991:139]。要是我们也了解到:在雇佣机会均等法颁布后的今天,这种像理所当然般通用的见解——即便暗地里勉勉强强这么想,至少表面上是忌讳说出口的——,于 1963 年发自出生于 1920 年的男性之口,那当然是非常罕见的例子。那么,"男人和女人完全是同等的人的前提"[梅棹 1991:80],在梅棹心中是如何形成的呢?

　　梅棹在指出"工薪阶层妻子的弱点"来自"封建武士阶层妻子的弱点","并非横向的分工而是纵向的分工"之后,非常担忧"妻子的妓女化"和"妻子的宠物化"现象。他对妻子的作为"包括性生活在内的各种安慰的提供者"的地位状况"感到

极端无人性"［梅棹1991：67］，也"怀着一种悲伤的心态注视
着"女性们"丧失了自己的人生"，"不得不埋没于母亲这一处境 249
的命运"［梅棹1991：80］。

那么，梅棹是女性解放论者或人道主义者吗？如果考虑到他
所认同的"在社会方面比较保守的看法中，强调男女的本质性差
别的比较多"［梅棹1991：154］，那么他的两性差别观点，确实
在他的同代人和时代当中属于显著的平等主义性质。然而，赋予
他这种见解的，也正是彻底的文明史式的文化相对主义的视点。

> 我并不是在议论男女的本质差异。我议论的是历史中的
> 男女的角色。
>
> ［梅棹1991：155］

从这个观点出发，他排斥生物学的两性差别论（认为"女
性的特权只到怀孕和分娩为止，余下的并不仅仅是女性的事情"
［梅棹1991：74］），也否定母爱本能说（认为"也许有人说母爱
才真正是本能的东西，这样的东西怎么可能有发展或其他什么
呢？实际上这种想法正是新时代的产物"［梅棹1991：77］）。

在经过了60年代的激进女权主义和诸如巴丹泰尔的《母性
的神话》（*L'Amour en Plus*）［1981］这样的对母爱的社会史研
究之后，这种在女权主义论中被公认的性别差异观点——当然在
女权主义这个圈子以外，这个言论至今还没有得到公认——早在
1959年就发自一个男性之口，这件事是值得惊叹的。同时，这
个发言大概在当时也并没有得到读者们的支持和理解这一事实，
也不难想象。因为在50年代，这样的言论是多么地突出啊。在 250

"妻子无用论"和"母亲之名的王牌"等挑战性标题的拟定上，我们也能感觉到作者倒捯常识之神经的觉醒和自负。

梅棹一边开出"女人啊，不要再做妻子了""别再当主妇了"等处方，一边在 1959 年就已经对未来的男女关系作了以下的预测。

> 如果说女性的男性化，也许有点言之为过，但是男人和女人的社会性同质化现象难以避免，不是吗？而且，今后的婚姻生活难道不就是逐步向所谓的已经社会性同质化了的男人和女人的共同生活靠近吗？
>
> ［梅棹 1991：68］

到了 1989 年，梅棹引用了同一文章，非常自负地说"我的预言果然说中了"。然而这并不是女权主义的动态和"女性权力"的缘故。那些并不是原因，只不过是结果而已。是后工业化把性别差异缩减到了最小。梅棹始终还是没有打破文明史的研究方向。

> 对女性权力的起伏，我们也应该在这个人类／装置／制度体系的大框架内来理解，不应该仅仅从男人和女人的关系或对比来把握。
>
> ［梅棹 1991：138］

早在 1957 年，与泰国纪行相关联，梅棹就已经提出了这样的"假设"：

> 我们的文化是一种特别意识到性别差异的重要性，并在此基础上展开的文化。所谓近代的女性解放，难道不就是克服这种性的文化差异感的过程吗？

251

[梅棹 1991：40]

如果用梅棹的手来揭开作为近代思想的女权主义的来历的话，那么，作为女权主义者在其中活动至今的我，不就只是一匹历史之驹吗？这样想来，我只有对天长叹的心情了。

5　文明史式的变化论

梅棹是非常少见的潮流观察家，他与 80 年代新潮热的旗手们最大的差异在于：他并不是从细微现象的浪头来作时间跨度较短的预测，而是从跨度更长的文明史的波动，来逻辑性地推测能够推断的变化。因为背后存在着变化的"必然性"，预测的可能性就很高，不会弄错。

刚才所说的重大变化，指的是从"工业化时代"到"信息时代"的历史变化。"后工业化"的第一个归宿是从"臂力"到"知识能力"的转变。第二个变化是作为其结果的"性别差异的极小化"[3]。

> 工业化时代具有扩大男女差异的倾向。然而在信息产业的时代，我认为这种差异会向最小化发展。

[梅棹 1991：157]

252 梅棹并非就"有没有性别差异"这一本质问题和信条进行议论。由于"性别差异的极小化"是"文明史的趋势",对于这个"历史的必然性",谁都无法抵抗。在这种大局性的展望中,梅棹的预测是命中靶心了。

第三个变化是从生产到消费的价值转变。

> 男人再更进一步成为消费者不是更好吗?极而言之,整个人口中的极少数人将成为生产者,而大多数人将成为消费者。或者从另一个角度来看,我们岂不可以说,人类在一生极其短暂的时间内是作为生产者度过,而大部分时间则是作为消费者度过吗?这样一来,我们应该重新评价作为消费者的女性的存在。因为占人口总数一半的女性的绝大多数都是非生产者,人类的共同目标不已经在相当程度上得以实现吗?进入近代后,人们奉行的思想变为生产第一主义,消费是一种罪恶,但是仔细想想这是没有根据的。在没有任何根据的情况下,生产被无条件地赋予了价值。
>
> [梅棹 1991:148]

在这段文章中,梅棹精彩地预见和说明了工业化时代的"男人是生产者"和"女人是消费者"的性别分工,因后工业化造成的"女性优越"这一过渡时期的悖论,男性的女性化和消费意向的强化等现象。

第四个变化,是合理主义的局限性。

> 原本合理主义这种东西,在工业化时代的前期,是非常

有效的、高效率的想法。但是在今天，却在出现许多状况不太好的情形。……合理主义的构思法本身，原来就存在着原理性的缺陷。

[梅棹 1991：108]

梅棹指出："在各种各样的人类集团当中，家庭是离合理性最远"的集团。"相反，正是它的非合理之处，才是我们必须重视的。……这种东西（来自合理性的忽视人的主体性）是不可以带入家庭的。"[梅棹 1991：100]

梅棹氏既不是单纯的合理主义者，也不是相信进步的未来学家。正是"合理性"这个对"近代"信仰的讥讽视线，把他的家庭论带到了人类史的深处。

6 文明史虚无主义

社会学家高田公理把深泽七郎的"风流梦谭"和梅棹忠夫的《我的生活价值论》[1981]列为战后虚无主义思想的最杰出代表。在收录于梅棹书中的1970年的演讲稿"未来社会和生活价值"一文中，他对文明史的方向作了这样的预测：

最终，我认为现在正在进行的方向是这样的：就是说如何去破坏自己的人生的一种努力吧。尽量无为地前进吧。不朝有用的方向前行。

什么事都不要做吧。要是想做东西的话，就做一些什么也派不上用场的东西吧。难道我们不就是这样朝着那样的方

向一步步、一步步地前行的吗？这也许有点太乐观了，但是
我认为这样就行了。……从更大的意义上来讲，难道我们不
是做得越多、越是有用，就越容易使自己陷入绝境吗？——
我说的就是这样的道理呀。

［梅棹 1981：140—141］

被称为"乐观的"梅棹的文明观背后，存在着"要是能够不
进步就行的话，也许就得救了。……所谓的文明，就是让人感到
困惑的东西"［梅棹 1981：121］的悲观主义观点。其中每个个
人的课题，就是"如何度过到死为止的活着的这段时间的人生"
［梅棹 1981：141］。

梅棹把战后的日本人类学培养成成熟的学术领域，建造了国
立民族学博物馆这个巨大的"玩具箱"，出版了 22 卷大部头著作
全集再加一部别卷。从他的口中冒出上述的台词，也许感到奇怪
的人会很多。要说是"消磨时间"，那也是太庞大的"消磨时间"
了吧。然而，我们不能把在 1979 年经济高度成长的余热还没有
冷却的时期里，就已经对文明和人类的未来有了如此透彻认识的
梅棹，称为知性的"怪物"。正如他所预测的那样，之后的日本
经济制造了随身听和传真机那样的"没有用的东西"，在泡沫经
济的繁荣中甚至制造了一批被称作"平成贵族"的"消费阶级"。
另一方面，一直在开发研究"有用东西"的先进各国，则正以高
效的武器和组织结构把地球逼入一个灭绝的危机之中。

相同的论调也面向了女性和家庭。梅棹在指出"女性存在着
游离的能量"之后，提出了这样的问题：

255

> 女性的精力并没有被用于生产性的劳动。……人类所具
> 有的能量之中,现在将近一半是不是被浪费了? 这些能量并
> 没有正正经经地出成果。这是为什么呢?
>
> 　　　　　　　　　　　　　　　　　　[梅棹1991:146]

这种"游离的能量"要么"(超出必要程度地)用于摆弄孩子",要么面向了"信息消费"。

> 　　致力于信息消费的结果,在一般家庭的层次上,都是
> 女性的知识程度要高一点。只不过那的确是信息的消费,消
> 磨时间、打发闲暇。不能说是生产性的。那么,把这个能量
> 转换成生产性的契机是什么呢? 这一点是最应该考虑的问题
> 吧。但是在这之前要考虑的是,把女性的精力转换成生产性
> 的能量究竟好不好的问题。
>
> 　　　　　　　　　　　　　　　　　[梅棹1991:147—148]

回答是否定的。梅棹开出的处方是"赏花酒"的精力消费——也就是女性把精力用于派不上用场的消费活动上。这个与我自身把各种各样的女性的草根网络叫作"临终关怀"——亦即在不烦扰旁人的情况下,愉快地让别人和自己一起度过到死亡为止的这段时间内的各种活动——,是相重合的[4]。梅棹说,"那才是人生的理想蓝图","女性预先取得了人生的梦想"。而且他向女性建议说,作为信息消费活动的专家,"你们应该"像贵族那样"端端正正地坐着,成为剥削者"[梅棹1991:131]。

果真如此吗? 贵族曾经压榨过农民,那么主妇究竟"压榨"

256

谁好呢？梅棹对主妇权只不过是夫权下的"很受制约的主权"一事，了解得非常清楚，他向女性"建议正襟危坐"，是否只是欺瞒呢？他到底是女性的"敌人"还是"朋友"呢？

两者皆非。应该说梅棹只是一个罕见的文明史观察家。对于他的观测，我有若干不得不存在保留意见的问题。比如说，支持消费活动的基础设施，到头来对妻子来说是由丈夫，对日本来说是由第三世界国家提供的。生产活动哪里是集中在"一部分少数派"身上，而是集中在很多在相当恶劣的条件下工作的第三世界的人们身上。我们可以批判说，梅棹的视野中并没有放入南北世界的差距。

257　　或者说也存在着女性已经从"消费专家"的地位摆脱出来，站到了生产者一方的事实。至少大多数的女性们都变成了兼职生产者和兼职消费者。

在关于女性"最大的敌人"是育儿的问题上，梅棹也有这样的发现：虽然近代减轻了整个"育儿劳动"的负担，但是由于核心家庭的孤立和共同体育儿体系的崩溃，育儿负担前所未有地集中到母亲一个人身上。至于他提出的"现在要是男人单身的话，花费要比有妻子的情况稍微高一点"的观点，事实上也可以用妻子的"无薪酬劳动"支撑了男性生产劳动的再生产成本这一女性学知识来说明[5]。在70年代女性解放运动和女性学的积累之后，梅棹的分析和预见中，包含了妥当的观点和被认为是他的"历史局限性"的观点两者。但是我们不能不感叹于其预见的时间跨度之大。

我已经不想说梅棹氏的预见充满了把他自身对女性的尊重，欺骗性地说成是历史之必然的都市式的羞怯，以及故意让人们把文明史暗淡的未来发展趋势错视为"乐观主义"的、把里子翻出来作为面子用时的腼腆。我们在这里见证的是：这一位文明史罕见的"观察者"正凝视着文明史的并不一定光明的未来。而且我们也为这位知识"怪物"把他投射在其他文明史领域的透彻视线，同样等距离地转向"女性和孩子领域"的"家庭"所作出的贡献而感到高兴。

注：

[1] 人类学家作为外来者，经常在其田野研究中有超越性别差异的经历。即便在性别隔离很强的社会，男性研究人员也被允许进入"女性的领域"，女性研究人员也可以作为"名誉男性"加入"男人的领域"。

[2] 梅棹并没有忘记主妇权是"很意外地受限制的主权"以及丈夫和妻子的分工"并非横向分工而是纵向分工"的论点。

[3] 关于性别差异的极小化论者与极大化论者之间的对立，是80年代女权主义的一个很大的争议点。撇开"有没有性别差异"这个本质论问题，如果我们提出"性别差异在（历史上）是怎样体现的"这个问题，那么这个没有结果的对立应该是可以避免的［休尔罗和齐波编著，1983］。

[4] 女性学研究者金井淑子把她们叫作不专事家务的"专业交际主妇"。关于女性们的草根人际网络活动（女缘：女人的人际关系），请参照上野和电通网络研究会编的书［1988，2008］。

[5] 关于女性的无薪酬劳动，请参照上野［1990a］。

二 技术革新与家务劳动 *

1 家务劳动的历史

259 　　家务劳动以今天众所周知的形式成为"家庭中进行的无偿劳动"的历史并不久远。在工业化以前的社会，要从一系列的生产劳动中把家务劳动区别开来是相当困难的，另外有一部分家务劳动很早就作为服务性商品外部化了。历史上最早的家务服务商品，据说是市场上出售的已经烹饪好的食品。家务劳动（domestic labor）的定义，按照字面意思是指在家庭（domus）内部进行的劳动，这种劳动进入家庭住户内部的历史是很新的。家务劳动以前在家庭内部和外部都是存在的。

　　初期的从事家务服务的劳动者有洗衣女、看小孩的人、经营面包店的人等等。洗衣女是没有本钱的贫穷寡妇等最早可以干的挣现金的机会。据说在19世纪的巴黎，20%的小孩都是被送出去寄养的。对自身就是很重要的生产劳动力的面包店老板娘来

260 说，育儿是优先权很低的、可以委托给别人的劳动。而且因为家务的一大半都只不过是很单纯的工作，家里需要专业的家务从业

---

* 初次发表于1991年。

者的必要性很少。

贵族和富裕阶层中，家里有从事家务的佣人。近代化初期随着城市中层阶级的形成，这些家务佣工的数量膨胀起来。家务佣工经常不签定雇佣契约，招收的途径也因为依靠口头互传、同乡关系和血缘关系等等，很难形成劳动市场，也难以像工厂劳动者那样计入统计数据。然而，用现在经历了急速城市化的亚洲和非洲的事例类推，我们可以推断在随近代化的进程从农村到城市的流动人口中，这些家务佣工占据了相当大的部分。这也适用于战前的日本。对那些在外当女佣的穷苦农家的女孩子来说，根据她们的出身阶层和经济状况，大概有三种帮佣的可能性：工厂工人、女佣 / 保姆、陪酒女郎。其中随着工厂工人工资水平的提高，发生了女佣不足的现象。

在战前的城市中层阶级家庭，即使是在像夏目漱石这样的经常抱怨手头拮据的家庭，我们也知道他们有一到两个女仆。在大正时期（1911—1926）典型的工薪者的住宅，即大概建筑占地面积为 60 平方米、中间为走廊式的平房住宅里面，也有一个"大门旁边铺三张草席的空间"。这是作为女佣的房间而设计的。住宅的宽敞程度与有无佣人之间没有直接的关系。反倒是家务佣工的工资水平和雇主之间的收入差异才是问题所在。

"主妇"这个词，从其语源来说，在欧洲的语言和日语中都意味着"家庭的女主人"[1]。成为一个"主妇"的资格，首先她必须是家长的妻子，同时她手下跟随着一批听她使唤的女仆和亲戚家的妇女们，她还掌握着发号施令的家政指挥监督权。但是在城市化和核心家庭化的进展过程中，发生了"主妇"大众化（和其地位下降）的现象。核心家庭中的"主妇"，不仅失去了女佣，

261

也失去了扩大家庭中其他的成年女性成员。现在主妇成了家庭中唯一的成年女性，家庭中所有的家务都落到了她的肩上。就这样，家庭内部专门从事家务劳动的人员——"主妇"出现了。用安·欧克雷学派的话来说，所谓的"主妇"就是"失去了家务帮佣的家长之妻"［Oakley 1974 / 日译版 欧克雷 1986］。

因此，家务劳动和主妇劳动是不同的概念。主妇劳动指的是主妇做的劳动，但是家务劳动并不一定都是主妇做的。主妇劳动是随着"主妇"（即城市雇佣者核心家庭的无业妻子）的诞生而成立的。把家务劳动（换句话说，是"为了直接的消费而从事的劳动"）从其他的生产劳动中区分开来很难，在这里克里斯汀·德尔菲所说的"家务劳动的城市基准"（urban criteria）在发挥作用［Delphy 1984］。也就是说与城市"主妇"的形成一道，主妇所从事的劳动范围后来被命名为"家务"了。

2　技术革新和厨房的能源革命

262　　家务劳动的定义是历史性的，要是它的范围发生了变化，那么根据家庭结构的变化和技术水平，家务劳动的内容也会发生很大的变化。如果把家庭看作一种由人类和技术来连接协调的装置系统，那么在家庭外部进行着的技术革新，也必定会给家庭内部带来影响。

在技术革新普及到生产机械，完成了产业革命之后，家务劳动在很长的一段时间内都停留在炉子用薪炭来生火的古代式水准上。家务劳动发生大变革是以以下的变化为前提的。首先是自来水管的普及；第二是因引进天然气和电力等清洁能源而导致的厨房能源革命；第三，由于技术革命从生产资料波及消费资料，像家用电器这样的耐用消费品能够以比较低廉的价格供应给人们。这些变化改变了家庭住房的结构，甚至影响到家庭成员的地位和角色关系。

美国在第一次世界大战后，从 20 世纪 30 年代起就开始了家庭的电气化。据斯特拉萨的题为《没有尽头的工作》的美国家务劳动史，1935 年"克利夫兰地区 95% 的家庭在使用煤气灶或电子炉灶"[Strasser 1982：264]。日本早在大正时期，有人就已经提议在新的城市住宅里建造一个组合煤气灶和洗涤台的板床式厨房，但是这种厨房的普及很受限制。大多数的城市住宅都是在走廊式的泥地房间里新装上一个煤气灶以替换原来的炉灶。占国民大半的农家，依然使用着薪炭。

263

厨房的能源革命普及至全民规模，是战后复兴后的 50 年代。从薪炭这种很危险、不好处理而且产生黑烟的能源到煤气和电这种清洁、容易处理的能源的转换，不仅使厨房从泥地间进入地板房成为可能，也使房屋堆积起来建造公寓成为可能。灶头自古代以来就是产生家庭的中心，主妇的作用就是守卫用火。薪炭在生火方面、在火的维持方面以及用后的管理方面都是相当困难的。"火神"是厨房的神仙，同时也是家的神仙，主妇必须非常小心地管理火，防止发生火灾。现在，火的管理凭借开关的开 / 关一个键就可以简单自由地操作了。

火的管理是需要熟练度和责任心的主妇的神圣职责，这件事因为厨房的能源革命就简单地被推翻了。这也必然影响到家庭内部的权力构造。

一位年老的加利福尼亚妇女还清楚地记得父母买了（做饭用的）煤气炉以后，把旧的烧柴的炉子收起来放到储物小屋那天奶奶的感叹。奶奶熟知在炉子上烤天使饼（angel cake）时用多大火力。

[Strasser 1982：264]

相同的变化也发生在 50 年代的日本。最早普及的家电产品是电饭锅（或者煤气饭锅）。这在 60 年代"三种神器"（电冰箱、洗衣机、吸尘器）普及之前，在 50 年代已经达到了市场饱和 [图 27]。在灶上做饭的习惯，因厨房的技术革新首先被淘汰。在对米的味道很挑剔的农家，火力强的煤气饭锅比电饭锅更受欢迎，不习惯使用瓦斯的老年女性由此不再操持做饭这项劳动。在用灶头做饭一事上，她们是以"开始慢慢烧小火，中间啪啪冒火星"这句话而为人所知的熟练的火力管理者，但是和技术革新一道，她们的存在连同她们的技术都成为陈腐性的东西。管理和分配米这一主食，曾经是主妇权的重大要素，但是由于不能适应新

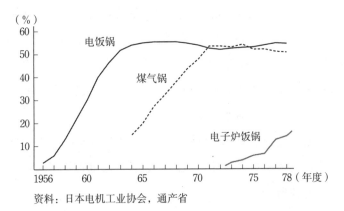

资料：日本电机工业协会，通产省

图 27　电饭锅、煤气锅普及率

的技术，她们就不得不放弃这一权力。在同一时期的农村地区，从战败的经验出发，作为提高体质、改善营养运动的一环，人们被建议摄取脂肪，"每天要吃一次用平底锅烧的菜"，而且含油的东西也进入了菜单，做菜的技能知识和技术的变化，加快了婆媳之间地位的交替。

3　家务省力化的反论

进入 20 世纪 60 年代以后，主要家电产品的普及率大概在十年间一下子就达到了市场饱和的水平［图 28］。家电产品经常被说成是家务省力化机器，但是我们必须探讨家务劳动的技术革新是不是真的减轻了家务劳动[2]？

让我们以家务劳动中曾经是最费力气的劳动——洗衣劳动做例子吧。图 29 摘自美国洗衣机企业西屋电气公司 * 于 1944 年出版的广告册。"为你的一周再增添一日"这句广告宣传词，很明显是以省力化和省时化为意图的。反过来说，这也意味着以前每周一次的"洗衣日"这一重体力劳动日曾等待着主妇。然而，主妇　　267
并非把所有的衣物都放在自己家里洗。

> 在东海岸的半熟练工人的家庭中，60% 的家庭都把衣物拿到外面去洗。但是我们看到用于洗衣的开销还是很小，　　268
> 显然一大半的衣物还是主妇自己洗的。
>
> ［Strasser 1982：268］

---

*　Westinghouse Electric Corporation.——译者

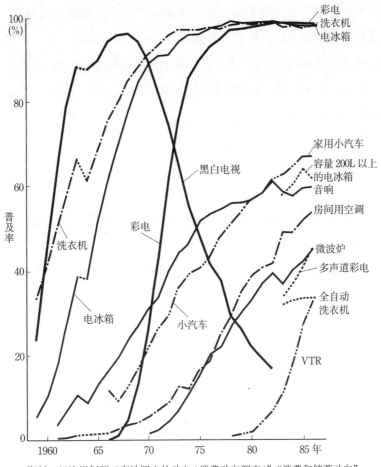

资料：经济规划厅"家计调查的动向（消费动向调查）""消费和储蓄动向"

图 28　主要家电制品的普及率

　　拿到外面去洗的衣服，主要是"衬衫、桌布、其他的亚麻布类"等"平整的衣物"和"男衬衫"［Strasser 1982：270］。前者是大件，拿到外面去洗是由于拧和晾都很麻烦，后者是因为熨烫比较麻烦。洗衣费在"1929 年达到最高"［Strasser 1982：270］。因此，购买洗衣机也意味着节省洗衣费用。

图 29

　　然而，致力于为人们省力的洗衣机，却带来了令人讽刺的结果。

　　第一，托洗衣机的福，在此以前主妇拿到外面去洗的衣物也不得不在自己家里洗了。家电产品使以前在外面购买的家务服务商品，一部分内部化了。

　　第二，"需要的时候随时可以洗"（西屋电气公司的广告册）
这样的广告语言，使每周一次的"洗衣日"，变成了每天都是洗
衣日。洗衣不用再选择时间和场所，有需要洗的衣物时，主妇必
须随时洗。

　　第三，每一次的洗衣变得容易了，相应地洗衣服的频率也增
加了。初期的洗衣机因为结构比较简单，衣物的损伤和破损也较
多。甚至达到了缩短衣物寿命的程度，省力化的反面是主妇为提
高"清洁"的水平做出了贡献[3]。

　　斯特拉萨指出，洗衣机把洗衣服从"每周一次的噩梦"变成
了"无止境的工作"。

　　　　从长远来看，洗衣机与其说使洗衣服不再费力，不如说
　　它改变了洗衣服的机制。

　　　　　　　　　　　　　　　　　　　　［Strasser 1982：268］

　　科万也指出了家务劳动的技术革新所带来的悖论式的结果。

　　　　工业化初期的一百多年间，家务省力化机器被发明并得
　　到了普及，然而这仅仅改变了家务的过程，并没有达到缩短
　　家务劳动时间的效果。

　　　　　　　　　　　　　　　　　　　　［Cowan 1983：45］

　　接下来她得出了以下的结论：

　　　　令人讥讽的是，虽然许多家务省力化机器都粉墨登场

了，但实际上变得省力的劳动几乎没有。

[Cowan 1983：44]

另外，科万也推断了几个理由。

第一，美国中产阶级妻子们的"主妇"称号只是徒有虚名，事实上她们只不过是没有家务帮佣的专门从事家务的劳动者。科万引用了一个 1852 年移民至美国的挪威人的女儿的证言：

> 我听说美国的女性有一大堆的空闲时间，但我一次也没有遇到过这么认为的女人。在这里，家里的女主人必须把上流社会家庭中佣人、厨师和管家所担任的工作全部担当起来。尤其是，在挪威除了这三个人要做的事以外，还要做自己的事。

270

[Cowan 1983：44—45]

这个挪威女性使用了"女主人"（mistress）这个词，那也只不过是失去了家务帮佣的女主人。

第二，是为了节约家务服务商品的开支。就像我们在斯特拉萨的调查中看到的那样，在引入洗衣机之前，把衣物"拿到外面去洗"被视为理所当然。并不是所有的家务劳动都是在家庭内部调配的。在欧洲，开面包店很早就成了专门职业，在日本，酒和酱油的酿造也是很早就脱离了家庭。家务省力化机器的引进，一方面促进了家务劳动的家庭内部化。其理由之一，大概就是家务服务商品的价值，随着其他雇用机会的增大而上升了吧。

对家务省力化机器的投资，和家务服务劳动的工资标准有着很深的关系这一点，我们看一下像印度这样的工资差距很大的社会就明白了。在印度，即使在买得起洗衣机的家庭中，洗衣机的普及率也不是很高。这是因为，在可以以低廉的工资无穷尽地使用女佣和男洗衣工的地方，没有动力购买高价的家电产品。这与日本 60 年代家电产品的普及，使得城市向农村招聘家务帮佣急速减少的现象是相对应的。

第三，科万还举例说，过去虽然家务劳动是重体力活，但还是一家人协作完成，但现在它却成了主妇一个人的工作。以前是丈夫劈柴、孩子打水、妻子做饭，现在有了省力化机器，主妇反而失去了丈夫和孩子的协助。当然，其背后存在着把丈夫和孩子从家庭里拽出来的、因工业化而形成的工作场所与居住场所相分离的情况，以及近代的学校教育制度等背景。

第四，存在着家务劳动的质量和水准上升的情况。洗衣机的引进，把"每周一次的洗衣日"变成了"任何时候洗多少次都成"。虽然每次的洗涤省事了，但是频率却增加了。清洁和卫生的观念提高了，一个月换一次的床单变成一星期一换，内衣也是频繁更换。但是清洁的观念没有技术手段是不会自动改变的，这一点可以从日本人换内衣的频率上类推出来。日本人有每次洗澡换内衣的习惯，但是除了农忙期外并不是每天都洗澡。和洗澡的次数无关，每天换内衣的习惯，是在 60 年代洗衣机普及以后形成的。在洗衣机进入家庭以前，主妇不曾向家人提出建议，说要增加自己的家务负担[4]。

梅棹忠夫把主妇的有了家务省力化机器以后并没有减少反而高标准化了的劳动称为"伪装劳动"[5]。浆洗得干干净净的床单，擦得锃亮的地板，精心制作的料理，手工制作的点心和衣服……

这些是主妇为了保全她的地位而练就的一种熟练劳动，正因如此，人们说这些工作由丈夫和孩子替代是很难的。因此，由于他在 50 年代就论述说，并不是因为有家务劳动，主妇才作为专事家务的人而存在，而是主妇这个地位形成以后，符合这个地位的工作才被发明出来，这就激起了当时的主妇们的愤慨。

要是我们看 NHK 的生活时间调查，我们就可以知道：兼职主妇每天花三个半小时做的家务，专业主妇要花七个小时。假如说其中花费在织毛衣上的时间是两小时，我们也很难判断这个算"家务"还是"个人爱好"。与兼职主妇相比，专业主妇是不是就像梅棹所说的那样，用无益的劳动填补七个小时呢？这是一个不得要领的问题，反过来，专职主妇那一方的自豪，体现在她们没有把家务劳动外部化，以及她们家务劳动的水准要比兼职主妇高得多（没有偷工减料）等方面。然而，正如兼职主妇并不都像街谈巷议经常所说的那样"买现成的熟菜"和"做家务偷工减料"。关于家务服务商品的外包，即便数据说明专业主妇比兼职主妇更加不排斥 [6]，我们也很难仅从兼职主妇和专业主妇花费的时间上，来判断她们的家务水平。

从别的观点来说，我们可以说生存水准在衣食住的所有方面都得到了提高。吃热菜、"菜式"种类的增加、花样的增多等等，这些主妇的劳动与技术革新带来的技术进步背道而驰，反倒成了需要熟练技能的劳动。其结果，把家务委托给其他家庭成员做，就越来越困难了。我们不能简单地说，这是不是如梅棹所说的那样，是出于主妇为保全其地位的自卫欲望，但主妇中间确实有抗拒把自己的角色让位给别人的人。正如戴维森指出的那样，

273

家务劳动遵循"帕金森定律*"。亦即"为了填满完成家务劳动所需的时间，家务具有不断增加的趋势"**[Davidson 1982，1986：192]。

　　如果家务机器化实际上真能缩短家务劳动时间，主妇会用空余时间做什么呢？——梅棹的回答是为了做超过必要水准的、较为考究的家务。也许也会有这样的情形吧。但是这里有对英国工人家庭的家务劳动的历史进行实证研究的戴维森的数据。

　　1934年1250户城市工人家庭的主妇平均用于家务劳动的时间，是从早上六点半到晚上的十点、十一点，达到12—14小时。1935年，同一阶层的家里实现了电气化的主妇，用于家务劳动的时间约为每星期49小时，每天缩短到7小时。其中的内容是：扫除为每周15.5小时、做饭14.2小时、洗涮7.5小时、缝补和做衣服6.4小时和洗衣服5.5小时。如果我们看一下1948年76户工人家庭的主妇的劳动时间，每天是12小时，基本与1934年没有什么差别。但是如果我们看它的具体内容，就可以发现主妇用于家务劳动的时间是9.3小时，其他的2.2小时是在家庭外参加计酬劳动[Davidson 1982，1986：191—192]。

　　戴维森的结论是这样的：女性的家务劳动时间确实减少了。但是总劳动时间却没有变化。女性把空余时间用在了家务劳动以外的劳动上了。

　　在日本，戴维森的结论也体现在经济高度成长期家电产品的普及和已婚女性参加工作的相关关系上[图30]。家庭电气化增加

274

---

* 　Parkinson's Law.——译者

** 　Work expands so as to fill the time available for its completion.——译者

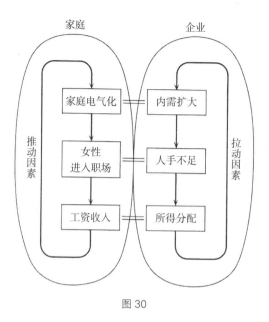

图 30

了主妇的空闲时间，成为把主妇从家庭往外推的推动因素。反过来说，为了购买家电产品，主妇的想要挣工资的动机高涨了，从而加快了她们进入劳动市场的进程。也就是说，女性为了所谓的给家庭"投资设备"而加入到挣工资的劳动队伍中，并且用到手的工资收入进一步购买耐用消费品，以此为内需扩大作出了贡献。

275

　　这个阶段与兼职农家的增加与农业机械普及的相关关系也是一致的。农活省力化的结果，一方面是农户的兼业化发展很快，反过来另一方面，为了兼业化，农家在省力化机械上进行"设备投资"。为此，他们为了寻求现金收入不得不越来越往外走。

　　兼业农家和兼职主妇的增加，任何一方都导致了农村和家庭这些资本主义的最后"边境"的崩塌，把农民和主妇劳动力化，通过向劳动者分配收入而实现了扩大内需。这一日本60年代经济高度成长的动机，与兼业农户和兼职主妇的增加，并非偶然的一致。这两者都在内陆布局工厂的制造业中从事农业器具和耐用消费品的生产，这是一种讽刺。

4 电子革命和家务劳动的非熟练化

70 年代以后，家务劳动的技术革新从电气化进一步向电子化（微电子化）进程迈进。另外，因经济的重建而带来的信息化和服务化，与流通过程的革新一道，不可能不给作为装置系统的家庭带来影响。

276

电子革命的影响渗透到了家电产品的任何所到之处。几乎没有不使用 IC（集成电路）的家电产品。其中，微波炉作为新型加热器的使用，把一度熟练化了的家务劳动变成非熟练化，因此为个别化作出了贡献。这个过程已经通过带保温功能的电饭锅（现在 IC 也被植入其中，变成了电子炉自动烧饭机）的上市得到了准备。因为电饭锅具有任何人做都能烧出等质的米饭并保温的功能，所以火的管理就没有必要了。而且由于微波炉的出现，现在任何时候都可以加热做好了的和事先买好了的熟菜。冰箱、微波炉和电饭煲的三件套，使掌握家庭成员所有饮食和食物分配权的主妇失去了其权利和义务的意义。柳田国男在《明治大正史·世相篇》[柳田 1931，1976] 中指出的"小锅料理"的倾向，最终发展到"各自独食化"。家庭的"独食化"，由于装置系统的变化而成为可能。据首都圈的调查，工薪阶层家庭全家聚在一起吃晚饭的平均次数，每星期只有两次。报告中也有四人家庭的每个成员都各自吃晚饭的例子。微波炉引入家庭以后，家庭的"各自独食现象"就不一定与主妇在厨房里时间长短有关系了

[上野·电通网络研究会编 1988，2008]。电饭煲和微波炉剥夺了主妇的饭勺权，使家务成为"男人和孩子"也能够做的事情。

　　如果把家务的熟练程度与男人／孩子参加家务劳动的程度，与技术革新的阶段结合起来考虑，我们可以得到非常有意思的发现。与日本相比，男人参与家务程度格外高的社会有中国和美国，但是我们不能仅仅从这两个国家男性的男女平等意识和女性对家计贡献度高来解释这件事。我们很难想象中国和美国这两个文化背景迥异的社会，会有相同的家庭观和女性观。从中国男性参加家务劳动，我们可以了解到中国存在着这样的状况：首先，中国有吃饭的时候上热菜的习惯；第二，因此，家务很复杂很费事；第三，在家庭电气化还没有发展的阶段，由于家务活是重体力劳动，男人必须帮忙。而在美国，丈夫说"饭后收拾碗筷饭桌是自己的分内活"，很多情况下这仅仅意味着他只需要把食器搬到洗碗机里。另外，由于饮食文化的水准很低，以及加工食品的普及，"做菜"的观念显著地非熟练劳动化了。

　　把中国、美国的事例与日本相比较来看，从装置系统的技术水平来说明"家务专业从事者"的诞生也是可能的。也许可以说"主妇"这个家务专业从事者的存在，使得日本的家务技术处于像中国一样的低技术与像美国一样的高技术的中间阶段，以及家务处于从需要熟练的劳动转变为非熟练劳动的中间阶段这两件事，得到过渡性的实现。

　　家务革命的另一个结果，是把曾一度家庭内部化了的家务进一步外包化。这里面首先存在着包括衣食住、育儿、教育、护理等其他方面的所有家务劳动的服务商品化和社会化；第二是由于流通革命所带来的流通形态的大变化（送货上门、便利店、24

III 家庭学的展开

小时营业的店铺等）[表3]。在家庭内部，家电产品也出现"个人电气化"现象，第二台或个人用的彩电和冰箱得到普及[表4]。电饭锅呢，也有另一台是用于分开来做硬度或味道不同的饭的，而且也出现了可以定时做饭的电饭锅。这是一开始就不期待家人"同吃一锅饭"的做饭用具的出现。如果个人房间里个别用家电产品的电源标准组件齐备的话，自立门户独立生活的单身家庭就很容易实现了。梅棹忠夫于1959年发表的"妻子无用论"（[梅棹 1991]所收录）就已经预见了这种变化。神岛二郎提倡日本的城市化主要是由单身者支撑的"单身者城市化论"，但是一直以来城市单身者的形象是很悲惨的[神岛 1961]。特别是缺少生活技术的男单身者摆脱不了茕茕孑立的寂寞的形象，他们当中甚至有"因为生活很不方便"才决定结婚的人。然而，装置系统的技术革新和家务商品化的进展，使得没有生活技术的单身者也能生存。换句话说，单身家庭的生活技术水准要求显著地非熟练化了。首都圈的单身家庭率为30%这个数据，包括为数众多的男性单身家庭，其中也包含了新的"现代打工者"和不少中老年单身赴任者（business bachelor），使他们的单身生活成为可能的，也仍然是家务的物质基础的变化。

表3　增长中的便利店

	与前一年相比的销售增长率（%）		
	84 年	85 年	86 年
无店铺销售	5.6	6.2	8.2
便利店	22.3	21.2	17.5
服务行业	8.6	9.5	—

资料：各业种强大的企业中心，日经流通新闻

表 4　主要耐用消费品　一个家庭有两台的时代

	普及率（%）	每 100 户（台）
洗衣机	99.2	106.3
彩电	98.7	180.2
冰箱	97.8	115.2
吸尘器	98.1	124.7
电被炉	91.0	147.4
液化炉	82.8	157.8
照相机	83.8	129.4
汽车	81.7	145.7
音响	74.9	106.5
地毯	67.4	144.4

资料：经济规划厅

5　个族化的进展

　　最终完成家庭的"个族"化现象的——我认为用"个别化"（individuation）一词要比跟着公文／村上／佐藤用"个人化"（individulization）来称呼这个现象更为合适[7]——是双向型通讯设备（具体来说就是无绳电话）进入个人房间以后的事情。即便是现在，电话线在很多场合都是一家一条线，听筒主要放在起居室和走廊上，与家庭外部的人通电话主要在家庭环境下进行。由于无绳电话的普及，通讯的个别化一下子提高了。把孩子们赶到他们的个人房间，再也不意味着与外部世界的隔离。岂止如

280

此，他们不仅可以通过个人用的 AV 机器直接获得外界的信息，而且托具有传递信息功能的通讯设备的福，他们还可以不受家人的管制直接与外界交流。小学高年级以上有个人房间的孩子，具有待在自己房间比在起居室和饭厅时间更长的倾向，他们在这个时间内花在和外部接触的时间，要比与家人接触的时间长得多。在住宅结构上，"起居室"也正逐渐变成全体家庭成员偶尔聚在一起举行盛会的场所。

　　在"共同用火"→"共同吃饭"的形式中所象征的家庭的共同性，与个别化一道，带有新的含义。在夫妻都是上班族的情况下，在外边吃饭只不过是为繁忙的平日节省时间的一种日常行为，而周末大家聚在一起吃的、自己亲手做的料理正逐渐变成盛宴。"家人全部聚在一起"具有了特别的含义。给家庭聚餐带来另一种含义的，是和最亲近的亲属、父母一家子一起吃饭的情形。核心家庭化所产生的父母一代与子女一代的家庭分离发展到了相当的程度，父母的居家现在也迫于需要，有必要为与子女的家庭一起聚会时，准备足够宽敞的空间和日常用具、什物。这种父母和子女的亲属家庭间的聚会，正创造着新的盛会[8]。

281　　　　作为装置系统的家庭的技术革新，促进了个别化的进展。家庭已经从"同吃一锅饭"的制约中解放出来，不同的嗜好可以共存于同一饭桌上，单一的"我家的味道"的共有和强迫性也消失了。这可以解释为家庭文化衰退的表现、父母权威的下降，或者反过来对家庭成员个性的尊重等等，但这也是装置系统这一方使其变得容易的结果。这是因为，如果主妇觉得这样很麻烦的话，她们大概会抵抗个别化的吧。至于衣食住，家庭内部父母与孩子一代的世代分离已经进展到了相当的程度。从父母与孩子同居到以父母的居家为中心、孩子们住在周边的连带家具电器等的标准套间、一室公寓这样的卫星式居处，以实现完全的家庭分离，只差再走一步。出于同样的想法，相反地也出现了为准备高考的孩子在家附近租借卫星式的学习住房，丈夫或妻子在附近租借卫星式的工作用房的情形。提出按家庭人数设计 N 个房间加上共有空间的"个室群居型住房方案"的，是建筑家黑泽龙［1987］。如果进一步发展的话，家庭居家形式也许会变成单身住宅复合型那样的形式。而且使这种居家形式成为可能的，不仅仅是意识的变化，也是装置系统的变化。

　　个别化的一味进展，并不能说一定是家庭的凝聚力削弱了。由于首都圈异常的地价上涨，已经有人经常提到说，以土地为基础的代际间凝聚力提高了。但是如果从家务劳动的观点来看，我们可以指出两点原因。首先，由于育儿期女性就业率的提高，子女家庭（特别是女儿家庭）存在着希望父母提供育儿援助的期待；第二，随老龄化而产生的老后不安，父母方面希望子女将来提供护理援助。在这个育儿援助和护理援助中有几个共同点。首先，它们是家务机器化最难处理的针对人的劳动；第二，要是作为服务商品来购买的话，它们的价格和工资水平都太高；第三，家庭外部的公共服务的水准很低，不能依赖他们提供育儿和护理援助；第四，对育儿和护理的外包化，有来自家庭的道德制裁。我们很难说其中的哪个原因是最重要的决定因素。经常有人说道德的原因阻止了育儿和护理的外包化，但这也是在看小孩的保姆非常便宜而且很容易找到的地方，育儿才能很简单地交给别人（岂止如此，奶妈的存在在上流阶级还是一种地位的象征），而且从欧洲的福利先进国的经验来看，我们可以了解到老龄福利促进了父母一代与子女

282

一代的家庭居家形式的分离。道德的理由经常被用于要把现状正
当化的时候。围绕着纸尿布的使用而引发的"母性"论争等，可
能是把道德理由正当化的极致了。把日本人使用方便筷子当作出
头鸟来批判的美国的资源保护团体，以及热心于保护环境的欧
洲团体，也没有以"母性"之名来批判自己国内的纸尿布使用的
事例。只有在纸尿布的单价相对来说很高、其普及受到限制的日
本，才出现了把现实正当化的"纸尿布对孩子不好"的议论。因
为同样的道德非难并没有出现在老人用的纸尿布上，我们就可以
明白这种社会性制裁是多么地没有一贯性和多么地机会主义。

6　家务劳动的最近未来

正如我们迄今看到的那样，家务劳动因技术革新和产业结构
的变化而有了很大变动。那么，在最近的将来，在促进家务劳动
的要因中，我们可以列举什么样的东西呢？

第一是由于技术革新的进一步发展，生活技术当中的很多事物
被非熟练化的可能性。扫除和洗衣服已经是这样了。烹调也因为集
成电路 IC 而变得程序化。这也与把饮食文化维持在何种程度上的
选择有关，比如说也许会形成用微波炉把职业厨师做的美食进行程
序化加热的形式。因为经常批评包装食品的主妇也不抗拒百货商店
的美食熟菜，所以对因外食而口味变得很挑剔的人们来说，家庭
菜肴有可能变成一种类似业余厨师爱好者的乐趣一样的东西。很
难进入日本家庭的大型家电产品中，有一样是自动洗碗机。阻止
其普及的原因是复杂多样的饮食文化和女性的时间资源还很充裕
的缘故。如果真的放弃使用木碗以及趣味性的陶器，那么是使食

283

器适应技术而变得单一化呢？还是达到把洗碗机做成跟日语文字　284
处理机同等的、适合日本饮食生活的技术极其发达的高度呢？我
认为任何一方都是可能的。但是无论哪种情形，对技术革新的压
力，都是因女性的时间资源变得稀少而产生的吧。这时，考究的
食具和手工制作的料理就会被用于周末和家人团聚时的盛宴吧。

男性和孩子参加家务劳动，与其说是由于他们的意识发生了
变化，还不如说似乎是因技术革新的家务非熟练化所促进的。也
就是说，在维持现在的需要熟练的水准下，强制男人和孩子习谙
家务劳动是很困难的，但是技术革新使他们能够在不改变现在的
生活技术的水准的情况下担当家务。

第二，存在着家务劳动的商品化发展及其价格水准的问题。
也许家务劳动的商品化今后将进一步发展，但是如果其价格非
常高，那人们就很难利用了。决定人们购买家务劳动商品可能
性的，是女性劳动的机会成本（opportunity cost）[9]。如果女性
工作能够获得比在外面购买的家务劳动商品的价格更高的工资
收入，她们就会成为商品的购买者。决定她们劳动力单价的是学
历、资格、工种和能力等等，女性中间也会产生很轻松就能购买
家务劳动商品的阶层与不能这么做的阶层之间的差异吧。

第三，是外国劳动者的存在。像明治大正时期，农村是家务
帮佣的供给源一样，如果大幅推行劳动开国的话，外劳能成为家
务帮佣供给源的事实，已经在欧美各国的事例中得到了证实。学　285
历低或者由于语言的壁垒，本国的学历不被认可的外劳，具有通
常从事底层的服务性劳动的趋势。在美国，女性难民最早从事
的有薪工作是看小孩。这是因为不需要这样那样的资格和语言能
力。然而，当孩子到了要掌握语言能力的年龄时，也会有母亲讨

厌孩子的发音与带口音的保姆接近。外劳最受欢迎的领域是照顾病人和老人的护理工作。事实上在瑞典，福利劳动者的人手不足的问题也是由来自近邻各国的外劳化解的。在日本这样的不想把老人送进设施、尊重居家看护的社会，我们很容易就能预测：只要有供给源的话，家庭内对护理服务劳动者的需求是很大的。住房狭窄不会成为外劳普及的妨碍，这一点可以用大正时期带女佣房间的城市住宅的例子来证明。现在人均的住宅空间比大正时期反而上升了。由于隐私观念的普及，即使我们假定个人所需要的物理和心理空间比以前增大了，对来家里服务的看护人和家政女工的需求还是很充分的。在这里，日本人与外国人之间的差距、家务劳动与其他劳动之间的差距在起作用。在这里还是残存着外国人从事低薪劳动，以及家务服务劳动在所有劳动的阶梯中属于工资最低的劳动的"歧视现象"。

第四，是家务劳动公共化的选择。特别是把无法机器化的育儿劳动和护理劳动进行公共化的福利社会化选择，即便是制度性的基础得到了充实，但在运用方面马上就会碰到人手不足的问题。解决这个问题的方法，要么依存于即使付低工资也为人服务的外劳，要么只有提高劳动的单价。后者当然会因为负担增大而限制福利的扩大，因此是否提高劳动单价，也由与"在家里安排专事家务者"的成本之间的收支平衡表来决定。

无论怎么说，"主妇劳动"在悠久的"家务劳动"历史中，确实是某个时期的过渡性产物。"家务劳动"的质和量以及范围今后将如何变化，谁将承担这项工作，将通过和迄今列举的各要素的契合，而历史性地决定。但是在此之前，有必要把家务劳动被作为人类所进行的所有劳动中价值最低的劳动——亦即一直把家务劳动错误作为"谁都能做的""本来应该无偿进行的劳动"
这一家务劳动的"自然性"，从神话中脱离。

注:

[1]　在日本的民俗词汇中用的是"家刀自"（老夫人）和"家
　　　主"，在欧洲语言当中也用的是 Hausfrau（家中的女人）和
　　　housewife（家中的妻子）。

[2]　很遗憾，家务劳动史的实证研究很少，受女性学的影响只
　　　是零星地出现在欧美语言圈内。关于"主妇"的历史性研
　　　究，除了前面提到的欧克雷的研究以外，还有其他几个研究
　　　[Matthews 1987]。关于家务劳动的政治性，除了前述的德尔
　　　菲，还有麦劳斯编写[Mallos（ed.）1980]的研究。

[3]　斯特拉萨引用了1980年的洗涤剂广告[汰渍（Tide）]。即克
　　　劳迪亚・福斯通夫人比较洗涤衣物的洁白程度，叫嚷着"我
　　　打败了婆婆耶"的那一幕。这里也暗示了技术革新为婆媳的
　　　权力关系带来了影响[Strasser 1982: 272]。

[4]　日本人换内衣的频度从"每周两三次"变为"每天一次"的
　　　水准，是20世纪60年代，而且这种变化与年龄层没有相关
　　　关系，这是以我在研究战后内衣史的过程中所进行的访谈为
　　　依据的[上野 1989a, 1992]。

[5]　梅棹忠夫"妻子无用论"《妇人公论》1959年9月刊（梅
　　　棹[1991]所收录）。再次收录在上野编[1982]第 I 部中，
　　　203页。

[6]　根据家务替代行业的利用者调查，出现了无职业的主妇比有
　　　职业的主妇利用得更多的结果。

[7]　关于"个人化"，请参照目黑[1987]。关于"个别化"，请看
　　　公文/村上/佐藤[1979]　　。

[8]　以上的观察，在与株式会社阿特利埃（Atelier-F）共同进行
　　　的"创造性/水调查"（未发表）中体现得很明确。

[9]　关于女性的参加工作和机会成本之间的关联，请参照上野
　　　[1990a]。

IV 经济高度成长与家庭

一 "母亲"的战后史[*]

1 日本人与"伦理"

290   在鲁思·本尼迪克特的经典日本文化论著《菊与刀》[Benedict 1946 / 日译版 1967]中,她把"罪的文化"和"耻的文化"区别开来,自那以后日本人被看作缺乏超越性的内在规范的民族。本尼迪克特原本属于受弗洛伊德影响的弗朗茨·博厄斯(Franz Boas)的"文化和人格"学派,然而随着弗洛伊德和荣格派精神分析的手法被运用于日本文化论,她把"母性社会"日本看作一个缺乏父性介入、胶着型母子关系的社会,因此是一个在名曰"超自我"的超越性伦理的内化方面失败了的未成熟社会。这种论说的残余影响,到20世纪90年代的今天,还一直在"后现代"派的日本论、柄谷行人的"双系制"论说和浅田彰的关于"恋母(母板)社会"的软性压迫的论说中留有影响。他们的议论的共同点可以总结为:因为日本和西欧社会的伦理形成是
291 不同的,所以用西欧起源的理论来解释日本是行不通的。

    当然,很久以前就出现了对这种议论的反对意见。针对本

---

[*] 初次发表于 1993 年。

尼迪克特,社会学家作田启一于 1967 年撰写了《耻的文化再考》[1967],他论述说"耻的文化"和"罪的文化"一样都是内化了的规范的一种。事实上,以民俗范畴来讲,"耻辱"和"体面"的重要性在地中海文化圈里是不稀奇的。作田论证说:认为"耻辱"是注重"面子"的一种状况伦理,不能成为内化了的超越伦理的论说,只不过是西欧式的"种族中心主义"以及赞同这种论调的一部分日本人论者所说的话。

即使是在弗洛伊德派的心理学家中间,也很早就有人对俄狄浦斯情结在日本人身上的适用问题提出质疑。因为如果机械性地照搬弗洛伊德的发达理论,那么把日本人看作缺少超我(superego)的民族,是自然而然的事情。早在战前的 30 年代,一个去弗洛伊德那儿留学的日本人吉泽平作,就创立了一个叫作"阿阇世情结"的概念来代替俄狄浦斯情结。他认为相比杀死父亲并对母亲抱有近亲相奸欲望的希腊悲剧的主人公俄狄浦斯,佛教故事中的因奏谏杀死父亲并把母亲投入监牢而痛苦不已的主人公阿阇世,是一个能够更好地说明日本人心理的典型。在"阿阇世情结"中,代替"受惩罚的父亲","受苦的母亲"成为日本人的超我形成的契机。监视个人行动的内化了的"小神""良心之声"(也是"双亲的声音"),就日本人来说,不是通过惩罚儿子的恶行,而是通过自我责备、痛苦不已的母亲而形成的。这在日本的父权制家庭中,是通过日常经验,即通过目击母亲替孩子承担品行不良和失败的责任、承受丈夫毒打猛踢的暴行的自虐性身影而培养起来的。

弗洛伊德理论既不是普遍的,也不是历史通用的。它被"解构"为西欧近代家庭里固有的"儿子成为父亲的故事"以后,俄

292

狄浦斯情结的普遍性就又被否定了。古泽的理论在战后被小此木启吾等人重新发现和重新评价［小此木 1978］，他们的主张就是：日本人有日本人自己的"超我"形成的机制，这仅因家庭方式的不同而不同，不能在西欧和日本两者之间分出优劣。

以上这些议论，促进了人们对日本人而言的家庭，特别是家庭中"母亲"的地位的关注。如果说家庭不是一种不可动摇的文化传统，在历史中是变动的东西，那么就有必要在这种变化的相中来看待家庭吧。在这里，我想以战后文学中的"母亲"形象为依据，论述一下日本人及其伦理。

2 "支配性的母亲"和"令人羞耻的父亲"

293　　要论述战后日本文学中的"母亲"表象，没有比江藤淳的《成熟和丧失》［1967a、1988、1993］更合适的作品了。

《成熟和丧失》副标题为"'母亲'的崩溃"。不是"母亲的丧失"而是"崩溃"。单从这一点来看，我们就可以知道这本书讲的既不是弗洛伊德的俄狄浦斯情结那样脱离母亲走向自立的故事，也不是寺山修司式的"弑母"的故事。"成熟"是以母子共栖式的乌托邦的"丧失"为代价而得来的，这一点虽然是非常常见的故事情节，但是江藤并没有把个人的成熟当作"母亲的丧失"的故事来抒情给人看，相反，他把为时代所强迫的成熟当作一种无法挽救的"母亲崩溃"的故事来进行描绘，书中还评论了同时代的一些文学原著，达到了超越作品论的文明批评的高度。

经常有人说与基督教文明这样的有父亲存在的社会相比，日本文化是一个母性原理的社会，是不允许孩子的独立、成熟的母亲统治的社会。但是所谓的文明或者文化，是像荣格派原型似的、不受时间变化的非历史性的东西吗？日本至少在明治以前是儒教式的父性原理、顺应天命的社会，这一点，身为《夏目漱石》[江藤 1956]一书的作者，江藤应该是很明白的。而且对江藤来说，"成熟"的课题是"黑船的冲击"以来，直面"西洋"的日本知识分子的历史课题。因战败而经历了"美国的冲击"的江藤这一代人，从漱石那里继承了这个课题。

江藤反复地把母性原理表现为"农耕社会的东西"。把父性原理和母性原理与游牧民的文化和农耕民的文化相结合进行对比的方法，几乎是很陈腐的做法。但是，江藤并没有忘记农耕社会不可避免地接受了"近代"的洗礼这件事。"掌控的母亲"背后存在着"令人羞耻的父亲"，正因如此，不得不把这个"令人羞耻的父亲"当作丈夫的母亲与儿子之间就形成了一种默契。

江藤一边提及安冈章太郎的《海边的光景》[1959]中的母子关系，一边这么指出：

> 如果他们安于传统的农民的、定居者的感情，那么母亲和儿子之间就不会产生如此极端的以父亲为耻辱的情感。因为在那种宁静的文化中，把孩子培养成和父亲一模一样的人物是母亲的职责，正因如此才产生了母子之间的亲密胶着的关系。
>
> [江藤 1993：13]

然而儿子并不能与母亲保持很平和的联盟。对儿子来说，父亲是被母亲羞辱的"很惨的父亲"，而母亲由于除了侍奉那个父

295 亲以外没有其他活路，所以就成为"焦灼不安"的母亲。然而，儿子早晚都会优先获得当父亲的命运，而无法停止厌恶父亲，最终因和"很惨的父亲"同化而变成"窝囊的儿子"。因为不能响应把"焦灼不安"的母亲从其困境中解救出来的期待，儿子把深深的自责之念内化在心里了。同时儿子又隐隐地自我感觉到：一直做一个"窝囊的儿子"，其实是帮凶似地响应了隐藏在母亲背后的"不想儿子从母亲的掌控范围内独立"的愿望。这是"日本近代"固有的扭曲了的"俄狄浦斯的故事"。江藤评论安冈文体的"肉感性和柔软性"是"来自于安冈尽可能地尝尽这个幼儿式的世界的'自由'"［江藤 1993：17］，从他的话语中我们也可以听到从小就失去母亲的江藤自身的非常羡慕的心声。

同时和弗洛伊德一样，江藤只对"儿子的故事"感兴趣，因为他对"女儿的故事"没有论述，那就让我来代替江藤，也谈一谈"女儿的故事"吧。虽然女儿没有必要同化成"很惨的父亲"，但和儿子一样，她没有被赋予用自己的力量从那种悲哀中抽身出来的能力和机会。由于她认为等待她的人生反正就是听其自然地把船舵交给不如己意的男人，成为一个"焦灼不安"的母亲，所以就是"不快活的女儿"。因为和儿子不同，女儿对"焦灼不安的母亲"既没有责任也没有同情，她的不快乐是更不能原谅的。

她……以丈夫为耻辱的心情，进而成为为只能和这样的男人结婚的自己感到羞耻的心情。……而且她希望儿子成为与丈夫不同的人，但是正是因为这个儿子不是别人而是她丈夫的儿子的事实，使她不能完全相信儿子。要是儿子有出息还行，但是因为他必须远离母亲所属的文化去"出人头地"，

296

母亲确实是被甩下来了。

[江藤 1993：14]

　　在此基础上，江藤还指出："这种母亲的心理动摇，在阶级
秩序固定化的社会是绝对不会发生的"[江藤 1993：14]。正如
江藤淡淡地感觉到的那样，在"农民社会"里，"母子亲密胶着"
的现象是无法发生的。母亲忙于劳动，对孩子仅仅是不太上心。
反正在传统社会里，孩子们大致都是没费多大劲就被养大了。到
了 7 岁，不是被送去做佣人，就是加入村里的儿童小组，从而远
离了父母的世界。在没有"出人头地"选择的情况下，要像"父
母那样"生存并不需要超出一般人的才能。
　　"母子亲密胶着"现象的产生是进入"近代"以后，在中产
阶级中发生的事情。是从生产场所被流放，只能在"母亲"这件
事上找到其存在证明的"专业母亲"形成以后的事情。而且这个
"养育孩子""教育孩子"的母亲从其形成的一开始，就能以自己
的"作品"，即孩子的出息程度而被评价[小山 1991]。通过教
育这个场所，母亲和儿子的齐心协作早在中产阶级的成立之初就
筹划好了的。而且这个情况，正如后来江藤自身在与莲实重彦的
对谈《老派风格》[江藤 / 莲实 1985，1988] 中畅谈的那样，是
在像"去朋友家玩时要打电话告诉对方以后才出门"那样的、战
前住在东京高级住宅区的中产阶级家庭的孤立当中培养起来的。
这种"母子亲密胶着"的现象，一开始就结构性地与母亲基础的
不稳定性、核心家庭的孤立以及这种情况下父亲疏远母子的现实
结合在一起。

297

　　一般在日本男人当中都有一种认为"母亲"在任何时候都能生存的根深蒂固的想法，这是值得感叹的。在农耕社会引入了学校教育制度，"近代"开始威胁到母子关系之后，仍然是这种情况，甚至可以说变得更加不易动摇了。近代日本社会"母亲"影响力的增大，大概是与"父亲"形象的淡薄化成反比的。在学校教育制度确立的同时，对于很多的"母亲"和"孩子"来说，……"父亲"是"令人感到耻辱"的人物。

［江藤 1993：37］

　　"母子亲密胶着"现象并不是传统社会的残留物。如果是那种程度的母性崇拜，在地中海文化圈内的男人们中间和印度的印度教中间都可以观察到。这里论述的是"近代家庭"里固有的母子关系，而且由于近代化的速度异常地快，只有"不成为像父母那样的人"，对孩子们来说才意味着"出人头地"，这是被强迫进行近代化的社会里的不幸现象。

　　在那样的"近代"当中，"母性"不得不具有双重意义。那就是"原谅并接纳的母亲"和"呵斥并拒绝的母亲"。在《成熟和丧失》中，安冈章太郎的"母亲"和小岛信夫的"妻子"之间，有着细致的对比。前者代表了"原谅并接纳的母亲"，后者是"呵斥并拒绝的母亲"的代言人。安冈的"母亲"，除了是母亲以外没有其他选择，要和孩子之间建立绝对性的关系。然而，小岛的"妻子"，虽然她被丈夫强迫担当母亲的角色，但是已经通过"恋爱结婚"构建了选择丈夫这一相对性的关系。江藤在开头引用了安冈的《海边的光景》是意味深长的，尽管其描写的是，即便为了孩子去杀人也能接受自己孩子的，乃至于"强加于人"的母爱。但是江藤引用这段文章，仅仅是为了证明对这种无条件的母爱，或者更正确地说，是证明对这种"母性"的存在的无条件信赖已经失去了的事情。安冈的"母亲"和小岛的"妻子"之间横亘着战后的"民主化"这一断层。

3 "窝囊的儿子"和"不快乐的女儿"

这么想来，看看四周的话，这个世上到处都是"令人羞耻的父亲"和"焦灼不安"的母亲。而且要是他们的"窝囊的儿子"和"不快乐的女儿"结婚的话，就会成为小岛信夫的《拥抱家族》[1965]一书中的俊介和时子。江藤把这个解释为"和母亲一起视父亲为'令人羞耻的人'的儿子，长大以后又成为被妻子和儿子视为'耻辱'的父亲这一心理机制"[江藤1993：71—72]。时子成为妻子以后仍还是"不快乐的女儿"，把自己"幸福"的责任交给对方的同时，还一直抱有或许可以改变选择对象的幻想。

实际上，像《拥抱家族》中三轮俊介这样的"没有魅力的家长"也是很少见的。在《拥抱家族》刚出炉的时候，这个主人公的形象，几乎让大部分职业文艺评论家都看走了眼。批评家们（几乎都是男性）通过在男主人公身上投射自我，不是"批评"那过于赤裸裸的自画像，而只是"厌恶"它。

比如在《拥抱家族》刚出版之后的《新潮》的"文学时评"栏目中，河上彻太郎是这么写的：

299

IV 经济高度成长与家庭

　　我……之所以没有成为这部小说的积极支持者是因为这个男人没有魅力。

[河上1966]

　　在《东京新闻》的"文艺时评"栏目中，本多秋五也发表了同样的意见。

　　这个主人公所及之处，任何人都分裂、动摇，自己不能处理自己的事，然后大家都倒向主人公。灾难的根源全都在他身上。

[本多1965]

　　本多在1965年8月刊的《群像》杂志上与山本健吉和福永武彦的"创作合评"中，也重复如下：

300

　　"如果庄野君的家长是像家长样的家长，这岂不就是极其不像家长的代表？

　　"怎么说让老婆和孩子都成为难以对付的对象的，正是主人公自己。

　　"……这样的话，家庭当然就无法收拾了。"

　　这里我们似乎可以窥见对这个什么事都管不好的"窝囊的丈夫"咂嘴说"要是我的话，不至于到这个地步"的本多的形象。

　　在同一个"合评"中，山本和福永都应和着本多。

　　山本：……我认为这个妻子一点也没有魅力。……

　　福永：只要是和这么没魅力的女人牵扯在一起，就会给人一种夫妇是非常麻烦的感觉。（笑）

[本多 / 山本 / 福永 1965]

　　这些文艺批评家把作品的无魅力与"没有魅力的丈夫"和"没有魅力的妻子"的组合对置，根本就没有意想到这是作者批评意识的产物。看上去无论多么自虐的私小说家，也会通过"自我暴露"[日地谷 / 克什尔莱特 1992]这种悖论式的英雄行为，悄悄地在作品中加入自我辩护和自我陶醉。与此相比，看起来和作者类似的主人公被如此讽刺性地丑化描写，应该是作者清晰的批判意识的表现。如果是"评论家"的话，对此应该是看得很透彻的。连这个都没能做到，可见他们被这里所描写301的夫妇的真实性吓慌了神。这是他们不想看、也不想听的现实，而并不是作品很"混浊"。作品很正确地反映了"混浊的现实"[江藤 1993：90]。正如江藤所说的，作者"很明晰地把握了这个不透明世界的形状"[江藤 1993：93]。这正是这个作品的力量所在吧。

　　小岛的《拥抱家族》获得了1965年的第一届谷崎润一郎奖。在选后的评议会上，伊藤整高度评价小岛如下：

　　极而言之，男性作家们没有认真考虑过妻子这个人。或者他们很害怕考虑这个事情。……

　　（妻子）在家里蔓生自己的根，把家庭作为自己的巢来拥有，而且女人这一意义上的妻子的形象，可以说是通过这部作品才在日本人心目中固定下来的。

［伊藤（整）1965］

也有像平野谦这样的先作了很低的评价，后来又把评论取消掉，很直率地让人看到自己的狼狈的评论家。

> 后来想一想，我觉得自己好像批评错了这部佳作。一言以蔽之，我先前认为这部作品描写男女本质差异，因而就主要着眼于男性的滑稽化了，然而这部作品并不是这么抽象的看法，我觉得应该把它作为描写现代家庭生活中男女形象的作品，来更加具体地进行评论。

［平野 1971］

302

平野在《文学界》杂志同一年 12 月刊的"1965 年文坛的总决算"一文中也作了同样的发言。

尽管自己的"让人羞耻"的自画像被如此明晰地展示在大家面前，与许多显示了比作品评价更让人感到其自我厌恶之狼狈相的男性批评家相比，伊藤整的眼力是超群的。批评家的威力，隔一段时间再看的话，就很明了了。伊藤整甚至说过："因为这部作品的出版，日本女性的轮廓将会发生改变吧"。伊藤整之所以能够这么说，是因为他作为现代主义者，确实感到了战后日本女性的变化。

我是通过江藤看了小岛的《拥抱家族》。这是经由批评家的"评阅"，而成为像时代金字塔一般的作品。小岛因为有幸拥有江藤这个读者，而作为代表 60 年代的作家，长久地留在人们的脑海中。

4 "他者"的消逝

　　然而在同年的《群像》10 月刊中，伊藤整、安冈章太郎和
江藤淳三人举行了一个主题为"文学的家庭和现实的家庭"的鼎
谈。在这里，伊藤整把自己的"现实家庭"表现如下：

　　　　采取把老婆同化到自己内部的形式，自己呢则作为家
　　庭的代表，以单独个人的身份来写作，这样的作家不是很
　　多吗？……对于老婆的悲哀，我们不是作为一个他者，来处
　　理她的痛苦，而是作为自己的痛苦来对待，难道不是这样
　　吗？因此老婆绝对不是他人，她也同时存在于我们自己的心
　　中。……老婆对我们来说，不是西洋的妻子。

　　三人中年纪最小的江藤马上进行了回击。

　　　　江藤：刚才伊藤所说的把老婆放在自己的心中来疼爱一
　　事，反过来说，不就是指只疼爱自己吗？
　　　　伊藤：确实如此。正是这个地方好像真面目不太明了，
　　我也说不好。

　　　　　　　　　　　　　　　　　　〔伊藤（整）/ 安冈 / 江藤 1965〕

　　真实面目"很清楚"。那里没有妻子这个外人。这正是江藤
反复指出的欲把"母亲"同化成"妻子"的日本男人的幼儿性，

303

说的难听一点，就是利己主义的表现。在那里，妻子到哪儿都被强迫执行"原谅并接纳的母亲"的角色。男人甚至为了试验妻子的"饶恕"，而干尽了无比放荡的事来让妻子痛苦。由于妻子不是他人，是男人的一部分，所以折磨妻子的行为就好像无穷尽的自伤行为。对于伊藤整这样的认为"一旦结合在一起，对方的失败全都是自己的伤痛"的男人来说，妻子的痛苦是自我惩罚，是一种自我虐待。男人的利己主义因此就带着一种苦的味道，在伦理上也是被免罪了的。至少在迄今为止的私小说中是这样的。江藤就很准确地指出说：

> ……本来俊介和时子的结合，与其说是"夫妇"的伦理关系，还不如说先是有想恢复"母子"这一自然性关系的冲动，才得以维持下来的。因为这里面除了是不是存在着浓厚的"母亲"和"儿子"之间的情绪这个价值基准外，没有其他的基准。在"夫妻"之间要追求"母子"的肉感性结合，毋庸讳言这属于 incestuous（乱伦）似的欲望。这是在性关系中想看到"母亲"，在性的快感中想看到在"母亲"的胸怀中安息的幻影。也许这可以说成是想把血缘关系以外的人同化成血缘关系的冲动。也就是说，在这里没有"他人"。

[江藤 1993：86—87]

之所以这么说，是因为江藤看穿了日本夫妻关系中的"自然"关系的圈套。在这种"自然"的关系中，无论丈夫还是妻子，都不能相互成为"他者"。"这只不过是因为他们在'夫妇'的伦理性关系之前，先是在想要恢复'母子'这个自然性关系的欲望下，才结合在一起的"[江藤1993：47—48]。江藤熟知"日本夫妇的为了将相互无法挽救的'寂寞'沉淀下来，绝对不能'孤独'的现状"[江藤1993：48]。

305

在《成熟和丧失》中，尽管江藤也提到了吉行淳之介的《星星和月亮是天空的洞穴》[1966]，这只是为了论证：在排除了"自然"的男女关系中，对男人来说"他人"也同样被排除了。江藤对吉行的批评很严厉，这是因为他认为："只把女性看作'工具'，就是否定女性中的'自然'即母性"[江藤1993：193]，由这种思想创造出来的吉行的"人工世界"[江藤1993：196]，是连"丧失"的觉悟都不具备的"作者欠缺批评意识"的表现。主人公只能和"欠缺母性"的女人，即"妓女"或者装扮成"妓女"一样的女人交往，然而这只不过是遭遇过"母亲的拒绝"或"女人的背叛"的男人的、不足为奇的"厌恶女性"的故事。后来，战后出生的关根英二把他论述吉行的著作取名为《"他者"的消逝》[1993]，大概应该可以称为名言了吧。而这本书是由一个娶了美国人为老婆的年轻日本男人撰写的，这也是有暗示意义的。为什么呢，因为关根的妻子一直告诉丈夫说："我不是你的妈妈"。

5　产业化和女性的自我厌恶

然而对妻子而言，丈夫给予她的痛苦归根到底是从别人那儿得来的痛苦。因为痛苦的不是丈夫，而是她本人。对丈夫而言，妻子即便不成为"他人"，在妻子这一方丈夫早就是"他人"了。与拒绝"他人"存在的丈夫不同，妻子在没有他人的"母子"关

306

系中，早就知道自己是被压榨的那一方。与安冈章太郎的"母亲"不同，时子已经不是一个除了接受"母亲"这个身份外就没有其他选择的女人。吉行的"娼妓"也是作为一个在自虐当中获得性快乐的女人而被描写的，这大概也只不过是男人的机会主义梦想吧。在男人描写的剧本中再也没有了共犯似的一起出演的女人时，女人就变成了令人毛骨悚然的陌生人。小岛很坦率地把面对已成为陌生人的妻子时的那种困惑和惊异，描写成"自己的心头被那里有个女人的事淹没，不知所措"。

倒不如说时子她并没有接受"母亲"这个角色的心理准备和能力。这是因为"近代"扼杀了她身上的"母性"。而且很高兴地帮助扼杀这个"母性"的，正是时子本人。江藤指出，"母性的自我破坏，是与所谓的'近代化'过程不可分割的本质主题"〔江藤 1993：108〕。

> 隐藏在（对丈夫的）竞争心深处的，是时子想成为男人的欲望。她渴望像男人那样离开"家"，像男人那样"出发"。换句话说，这只不过是对身为女人的自己的一种自我厌恶。……也就是说对她而言，身为"母亲"和身为"女人"之事是她厌恶的对象。
> 如果说这是"近代"在日本女性身上培植的最深的感情，那么也许问题太一般化了。从某个意义上来说，厌恶自己是女人的感情，可以说是生活在各种近代产业社会中的女性们的普遍感情。
>
> 〔江藤 1993：64〕

这个把女性般的整个农耕社会都囊括进来的"出发"，当然会给现实中的女性带来最大的影响。假如正因为自己是女人和"母亲"而被"抛弃"，那就必须亲手把自己里面的"自然"即"母亲"破坏掉。而且产业化的速度越快，这种女性的自我破坏就必须越彻底。

[江藤 1993: 113]

当人们感叹"国破山河在"的时候，他们还能够相信"自然"的存在。但是，在产业化的过程中，日本人亲手在破坏"自然"。女性身上的"自然"也不例外。

产业化是最终破坏女性原理的文明过程，这件事不用等到伊利依奇的《性别差异》[Illich 1982 / 日译版 伊利依奇 1984] 来说明。产业社会在抽象的"个人"名义下，创造了实际上以成年男人为模型的人类观。社会中所有的成员要么使自己接近这个人类观，要么就必须为自己做不到这一点而感到羞耻。弗洛伊德的无厘头的"阴茎羡慕"故事，就是从这里产生的。它就是"近代"创造的厚颜无耻的"男性神话"：因为女性是事先去势之后出生的，和男人相比，他们是不完整的生物，所以她们命中注定要羡慕男人。弗洛伊德的学说并不是普遍性的理论。正因为它是"近代家族"的故事，才能够如此好地解释女性的自我厌恶。江藤所依据的埃里克逊，也是弗洛伊德学派这一点，并不例外。

在近代产业社会中，被分派给"自然"而与文化相对的女性只有两种选择：要么接受自己的劣等性，要么就只能自己厌恶自己的女性性。厌恶女性性的女人，作为"想成为男人的女人"或

308

有"阴茎羡慕"的人，而被弗洛伊德宣告为"神经症"。对精神分析家而言，这种"神经症"的"治疗"，就是把女性送回她应该有的劣等性之下，只不过是让女性甘愿接受自己作为"二等公民"的命运的过程。对女性来说，这种"适应"意味着把由文化事先阉割好了的自己，用自己的手再一次去势的"奴隶式幸福"。对把"近代主义"深刻内化了的波伏娃这样的女性来说，把女性束缚在母性的怀孕和生育上，不过是"母马的耻辱"［波伏娃1953］。60 年代的女权主义在舒拉米斯·费尔斯通（Shulamith Firestone）之前，一味地想要把女性的身体中性化一事，是与产业化给女性培植的这种自我厌恶相关联的。但是，自我认同意识的确立与结构性的自我破坏相结合那样的"解放"，只能算不合逻辑。女性解放思想要从"近代主义"的束缚中脱身出来，不得不等到 70 年代女性解放运动的出现。[1]

　　对于江藤早在不论男女对"近代化"和"产业化"的价值都不怀疑的 60 年代中期，就指出了对处于产业化之中的女性而言的这种结构性不合逻辑的见识，我不得不惊叹不已。江藤从其萌芽状态开始，就准确地读取了 70 年代以后暴露出来的日本女性的变化和女权主义存在的理由。

　　然而，这里还出现了另外一个日本固有的状况。

　　……就像三轮时子的例子那样，"近代"被一味地认为是闪闪发亮的东西和可以获得的幸福，这大概是日本女性特有的感情。而且这种对"近代"的憧憬，实际上是自我厌恶的反面表现，这大概也一定是日本独特的现象。

［江藤 1993：64］

而且这个"近代化"长着一副"美国"的面孔。

> ……如果时子没有如此这般地迷恋于"近代",她理应
> 不会亲手把"乔治"这个"近代"拉进"家里",甚至于要
> 把他"强行拽进"自己的胎腹内。这从一个方面来说,是想
> 在自己的体内拥有"近代"的愿望的体现,从另一方面来
> 看,可以说这是一种对绝对到达不了"近代"的自己进行处
> 罚的祭礼。
>
> [江藤 1993:66]

6 "美国"的影子

"近代"一定要长着"美国"的脸吗?在这种对"美国"的
拘泥中,必定投射着小岛的战败经历以及江藤自身执着地要再生
产小岛的北美经历的影子。这也许是战争中"失败了的男人们"
共通的世代体验,但是由于江藤和小岛都把这种共同的世代体验
也强加给女性,所以他们就忽略了另外一个侧面,即女性为了
"出发",也可以做到重新选择男人,无情地抛弃"失败了的男
人"。在战后的废墟中成为"战争新娘"的女人们,被人高马大
的美国兵搂着以养活家人的街头娼妓 *,并没有在"战败"后特意
计划要和(自己的)男人一起自杀。为此事感到痛苦的日本男人
应该很多。对时子来说,与乔治的私通具有对不让自己"出发"
的丈夫进行"报复"的角度。事实上是作者让时子说出"要是我

310

---

* pompom——译者

再年轻一点的话，我就和乔治一起离开这样的家了"这句话的。这也可以看作时子的"未成熟"。然而，在江藤的将时子对无法使自己到达"近代"的"窝囊的丈夫"施加"惩罚"的事情，等同置换为"对自己的惩罚"的表现中，我们可以隐隐地看到他的与伊藤整相同的把妻子同化为丈夫的夫妻观。若非如此，那就大概是男人不小心把自己过于苦苦思考屈从于"胜者"的女性为何变节，却不愿正视这个事实的真心，显露出来了。

　　发音与"情事"接近的"乔治"，真的必须是"美国人"吗？在80年代的"带中央空调的家"里，"星期五妻子们"[2]正沉溺于还不算私通的不伦男女关系。时子的欲望甚至还没有发展成"自我处罚"，就已经轻松地得以实现了。"情事"是主妇们日常的发泄，妻子们散心的一种手法，并不成为因此而要破坏家庭的理由。情事被发现时，时子的道白是这样的："这样的事你要是忍受不了的话，那可不行。……你必须把它看作喜剧什么的。你是对外国文学很了解的人嘛"［江藤1993：65—66］。其中体现出来的欧洲式的颓废，已经被讽刺性地夸大化，并完全扎根于日本的家庭生活中了。妻子们都很清楚地知道，在"出发"以后的前方，等待她们的是丝毫没有改观的日常生活。这么想来，我们可以看到："星期五妻子们"是20年以后的时子的身影，这种"情事"与对方的国籍没有关系，它具有某种普遍性。

　　但是，在60年代的主妇时子和"星期五妻子们"之间，另外还横亘着经济高度成长所带来的差异。日本实现了"追赶和超越"美国，"美国"已经失去了原有的典范的地位。60年代的美国留学生吃惊于一拧就出热水的水龙头，80年代交换留学的日本高中生也报告了同样的现象说，"在美国感到佩服的是，他们的生活水准与日本相同”。在日美的贸易战中，日本获得了胜利，美国成了“二流资本主义”的代名词。这样的事情，过去谁会预测到呢？

“美国”对于日本来说，或者更确切地说对江藤来说，是命中注定的“他人”。江藤对于“美国”的拘泥，后来也重复出现在1976年的对村上龙的作品《无限接近透明的蓝》[1976]的评论和1980年的对田中康夫的作品《总觉得，水晶》[1981]的评价中。在作为风俗的“美国”于日本战后史中所担当角色的转换点上，江藤每次都敏感地作出反应。我们把这个称作江藤这一代人的美国情结，是很宽容的了。

然而，江藤在“美国”这个符号中看到的是“父亲的文化”。小岛让这个叫作乔治的、被主人公追究与自己妻子私通的青年说出这样的话：“责任？为谁感到有责任呢？我只对自己的父母和国家感到有责任。”[江藤1993：68]大概主人公和江藤都猝不及防这个看起来没什么教养的青年口中会冒出“国家”这个词来。对于这个从大海彼岸带来“国家”这个超越性主体而非“上帝”的“西部牛仔”，《拥抱家族》中的家长会说：“比如说，即使老婆和哪个男人干了不成体统的事，也没有不可以这么做的根据。仅仅是不快而已。果真这样的话，就是说那个时候只要有方法除去那种不快就行了”[江藤1993：154—155]，暴露出并不存在超越性的伦理。

在这里，我们遇到了隐藏在“母亲的崩溃”背后的主题——“父亲的缺失”。从江藤所指出的支撑漱石小说构成的是“天”这个“儒教的超越性父性原理”，伦敦留学以后的漱石身上虽然“天”的成分欠缺了，但是在“他还是有为自己身上缺乏超越性

313

的视点感到痛苦的感觉"［江藤 1993：148］的论述中，我们也可以明白日本并不是一个一开始就缺乏超越性伦理的"母性原理"的社会。这个主题，用江藤的话来说，就是"内外都丧失了'父亲'的人为什么能够生存下来的问题"［江藤 1993：152］。这个问题虽然以时子自己"追求的实际上也是'父亲'"而得以正当化，但是从那时起《成熟和丧失》的主题就开始呈现奇妙的扭曲。江藤从 1962 年开始体验了两年的美国生活。我们在这个背景当中似乎可以看到他自己所说的"'美国'的影子"［江藤 1993：156］仍然在产生着影响。

　　我们并不能把战后（男性）知识分子的北美经历中共通的"'美国'影子"简单地说成是败者对胜者的情结。他们在美国发现了"父亲的文化"，就武断地认为自己的失败是由于缺少这个"父亲"的存在。江藤指出了三轮家族的家长俊介缺少"父亲"的"统治能力"，并且断定就俊介而言"他应该做的事情"就是"成为一个'父亲'"［江藤 1993：156］。就好像三轮家的问题，只要俊介成了"父亲"，就全部都可以得到解决一样。但是，时子追求的真的就是"父亲"吗？

　　从漱石开始又过了半个世纪，以小岛信夫为首，"第三代新人"作家身上缺少了"看待'父亲'背后的超越性'天'的感觉"［江藤 1993：152］，这与他们对待"母亲"的敏感性是相反的。之所以形成这种情况，是不是因为愚昧的农耕民文化取代了儒教式的"统治者"文化呢？

　　　　俊介和时子所代表的文化，是比（《明暗》中的）津田和阿延这对年轻夫妇所代表的文化更低阶层的文化。在那里，是像住在大杂院的人们那样不成体统地吵架的夫妇，要住到加利福尼亚式的带着冷暖空调的家里。

[江藤 1993：73]

如果从走向灭亡的"统治者"的角度，把这种由"近代化"带来的"暴发现象"感叹为"愚民化"，那么西部迈的假装赫伊津哈（Johan Huizing）*的"保守主义"就成立了。北美经历使这个曾经燃烧着战后民主主义和改革理念的青年社会主义者转变了思想。在去美国之前，这位撰写了光辉著作《社会经济学》[西部 1975]的近代经济学才俊，以 1976—1978 年的欧美经历，写了一部名为《走向海市蜃楼》[西部 1979]的抒情旅居记，之后他作为一个顽固的玩世不恭的保守主义者出现在论坛上。在他的这个"思想转变"中有个奇怪的共通点。

315

江藤也是在两年的北美经历之后，就好像是新发现了日本文化中"父亲"的缺失一样，急匆匆地写了《成熟和丧失》，后来在写了《晚上的红茶》[江藤 1972b]这部杰出的小品文集后小憩了一段时间，之后又在《一族再会》[江藤 1973]中寻找自己的根源。一言以蔽之，这就是面向"统治者"的道路。

7　"统治者"的恢复

在这里，我们看一下江藤撰写《夏目漱石》之后的一贯性

---

*　约翰·赫伊津哈（Johan Huizing），20 世纪荷兰最伟大的文化史学家和文化史研究的奠基人之一，著有《中世纪的秋天》《伊拉斯谟传》和《游戏的人》等脍炙人口的名作。——译者

主题，就很明朗了。这个主题就是被"近代"连根拔起的日本，如何恢复自己这个明治以来司空见惯的知识分子的课题。江藤在《夏目漱石》中感叹"天"的丧失，他的同时代人山崎正和则以森鸥外为题材，论述了一个"不快乐的家长"［山崎（正）1972］。对他们来说，明治以来日本知识分子的斗争就是想成为"家长"却没有成功的历史。

然而，"统治者"也好"家长"也好，对男性知识分子来说，他们自我恢复的道路总是急于想成为"父亲"，这又是为什么呢？我还是再说一下，是男性知识分子。男人想急于成为"父亲"的时候，女人又在哪儿呢？只要"窝囊的儿子"成了一个"可以倚赖的父亲"，时子的问题就能够解决吗？在男人以成为"统治者"为目标的时候，女人安心成为"被统治者"就行了吗？这和弗洛伊德对"歇斯底里的女人"进行的"治疗"很相像。如此准确地看透了"近代"使女性感到自我厌恶的机制的江藤，不可能把这个看作"解决"的办法吧。把"母亲的崩溃"置换成"父亲的缺失"这种提出问题的手法，总归让人觉得存在着问题的颠倒，若非，我觉得就是存在着巧妙的回避。

有一种误解，认为男人成为"统治者"的时候，女人也同样想要成为"统治者"的想法就是女权主义，果真如此的话，那么女权主义从一开始就陷入了"近代"设下的圈套。理所当然，所有的人都成为"统治者"在定义上是不可能的。这是因为全体人员成为"统治者"的时候，哪儿都没有"被统治者"。在男人以"统治者"为目标的时候，女人已经不再追求成为"统治者"了。当男人当上了"统治者"，回过头来一看一个跟随自己的人都没有，这种滑稽的命运正等待着这些急于想成为"父亲"的男人

316

们。90 年代的时子大概会说"我不记得有谁要请你做'父亲'"
吧。男人打算接受"'统治者'的不幸"的悲怆觉悟,在这里就
变成了沾沾自喜的喜剧了。

西部的保守主义之所以充满了冷嘲,是因为他认识到自己 317
为所欲为地扮演着"不记得是谁让他当的""父亲"角色的滑稽
之处。

加藤典洋在他的直截了当地题名为《美国的影子》[加藤
1985]的著作中,以江藤为例,描写了受"近代主义"洗礼的日
本男性知识分子,以他们的北美经历为契机"转向"为"保守主
义"的情况。战后出生的加藤,尽管也有北美经历,但是他和鹤
见俊辅一道,是没有"转向"为"保守主义"的为数极少的例
外者之一。对加藤来说,江藤的这个"变节"肯定是他为了学习
如何避免陷入保守主义这个圈套,并非与己无关。加藤是这么指
出的:

> 如果一方面他相信可以说是坚定不移的日本的自然或国
> 家主义这样的东西,那么他(即江藤)应该也可以作为一位
> 主张"拥护议会制民主主义"的近代主义者而立于世。另一
> 方面,如果他具有日本的"近代"是坚定不移存在的判断,
> 那么他撰写《一族再会》向世人推荐,作为一个保守主义者
> 和一个深切惋惜日本固有的东西不断逝去的人而立足于世,
> 也应该是可能的。
>
> [加藤 1985:77]

现实中的江藤没有成为任何一方。成为"保守主义者"的,

318　如果不是像山崎那样远离时代，据守在美的意识中，那就只有像西部那样，生活在时代错误的悖论中。江藤之所以没有踏入其中任何一条道路，是由于他对于时代的敏锐性。出版了《成熟和丧失》以后，他忠实于时代的混乱。田中康夫和山田咏美，是俊介和时子的儿子和女儿。"窝囊的儿子们"根本就没有想到自己要当"父亲"，会被"不快乐的女人们"牵着鼻子走，而"不快乐的女儿们"则根本不隐藏她们的不快，就简单地抛弃了日本的男人。那么，江藤是如何看待无论对男人还是女人来说，"成熟"等等课题不知被吹到哪儿去了的70年代的日本的呢？

8　再次围绕"母亲的崩溃"

　　江藤所挖掘出来的"母亲的崩溃"问题，在没有置换成诸如"父亲的缺失"这样的类似问题的情况下，还是遗留在那里。超越性伦理的不存在，并不是因为"父性原理"被"母性原理"所替代而发生的。面向超越的契机，在"母性原理"中也内在地存在着。相对于弗洛伊德的"俄狄浦斯情结"，在弗洛伊德的手下学习的日本精神分析家们在战前就提出了"阿阇世情结"，即并非"受罚的父亲"而是"受苦难的母亲"的故事。西欧中心的日本文化论认为，在"母性社会"中，日本人是在"超我"的形成

319　受阻碍的情况下长大成人的。相对于这个文化论，这些日本精神分析家们论述说，通过拿孩子的失败来惩罚自己的"受苦难的母亲"，超越性的规范也是可能形成的。然而，佐藤忠男在《为了家庭的复苏——家庭电视剧论》[1978]中，论述了整个60年代发生在女性身上的变化，发出了"母亲的崩溃"就是这个"受苦

的母亲"的崩溃这一更令人惊恐的宣告。

江藤的"近代植根于女性的自我厌恶"和"自我处罚"等语言表述,是与自虐的自罚的"受苦的母亲"形象相容的。但时子内心所具有的是更为直接的欲望。山田太一的《岸边的相册》[1977]描写了70年代这种欲望使"女性"活跃于家庭之外的状况。女人们已经不再接受苦难,一直到她们毫不知耻地开始追求自己的欲望,"近代"就嘎啦嘎啦地从内部崩溃了。当"近代"已经不再是应该实现的目标,也不再是应该克服的压迫时,那些想成为"统治者"的男人们的努力,就成了无人观看的舞台上一出独角戏。

江藤提到了收录在庄野润三的《昨晚的云》[1965]中的"郊狼之歌",他指出:接受了"'统治者'的不幸"的主人公,其真实感的丧失,是和"他家所在的山丘由于要建造住宅区而被削平"[江藤1993:244—245]这种"自然"破坏结合在一起的。加藤典洋在《美国的影子》中,唐突地论述了富冈多惠子的《波涛起伏的土地》[1983]。然而富冈的小说正是在这个因建设住宅区而被削平的丘陵地中间开始的。对加藤而言,在《美国的影子》中论述《波涛起伏的土地》是有必然性的。因为这也是"母亲的崩溃",而且是女性自己助有一臂之力的"破坏自然"的象征。因为正像加藤所说的那样,外面的"自然"遭到破坏的时候,女性内部的"自然"也被破坏了。当然,诱导并推进了这种事态的男性心中的"自然"早在很久以前就被破坏掉。江藤的《成熟和丧失》之所以对我而言非常真实,是因为女性在这个过程中不单单是被动的受害者,而且和男性一道是帮凶。

"母亲的崩溃"是不可逆转的文明史过程。即使发生了"父亲的恢复","母亲的崩溃"也不可能停止。谁也没有要求的"父亲的恢复",只不过是故作镇静或者是自以为是的猴戏而已。岂止如此,90年代的儿子们,已经不再想成为"父亲",而女儿们则在很久以前就亲手杀死了"受苦难的母亲"。对于把女性封闭在"神经症"里的"近代",女权主义当然要发出诅咒的声音,但是后女权主义的女性们,据山崎浩一的《男女论》[1993]所言,处于这么一种状况:"虽然已经具备了成为性的主体的意愿和能力,但是因为她们非常清楚地知道,这样的话到哪儿都会被那些从性主体地位上下来的男人抓住机会,所以她们竟然不想接受这个主体地位"。在这样的社会里,漱石以来的关于"成熟"的课题,看起来不知吹到哪儿去了。

321   也许江藤会以苦涩的觉醒意识说,这就是男人和女人都期望的"近代"的终结,日本人得到了他们自己想要的东西。

9 超越"近代家族"

进入80年代以后,在儿童文学和漫画的世界中开始经常描写崩溃家庭的故事。就像系井重里在《家庭解散》[1986,1989]中所描写的那样,家庭变成了既可以组成同时也可以解散的不稳定的东西。比谁都能切实地感受到家庭的脆弱性的,是没有家庭就无法生存的孩子们。在纺木拓的漫画《热路》[1986—1987]中,一位男朋友是暴走族的少女,情感强烈而外露,对只关注于自己的恋爱发展的、团块世代的单身母亲提出了这样的要求:"你能不能稍微像个母亲样"。在儿童文学的世界里,离婚和家庭崩溃也是家常便饭。在彦田中的《搬家》[1990]中,离婚了的夫妇只顾忙于自己的事情,到了《日历》[1992],已经连父母都没有的少女,在与祖父母和捡来的寄宿者组成的非血缘的扩大家庭中生活。"父亲的缺失"和"母亲的缺失",与近代家族的终结一道,正不断变成常态。如果像黑格尔所说的那样,家庭是人伦的基础,那么在变得如此脆弱的家庭中寻找伦理的起源是不可能的吧。但是,要是弗洛伊德的在家庭中寻找人格和伦理起源的理论本身,就是"近代家庭"制造出来的故事,那会怎样呢?

322

"人世间"以伦理的基础而建成的时代已经终结,现在"家庭"作为伦理的基础而被叙述。在这个"家庭的故事"的耐用年数看起来已经到头的今天,我们能够编织出新的故事吗?还是由于陷入无秩序的失范状态(anomi)而不得不倾听其反面的狂热信仰和原教旨主义的脚步声呢?

注:

[1] 从70年代的女性解放运动开始的第二次女权主义浪潮,并不是一般在街头巷尾被误解为"想成为和男人一样的女性们"的"女权扩张思想"。那是一种批判用男性原理建造起来的近代产业化社会,"不想变得和男人一样",和拒绝向近代社会同化的"女性解放思想"。

[2] 1983年在 TBS 电视台系统放映的电视剧《给星期五妻子们》,描写了已婚女性的"婚外恋",引发了"星期五妻子"的现象。

附论 战后批评的嫡子 江藤淳 *

江藤淳和我

323   也许有人会觉得，在"江藤淳 去世二十年"纪念演讲会上，像我这样的社会学家作讲演很不合适。那我先来说说这个理由吧。

这个演讲的题目，最初是"我和江藤淳"，后来改为"江藤淳和我"。这是因为我注意到了江藤撰写了"美国和我""日本和我""战后和我""妻子和我"等一系列的"xx 和我"的文章。

过去我曾在与富冈多惠子、小仓千加子的三人对谈录《男流文学论》[1992，1997] 中发言说，关于江藤的《成熟和丧失》[1967a，1988，1993]，"要是没有眼泪的话，就读不懂"。然后就有很多人反应说，那个被人看作连眼泪是啥都不知道的上野，偏偏为江藤淳流泪，这是咋回事？（笑）

然而，我也不知道目力敏锐的江藤是在哪里看到我们的对谈录。他的《成熟和丧失》于1993年被收入讲谈社文艺文库时，

324 编辑负责人突然邀请我写一篇这个文库版的解说。而且还说，这是江藤先生亲自指名请我写的。这让我感到非常吃惊。我跟江藤先生的思想信条完全不同。但是，明明知道我对他的观点持批判态度，却敢于邀请我写解说，让我觉得他的胸怀很宽广，便接受了他的邀请。这篇题名为"《成熟与丧失》出版后三十年"的解

---

* 初次发表于 2019 年。

说，以"'母亲'的战后史"（本书第Ⅳ部分第一章）为标题，收录在我的《近代家庭的形成和终结》[1994]一书中。

　　就是这个缘分，后来江藤先生把我请到一个对谈现场。这个对谈采取的是大家在料理店一团和气地谈天的"文坛式"形式。对我而言，这是一个我和江藤先生彼此意气相投，双方心情都很愉快的对谈。这个对谈在《群像》1995年二月刊上，以"日本的家庭"为题刊出，最近又再次被抄录。在宴席上，江藤先生夸奖我说，"像你这样的社会学家，又能如此精辟读懂文学作品，还真是罕见。"我马上就回他："虽然您这么夸我，这可也是您相当轻视社会学家的证据哦。"他笑着说："不得不这么说吧"。后来我才知道，江藤先生一直对学术界怀有一种憧憬，他最初被聘为东京工业大学副教授的时候，并非文学副教授，而是社会学副教授。现在我是这么理解的：那个发言是不是体现了江藤先生为自己并非作为一个文学家而是社会学家被大学聘用的懊恼和遗憾呢？

　　成为与江藤先生意气相投之契机的作品，正是在《成熟与丧失》中也正式讨论过的小岛信夫先生的《拥抱家族》[1995]。这部小说已经是历史性的文本了，但是像坐在这里的你们这些年龄层的听众，可能很多人都读过。我在《成熟与丧失》的解说中，是这样评论《拥抱家庭》的：

　　　　我是通过江藤看了小岛的《拥抱家族》。这是经由批评家的"评阅"，而成为像时代金字塔一般的作品。小岛因为有幸拥有江藤这个读者，而作为代表60年代的作家，长久地留在人们的脑海中。

325

我认为，评论家的工作，是通过自己对某文学作品的评价而使其文本留在文学史上。江藤先生在《拥抱家族》上，出色地完成了评论家这个角色的作用。之所以这么说，是因为该作品在同时代的评论家中间得到的都是凄惨的评价。

我来简单解释一下小说的内容。它讲的是在大学作英国文学教授的丈夫，撞见妻子与美国兵通奸的场面，内心发生混乱，家庭开始崩溃，后来重建家庭和夫妻关系的"不合情理的故事"——这是当时一位非常有名的男性评论家的评语。

河上彻太郎写道："我……之所以没有成为这部小说的积极支持者是因为这个男人没有魅力。"［河上 1966］

本多秋五说，"如果庄野君的家长是像家长样的家长，这岂不就是极其不像家长的代表？""……这样的话，家庭当然就无法收拾了。"［本多 / 山本 / 福永 1965］

山本健吉："……我认为这个妻子一点也没有魅力。……"［本多 / 山本 / 福永 1965］

福永武彦："只要是和这么没魅力的女人牵扯在一起，就会给人一种夫妇是非常麻烦的感觉。（笑）"［本多 / 山本 / 福永 1965］

但是，江藤对这部作品给予了积极的评价。他说，作品很正确地反映了"混浊的现实"，"很明晰地把握了这个不透明世界的形状"［江藤 1967a］。我以前有通过评论家的眼睛来阅读作品，并受其阅读理解作品的方法影响的侧面。后来回过头来重新阅读原作，才充分地理解了作品的"令人恶心的丰富含义"［上野 / 小仓 / 富冈 1992，1997］。所以，我觉得大家也最好找出原作来读一下。

另一位给予《拥抱家族》高度评价的是，该作品获得第一届谷崎润一郎奖时担任评选委员会委员的伊藤整。他在评论意见中写道，"因为这部作品的出版，日本女性的轮廓将会发生改变吧"。[伊藤（整）1965]决定授奖的也是伊藤整。他的评论也提示了家庭中突然出现了一个作为异物、或者说他者的妻子这样的当时战后日本家庭的状况。

在选拔会不久，伊藤整、安冈章太郎和江藤淳的三人对谈录"文学的家庭和现实的家庭"被刊登在《群像》（1965 年 10 月刊）上[伊藤（整）/ 安冈 / 江藤 1965]。伊藤整发言说："……对于老婆的悲哀，我们不是作为一个他者，来处理她的痛苦，而是作为自己的痛苦来对待，难道不是这样吗？因此老婆绝对不是他人，她也同时存在于我们自己的心中。"针对他的发言，当时还很年轻的江藤尖锐地指出，"刚才伊藤所说的把老婆放在自己的心中来疼爱一事，反过来说，不就是指只疼爱自己吗？"伊藤很坦白地回答说："确实如此。正是这个地方好像真面目不太明了，我也说不好。"真实面目其实"很清楚"。这就是对于妻子施行家暴的丈夫的心理状态（mentality）。由于妻子是自己的一部分，所以殴打妻子就是一种自虐行为。我认识的一个男人，每次打老婆的时候都说，"我打你的时候，心很痛。"但是，真正感到心痛的是妻子，而不是丈夫。但这是家暴男的逻辑论理。这种尽管自己感到心痛，却仍作为自虐行为殴打妻子的论理，非常自私自利，但江藤确切地指出了这个逻辑论理成立的机制。

与妻子庆子的共同依赖（Codependency）
但是，江藤先生自身，在实际生活中似乎是家暴男。他有癫

痈症，听说他对妻子施暴的时候，会打得她青一块紫一块的。另
外还有很多证言说，他一喝酒，就完全变成另外一个人。妻子节
子是他庆应大学的校友，他们是一对高学历夫妇。

斋藤祯先生是一位很熟悉江藤先生的编辑。他说，"照例
说夫人是他最好的理解者，可他却把她打得鼻青脸肿，我只能
说他是一个不顾虑病弱妻子身体的冷酷无情的人"［斋藤（祯）
2015］。江藤先生的得意门生福田和也先生，认为老师夫妇的关
系是家暴丈夫与支持这个家暴丈夫的妻子之间的共同依赖关系，
他恰当地作证言："夫人好像有像报仇似的娇纵着江藤老师吧。
就好像他没有她的话，就活不下去。"［柄谷／福田 1999］。完全
是这样的，庆子夫人过世后，江藤在遗书中形容说："自己不过
是一个躯壳"。《妻子和我》（江藤 1999）是一本描述妻子因癌症
先行去世时、整个过程的"爱妻物语"，在江藤先生的作品中是
卖的很好的作品。在书中，他对妻子作出不告诉他自己患癌症、
跟他一起度过人生最后时刻的选择，是这样写的："庆子无声地
说着话，虽然在各种各样的事情上，她说自己很幸福。包括不告
诉我（癌症）的事，她都在告诉我，她原谅我的一切"。但是在
最近出版的《江藤淳复活》［平山 2019］这本评传中，今天也来
到演讲会的平山周吉先生，批评说："这个'饶恕'也许是江藤
只考虑自己方便的自以为是的理解吧"。这里使用的"饶恕"，由
于指的是从上天和神灵而来的宽恕，以及作为特赦的饶恕，所
谓人能够期待的无论做什么，都会得到 100% 的接纳的关系，就
只有与母亲的关系了。江藤想要在与妻子的关系中，重复他与母
亲的关系。他对于安冈章太郎的《海边的光景》中所描写的母子
关系的爱憎并存的矛盾心理的批判，可能是江藤先生自己寻求却

没有得到的东西吧？而且，这个"饶恕"是江藤先生通过自己单方面的语言表演而达成的"饶恕"，我觉得平山先生的评论是恰当的。

女权主义文学批评的先驱

值此讲演之际，我一下子看了大量的以往没读过的江藤先生的原作，有很多的新发现。比如说，江藤先生在女权主义文学批判还处于黎明期的时候，就撰写了《女性的符号学》[江藤1985年]一书。当时符号学很流行，我本以为"怎么回事啊？就只是乘着流行的东风，取一个这样的题目吗？"，非常瞧不起他。现在重新再读，令我非常惊异。因为这是一部可称其为女权主义文学批判先驱的非常出色的作品。

在《女性的符号学》中，江藤先生讨论了尾崎红叶的《金色夜叉》。住在热海、穿着高齿木屐的男人间贯一是一个以脚踢未婚妻阿宫的铜像而出名的"家暴男"。但是，江藤先生指出，阿宫并非只是一位被踢的被害者。红叶生活的明治时代，是一个"只要有才，男人的立身就如他们想的那样，可以任意作为；而女性有色相，才能获得富贵"的时代。也就是说，明治是一个男人靠才、女人靠美貌可以达成阶层上升的时代。前近代的时候，女性是无法实现阶层的上升的。无论多么美貌，要是身份不同，最后的结果只能成为别人的小妾，是决不可能成为正妻的。因美貌而能爬上阶层梯子的灰姑娘的故事，要等身份制度解体以后，才能成立。江藤先生写道，阿宫体现了近代的时代精神，亦即像她说的那样"像我这样的美貌女性，与这种程度的帝大毕业生不相配"，把自己标高价的女性的举止。这个在最近的女权主义批

330

判中，被称为女性的能动性（agency），或者"能动的主体性"。

关于近松秋江的《黑发》，江藤先生评价说，"作品以惊人的准确性刻画了男女之间竞争的深度，以及呈现在他们争斗中的绝望的距离"，作者"充分地自我感觉到从男性符号和女性符号的落差中产生的讽刺，而创作了这部作品"。《黑发》中追求被金钱左右的女人的男主人公的言论，确实看起来很愚蠢，但是如果男性作家没有把男人写成蠢人的明确的批判意识，他是写不好作品的。也就是说，近松秋江具有讽刺自己的批评意识和能力。

近代家庭与厌女症（misogyny）

我们在近代家庭中出生成长，不接受教训，好了伤疤忘了痛，又继续建立家庭。探讨了这个近代家庭微妙之处的，正是《成熟和丧失》。

明治的社会背景，就是"近代"。近代这个时代是非常恼人的。在座的各位应该在小时候起，就为"你长大了想做什么？"的问题所烦恼。但是，在前近代的身份社会里，这样的问题根本就不会成立的。长大以后，男孩子就成为像父亲一样的人，女孩子就成为像母亲一样的人。因为在此以外没有其他选择。然而，身份制解体后阶层上升成为可能，不成为像父亲一样的人，对儿子来说才是成功的道路。这样，父亲这个角色就成了将来不可成为的存在。而且，只能选择应该成为榜样又没能做到的男子做丈夫的妻子，就会作为对不中用的丈夫焦急的、需求得不到满足的妻子，将对丈夫的失望向儿子借题发挥。但是，几乎所有的儿子都没什么出息，他们净是些不能充分回应母亲期待的不中用的儿子。

只不过，在窝囊的儿子和一边着急一边持续对儿子寄予希望却又失望的母亲之间，有一个默契。那就是儿子决不能脱离母亲控制的共同依赖关系。这就是母子亲密胶着的黑洞。儿子是不可能杀死母亲的。

另一方面，被母子关系疏远的女儿，就成为最激烈批评母亲的批判者。女儿不接受父亲和母亲对她的期待。换言之，她是家里的外人，但并不是说她因此就可以开拓自己的人生，不能的，她只能像她妈妈一样，通过结婚这个"赌博"把自己的命运寄托在男人手中。女儿看到前面等着自己的是，只能像母亲一样度过自己的人生的前景，就变得很不高兴。

所谓近代家庭，是由这四者，即害臊的父亲和焦虑的母亲、窝囊的儿子和不快乐的女儿组成的。真让人头痛啊（笑）。《拥抱家族》[小岛 1965]中出现的三轮俊介和时子这对夫妻，实在就是窝囊的儿子和不快乐的女儿结婚成为夫妇而组建的战后家庭的典型。

江藤先生说："也就是说对她而言，身为'母亲'和身为'女人'之事是她厌恶的对象。这是'近代'在日本女性身上培植的最深的感情"[江藤 1993]。用别的方式表达的话，也就是说"厌恶自己是女人的感情，可以说是生活在各种近代产业社会中的女性们的普遍感情"[江藤 1993]。我后来在《厌女——日本人的厌女症》[上野 2010，2018]这本著作中，理论性地解明了这个问题。为撰写这本书，需要性别理论三十年间的积累。特别是，倘若我没有借助像英国文学研究者伊夫·塞奇威克的《男同志的羁绊——英国文学与同性恋者的欲望》[2001]和《壁橱的认识论——20世纪的性欲》[1999]等著作的巨大力量，引

332

进同性友爱（homosocial，抑制性欲的男性间的纽带）、恐同症（homophobia）、厌女症（misogyny）这三点一套的分析概念的话，这本书是写不成的。厌女症，具有对男性而言就是"蔑视女性"，对女性而言就是"厌恶自己"这样的非对称的效果。江藤先生在很早的时候，就对这个后来被叫作厌女症的概念，进行了清晰的论述。

在近代，"个人的成熟"和"近代式的自我"被看作人们需要达成的目标。这个，用近代自由主义的词汇来称呼的话，就是"独立的个人""自我决定的个人"。虽如此，但是女性真的要实现这个"独立的个人""自我决定的个人"的话，只有自己否定自己的女性性。因为近代自由主义中的独立的个人的模型是男性。因此，由于把女性他人化的厌女症的缘故，女性不得不陷入自我厌恶。如果要什么都像男人一样的话，就等于不得不否定自己是个女人。相反，要是接纳女性性，就不得不接纳自己是次等的。把女性是二等个人、二等劳动力、二等市民这样的厌女症概念强加在女性头上的，正是"近代"。

那么，前近代的女性又是怎么样的呢？与近代相比，她们不可能很幸福。驹尺喜美先生这位女性学研究的老前辈，事实上非常出色地描述了前近代至近代的女性的变化。她说，"区别上升为歧视"，而且"我没想到在自己的有生之年会发生这样的变化"。也就是说，在前近代，男性和女性是完全不同的生物，正如"对牛弹琴"所表达的意思那样，用同一个尺度来比较男性和女性的差异的人，一个也没有。

但是，近代把人类、个人等等的概念带入我们的社会，把男人和女人视为同样的人。然后"男女都是同样的人，为什么会有这么大的区别呢"这个问题才第一次成立。从男女有"区别"是理所当然的"升格"到男女有差别是不恰当的"歧视",背景在于女性解放运动。在性别差异被自然化的时代,女权主义是不成立的。

在相当早的阶段,通过分析同时代的文学作品而看透了这个近代强加给女性的两难困境的,正是江藤淳这个人。

江藤先生在《成熟和丧失》中,把这个困境表述为"母亲的崩溃"。他不称其为"母亲的丧失"而叫作"母亲的崩溃",就意味着有人在做破坏的事情。搞破坏的犯人是近代。这时,女性仅仅是牺牲者,不是被害者,她们兴冲冲地成了从犯。这是江藤先生的解读。他确实看穿了在扼杀自己内部的母性这件事上自助一臂之力的也是女性这个女性与近代的共犯性问题。

最近过世的文艺评论家加藤典洋先生在他的处女作《美国的影子》[1985]中,论述了我非常喜欢的作家富冈多惠子女士的《波涛起伏的土地》[1983]。小说题目的意思是,为了开发新城镇而开辟山区,因而成为光秃秃的那个多摩丘陵。从前是小山的土地、被推土机铲平的过程,就是自然破坏本身,那么是谁的手促成这个破坏的呢?并不是说女性都是倡导环境保护的生态学家,她们把自己与自然同化。相反,渴望在遭到破坏后的多摩丘陵上建起的团地住宅区创建自己的核心家庭的,也是女性。高度经济成长期的女性,应该在自己内部的某个地方存在着以下感慨:自己作为一个从犯,在扼杀自然和母性(这也只不过是幻想)这些处于自己的女性性核心的事情上助了一臂之力。对于江藤先生早就指出的女性的共犯角色,我不得不吓了一跳。

但是后来,我察觉到本来女性要成为像男人一样的"独立的

335

个人"这件事本身可能就是错的。"独立的个人"不过是幻想，女人不能成为类似男性的人，也没有这个必要。更进一步，如果没有期望自己要像男人一样，或者没有必要期待的话，就可以反抗吵架，之后再对自己"解除洗脑"。但是要达到这个目标，需要时间。

在日本的女权主义批判

现在，我正在做"照顾护理"（care）的研究［上野 2011］。照顾护理中的"关系"绝非独立的个人之间的关系。照顾的主体和被照顾的客体，是压倒性的强者与依存性的弱者之间的非对称的关系。近代自由主义无法涵盖的非对称性的人际关系，在人类社会中就像大山一样多。但是男性社会一直无视它的存在。

336　　以这样的认识为起点，日本也出现了女权主义批判。成为其出发点的，是富冈多惠子老师、小仓千加子老师和我三个人写的《男流文学》［1992，1997］。首先，从题目来看，是相当挑衅性的。由于男性文学的主流是保守主义的，所以才有"女流文学"这个说法。为什么不给男性文学取一个特别的名字呢？我们特地取了"男流"这个名字，是因为出于懊恼。"男流"这个词，当时用文字处理机敲打的话，出来的是"暖流"这个词。另外顺便提一下，厌女症最初出来的是"三十条路"（笑）。最近我学习了电子词典，敲打字体的话，直接出来厌女症这个词了。

在《男流文学论》里也谈到的像诺贝尔奖获得者、作家川端康成的《睡美人》［1961］等，用现在的眼光来读的话，就是恋尸欲（necrophilia，对尸体抱有性爱欲望的一种变态性欲）和性骚扰文学。通过缜密的解读而提出以下观点的，即倘若用女性的眼光重新阅读迄今为止由男性作家创作的、受到男性评论家高度评价的日本近代文学的典范作品，那么其评价会颠覆，正是《男流文学论》。我们很清楚地了解到：要是翻阅日本近现代文学史的系谱，一直到村上春树为止，男性作家连续写了成堆的厌女症小说。

在前近代家庭中，主人和主妇的角色分担被定型化了。但是，要说起核心家庭，其角色的定义变得非常困难，丈夫不知道该跟妻子维系怎样的关系。而且，他也无法理解目前的情形自己掌控不了。尽管如此，在近代家庭中出现了另一个具有确切自我的行为者。也就是说，"女人"这个令人害怕的他者，突然出现在自己的眼前了。核心家庭的"核心"的实际状态，就是这样的。非常成功地清晰描写这种可怕的实态的为数不多的日本小说，有刚才提到的小岛信夫的《拥抱家族》[1965]，还有同一时期创作的岛尾敏雄的《死之棘》[1960]。

通过阅读江藤先生在《成熟和丧失》[1967a]及大致创作于同一时期的吉本隆明先生的《共同幻想论》[1968]中解读的《死之棘》，我觉得岛尾敏雄的小说也是战后文学史的一个金字塔。请大家读一下《死之棘》。确实是一部令人感到恶心的小说。但是能够把恶劣的心情写得如此丰富，只能说岛尾是一个优秀的表述者。

江藤先生好像在他旅居美国的时候，切实地感到了妻子作为他者的存在。在两年的旅居中，有一次他把妻子留在美国，自己回日本三个星期。之后又回美国的时候，他在深夜的机场经历了这样的事情。他写道：

337

> 出现了一个东方女性，好像在寻找谁。我不知道她是日
> 裔还是华裔，但是，总之她走路的方式，就像美国女性一样
> 有弹性。

［江藤 1965］

江藤先生描写的，实际上是他的妻子。首先，看漏妻子的事，理应不该发生，但这是江藤先生"再次发现"妻子、把妻子当作异物看待的眼光。妻子变成了自己不熟悉的他者。

338　　　包括江藤先生在内的多数知识分子，有长期逗留美国的异文化经历后，有自己内部的一部分确实发生了变化、无法回到原点的感慨。异文化经历，会改变自己的一部分。会留下可叫作身体的痕迹。我在美国生活了一个阶段回到日本的时候，也会被周围的人评价说，"你变成美国人啦"。当我问他们"哪里变成美国人啦？"据说是"我变得不再道歉了"（笑）。当平山周吉先生提到在江藤先生的妻子身上发生的事情，他写道："庆子夫人已经不是 Tonchan（爱称）。也不是'妻子'和'母亲'。站在那里的是一个女性。作为'他者'的妻子，站在江藤淳的面前"［平山 2019］。

　　据校友和周围的人反映，庆子夫人是一位母性很强的人。也许是为了追求母性而娶妻的江藤先生，后来在家庭中发现的是一位作为异物的妻子。而且这对夫妇没有小孩，不能共有爸爸和妈妈的社会角色，在家庭中最终也没能引进互相称呼为"爸爸"和"妈妈"的文化定式。在这样的生活中，江藤先生发现作为他者的妻子的感慨，我觉得可以在他评价小岛信夫的小说的背景中找到。

我们的合著《男流文学论》，遭到了很多猛烈攻击（bashing）。特别是受到男性评论家的攻击，责难我们说，我们不懂文学。

因为我是社会学家，小仓老师是心理学家，所以别人要这么说的话，也没关系。不知是出于对身为作家的富冈老师的关心呢，还是其他什么原因，某位男性文学教授这样挖苦："富冈老师是大学研究生院的研究生，上野是个学习很用功的大学生，小仓千加子则是个幼稚园的学生。三个未成熟的人，就像主妇们在井边做家事之余说闲话那样，对男性文学指手画脚地说这说那，说是男性文学没能准确描写女性"。

另一方面，女权主义批判的大前辈水田宗子老师在"逃向女性与逃离女性——近代日本文学的男性形象"（《日本文学》1992年11月刊，［水田（宗）1993］所收录）这篇非凡的论文中，针对我们在《男流文学论》中提出的问题，进行了极为内在性的批评。为什么与女性的关系问题成为私小说的核心主题之一呢？或者在20世纪的文学中，性关系对于男性作家而言是他们自我探索的场所或修道的场所吗？她说："所谓男作家以往并不理解女性、没有正确地描写女性……这本身是一个正确的指正，但是作为男作家批判论，却避开了靶向目标。……男作家们一直任意地在女性身上寄托梦想，任意地解释女性。正是他们描写的理想中的女性与现实中的女性的巨大差异，使男性的内心风景（inner landscape）如此迷人。"

因此，贤明的女性很擅长顺着男性的剧本，成为共犯者。女人是男人们幻想的共同"表演"者，这样的话，她们就能成为男人们的缪斯（希腊神话中司掌艺术与科学的九位女神）。另一方面，那些没有跟随男性剧本的女性，就变成了不可理喻的怪物。

340　庆子夫人对江藤先生而言，也就是叫作妻子这个名字的"怪物"。

　　《男流文学论》中最早例举的作家是吉行淳之介。我对吉行淳之介这个人抱有怨恨。当然，我不认识他，也没受到过性骚扰这样的事，但却狠狠地遭到了周围的作为吉行粉丝的同世代男性们的厌弃。由于大家认为吉行是"（了解）女人的高手"，所以我经常被提醒："你，想了解女人的话，去读一读吉行吧"。实际上，和我同一代的人中间，有为了想知道"女性是什么"而去研读吉行作品的令人感到可怜的女性。

　　在男性中间一定有大家公认的、对女性洞悉一切的"女人通"。比如说《失乐园》[1997]的作者渡边淳一先生就是其中之一。但是，"女人通"所了解的只是自己视野中的女性，而并非整个女人世界他都知道。我也很后悔自己曾完全听从别人、完全受骗，差一点卷入男性的幻想当中，充当共同表演者的经历。

　　关根英二先生这位文学家，以深深的悔意在《〈他者〉的消逝》[1993]一书中书写了自己年轻时深深迷恋于吉行祛魅的经历。就像书名显示的那样，关根先生达到了这样的认识："关锁在《直到黄昏》的主人公里面的反社会性，表演的是'他者'的模拟……要排除掉对于那个世界来说是异质的东西，摆在眼前的
341　'他者'之存在"。使得关根先生撰写这本书的，是他的美国妻子。这个妻子反复传递给他的信息是："我不是你的妈妈"。

　　近代家庭中，不能很好地解释角色的定义的日本夫妇，为了把对方嵌在一个文化铸型中，使双方的关系稳定下来，他们互称"孩子他爸""孩子他妈"。这个在外国人看来非常奇怪。当然，妻子不是母亲，连妻子都表示说："我家还有另一位很大的孩子"。要是把关系镶嵌在母子这个模型中，就会稳定。这是日

本文化给予夫妻的狡猾的智慧。

那么，过去在近代家庭中"家长"是什么呢？我把《拥抱家族》中的家长三轮俊介所代表的、孩子气的不知所措的家长，命名为"家长孩子"。

刚才介绍的驹尺喜美先生，在《魔女的文学论》[1982]一书中说，她"根据日本近代文学翻转史／颠倒史"的概念，重新阅读了近代文学史。日本近代小说史中一直成堆生产的私小说，要是好好阅读的话，你会发现它们是"没能成功成为家长的男人们的自虐文学"。我觉得真是如此。而且，由于他们是搅得四邻不安的家长，因此就出现了像石川啄木的妻子、志贺直哉的侄女这样的受害者。

另一方面，把近代的夫妇当作对等的个人来描写，与怪物妻子直接对峙的极少数近代作家之一，是夏目漱石。对于这个评价，江藤先生应该是同意驹尺先生的意见的吧。驹尺先生原来是研究夏目漱石的学者，著有《漱石这个人——我辈是我辈》[1987]这部名著。我在读这本书的时候，明白了漱石是准备对等地与被称为"恶妻"的镜子夫人正面相对的。

文艺评论家的角色

在考虑江藤淳这位文艺批评家所起的作用的时候，我不仅参考了他的作品和其他人撰写的江藤淳论，他过世20年前后由原来的编辑担当者撰写的两册大部头的著书也提供了新的线索。那就是斋藤祯先生的《江藤淳的说辞》[2015]和平山周吉先生的《江藤淳复活》[2019]。我为后者的装帧所折服。打开封面后，有一个叫作衬页的部分。封面右下侧的地方有一张不起眼的照

342

片。这位女性就是在江藤先生 4 岁半时去世的母亲广子夫人。真的是一位非常美丽的女性啊。然后，书脊的里面也有一个衬页的部分，这里原封不动地收录着江藤先生自杀时自己撰写的遗书。发现这些衬页设计的时候，我深深叹服：这是何等厉害的装帧啊！当我去调查是谁做的装帧时，发现是菊地信义这位我非常尊敬的装帧家。这个把 4 岁半失去母亲到 66 岁自裁为止的江藤先生 60 余载的人生，收纳在这 700 多页的书中的概念……让我看到了不想看到的东西。我觉得做得过分了（苦笑）。

343

　　前述两位担当编辑编撰的任一本书，都建立在江藤淳达成的"评论或批评"这种文体是文学的最高形式之一的共同认识上。确实，《一族再会》［江藤 1973］是自传一样的读物，刚才提到的"xx 与我"系列的私人散文非常多。当翻阅这些散文的时候，我了解到江藤先生甚至不设防地暴露自己。倘若日本文学中有私小说的传统的话，那私评论和私散文也应该可以有。他用评论的形式谈论自己。我觉得，那种痛彻传递到我们读者中间，使我们产生一种没有眼泪就无法读懂的心情。平山先生也评论说，"江藤淳并非小说家，但是作为一位评论家，可以说他是例外地留下了不少回忆性的散文和作品"［平山 2019］。

　　是不是只有写小说的人才叫文学家呢？用文字写东西的人全都是文学家吧？我们可以不把江藤先生的非小说类作品叫作评论或散文，而叫作文学作品吗？我重新又读了江藤先生的很多作品，感觉到了他作为一位不停留在评论这个文学体裁的文学家所达成的成就，非常钦佩他文章的出色。

　　Literature（文学）这个词，指的是用文字书写的所有东西的总体。绝不是指小说仅等于 Novel（小说）。近年，诺贝尔文学奖正改变这文学的定义。斯韦特兰娜·阿列克谢耶维奇 * 获得诺贝尔奖，显示了非小说类文学作品也是文学。有人把石牟礼道子称作非小说类文学作家，她是文学者。我觉得，池泽夏树先生在他个人编辑的《世界文学全集》（河出书房新社）的日本部分中，只采用了石牟礼道子先生一个人的做法，是有见识的。小说和非小说之间并没有很高的围墙。鲍勃·迪伦在获诺贝尔文学奖的时候，发出"歌词也是文学"这样的激进的文学的再定义。以诺贝尔文学奖的影响力，做这样的事情是非常鼓舞人心的。

过去我曾这么写过："所谓批评是什么呢？那是与自己受到吸引、灵魂被紧紧抓住的对象进行斗争，并为了跟他说再见而写作……是一种使用他者的语言来讲述自己的、拐弯抹角的形式。"［上野 2000b］在文艺评论家的处女作中，可以看见作家假托他人、作为他者的通灵人使用他人的语言开始怯生生地说话的形象。

超越文艺批评的范围而将这种行为扩展到文明批评的，是江藤先生完成的任务。江藤先生的文明批评，其主题就是如何批判性地继承成为美国文化殖民地的日本的战后。也就是说，江藤先生主动地接受了在"近代"被连根拔起的时候日本人怎样恢复自己这个明治以来知识分子的主要课题。这里有一个这样的系谱：国民作家夏目漱石→继承漱石的小林秀雄→继承小林秀雄的江藤

344

---

* 斯韦特兰娜·亚历山德罗夫娜·阿列克谢耶维奇（Svetlana Alexandravna Alexievich 1948—），白俄罗斯女记者、散文作家。1984 年，在苏联文学期刊《十月》上，发表了以女性的视角审视苏联卫国战争的非虚构文学《战争中没有女人》。擅长创作以战争幸存者或灾难受害者和幸存者的回忆口述史为依据的纪实文学。主要纪实文学有《我还是想你，妈妈》《锌皮娃娃兵》《切尔诺贝利的回忆：核灾难口述史》等。2015 年获诺贝尔文学奖。——译者

345 　淳。另外还有深受江藤影响而出发的加藤典洋。如果真有符合本讲演的题目"战后批评的正嫡"的"后江藤淳",那就是加藤先生了。

　　在江藤先生系谱上的,还有一位叫作柄谷行人。他并不是保守思想家。以战败和占领为主题的,还有一位叫白井聪〔白井2013／白井2018〕的政治学家,他的思想内容几乎就是江藤先生和加藤先生的翻版,就只是年轻一点,思想没什么新意。但是,用别的声音重复唱同一首歌总是有必要的,江藤先生的系谱,由像白井先生这样的年轻声音继承下来,是非常重要的。有意思的是,他们每个人都做着"与自己受到吸引、灵魂被紧紧抓住的对象进行斗争,并为了跟他说再见而写作"的事情。江藤先生到最后的最后还在继续撰写夏目漱石论,他也论及小林秀雄。柄谷先生也撰写了夏目漱石论和小林秀雄论〔柄谷1972〕,他的处女作是夏目漱石论〔柄谷1969〕。

　　这些知识分子是怎样将"与文化殖民主义的格斗"这个主题承担下来的呢? 我觉得这才是值得讨论的主题。江藤先生有两次访美经历,他把这两次经历都写在了两本书里。这里重要的是,江藤先生这位日本男性是以什么样的立场来体验美国的问题。这是一种爱憎两种感情并存的体验:作为战败国的男性国民,被美国吸引,并受其影响;另一方面,又对美国抱有很大的憎恶和怨恨。

346 　　日本的男性知识分子的北美经历有一个相当大的共同点,那就是:他们一回到日本,基本无一例外地都走向回归传统和保守的民族主义。江藤先生回国后也变成了保守知识分子。他回国以后的作品,我没有再看。女人是不会这样的。具有北美经历,却没有回归传统并成为保守民族主义者的例外的男性知识分子，有一位是我非常尊敬的鹤见俊辅先生。柄谷行人先生也是其中的一位。没有北美经历但有欧洲经历的知识分子，加藤周一先生也是例外的一位。加藤先生的情形，由于他跟欧洲有很深的瓜葛，所以能够从欧洲的角度将美国相对化吧。如果要把美国相对化的话，只需提起欧洲就可以。

为什么这些人能够成为例外呢？我觉得这是另外值得考察的问题，但是他们身上的共同点就是：对日本文化的深厚修养，和具备出类拔萃的语言能力。男知识分子一般有语言自卑感，一到海外，大家都口齿笨拙（笑）。听说江藤先生使用英语很出色，但是实际上我没听他说过英语，所以我说不准。因为人们都说战前的德语老师去德国的时候都听不懂德语，所以江藤先生有可能会读写，但是不会听说。

超越文艺批评，走向文明批评

经过第二次的北美经历，对江藤先生而言，出现了一个可称为回心转意的大主题。那就是占领和宪法。1962—1964 年，他作为洛克菲勒财团的研究员在普林斯顿大学待了两年。之后，1979—1980 年，江藤先生住在华盛顿。正好那个时候，也就是1979 年，美国国家档案馆开始公开东京裁判相关的资料。江藤先生那个时期正好在华盛顿，他就到国家档案馆查阅战后同盟国军事占领日本的相关公开资料。

其结果，他撰写了《1946 年宪法——它的束缚》[1980]。虽然有人质疑说"文艺评论家可以做这样的事情吗？"，但可以说占领和宪法成为了江藤先生后半生的毕生工作。在江藤先生的

347

强烈影响下，加藤先生撰写了应叫作"江藤的影子"的作品——《美国的影子》[1985]。江藤先生著有《西洋的影子》[1962]的作品，《美国的影子》是加藤先生充分意识到《西洋的影子》一书而起的书名吧。之后，加藤先生撰写了《战败后论》[1997]、《战后入门》[2015]、遗著《第九条入门》[2019]等一系列拷问战后日本的自我认同意识的著作。白井聪先生的《永续战败论——战后日本的核心》[2013]和《国体论——菊花与星条旗》[2018]也可以归入江藤先生的系谱吧。

这些人几乎都在说一些异曲同工的事情。加藤先生的《第九条入门》，我觉得他好不容易学习了那么多，虽然腰封上打出"就凭这一册书，所有的宪法争论就此结束"这样的宣传语，但是几乎没有什么新的论点。大概就是江藤先生在《1946年宪法》中写的内容的重复。我明白了江藤先生讨论范围之广。如果总结加藤先生的宪法论要点，那就是日本国宪法第一条的象征天皇、第九条的放弃战争和护宪论学者不想触及的日美安保条约这三位一体，这个三位一体是麦克阿瑟的作品。

现在，保守政权想要修改"（美国）强加给（日本）的宪法"，如果上述三点一套是宪法的核心，那"强加给（日本）的象征天皇制"也必须改变。为什么呢？这是因为宪法第九条内容的成立，与麦克阿瑟的个人得失有着很深的关联。麦克阿瑟将宪法第九条强加给日本的背后，有着他自己的很大的野心。那就是作为日本民主化的英雄，凯旋回国，成为下一任的总统。可惜这个计划没能成功。但是，战败不久，麦克阿瑟的得失，无论如何与应该捍卫国体的天皇权力的利害关系相一致，两者就处于双赢的关系了。

348

之后，为了隐瞒宪法第九条这个在国际社会中非常罕见的放弃主权、制约主权的条款是强加在日本人身上的事情，出现了说是日本人自发要求第九条的说法，也就是"币原提案说"。当时的首相币原喜重郎在回忆录中写道：自己主动提议了宪法第九条，听了他建议的麦克阿瑟很感动。江藤先生把这个称作"币原神话"，也就是他已经说过这大概是捏造。币原首相出于政治的考虑，到最后也从未说过这是捏造，就过世了。

这个三位一体的背后，不管怎么说是始终守卫天皇的利害关系。好像也有这样的威胁：说什么若不接受第九条的话，就不保证天皇的生命。其结果，虽然天皇被免除了战犯的责任，同时他的退位和生前让位都被拒绝了。因此，才有裕仁天皇既耻辱又不得不在战后坚持在位40年。

关于昭和天皇，江藤先生是这么写的，"'昭和'的时间空间有其荣光及悲惨……另外，我不认为自己可以逃脱耻辱和罪恶。因为使我能够忍受这些的，不是其他，正是当今天皇圣上（裕仁）这个有分量的存在"［江藤1989］。也就是说，也可以理解为：天皇持续在位一事，看起来好像是惩罚一样。

昭和的最后阶段，媒体一直重复报道天皇"便血""便血"，国民开始厌烦社会上要求自我约束、减少不必要活动的氛围。我还清楚地记得自己当时觉得上皇明仁这个人，一定是对因死亡而发生的帝王换代对天皇制的存续具有极其负面的效果有所认识。现在的上皇是天皇制存续战略的出色策划人。终止了天皇的神格化，创造了一位回到人间的天皇。做出一副并没有培植傀儡之事的美国，在盟军占领日本期间，采取给日本人的无意识加盖子的政策，成功地通过忘却制造历史的空白时间，这个至今还在延

349

350

续。这正是江藤先生最早指出的、持续到现在的日本的诟病。

如果我的这个分析正确的话，那么明仁上皇是立宪主义者的事情就可以理解了。也就是说，因为把他创造出来的东西正是日本宪法，当然有必要保护把自己产生出来的存在依据，这对他而言是正确的态度吧。

走向统治者的道路 / 成熟的课题

在战后日本，男知识分子到底探索的是什么呢？那就是，自己的来历。把"自我认同意识"这个词带到日本、并使其得以普及的功劳者之一，是江藤先生。他是为了追求自己的来历和自己所属国家的起源的正统性而使用这个概念。对正统性的追求，若是朝向国家的起源，当然就会面向日本国宪法这个战后日本的起源。若面向自己的来历，就会面对《一族再会》。我认为小林秀雄晚年的大作《本居宣长》[1977]也是因相同的动机而写成的。大致男人啊，要是去探索根源的话，几乎成不了什么事（笑）。

为什么呢？因为这是一个"谁统治？"（Who rules?）（谁是这个世界的统治者？）的寻求正统性的问题。我最初读新约圣经的时候，惊讶到了极点。从第一行的"亚伯拉罕生以撒；以撒生雅各；雅各生犹大和他的兄弟"，就这样那样地只罗列了男人的名字，最后出现了约瑟的名字，说这个约瑟生了一个不是他后嗣的孩子。他就是耶稣。尽管玛丽亚的处女怀胎可以把所有的家谱都逆转过来，为什么需要那样冗长地罗列男系的家谱呢？因为这显示了谁是统治者的正统性的来历。《古事记》和《日本书纪》的家谱，也是出于同一意图而被撰写的。

关于小林秀雄的《本居宣长》，桥本治先生和桥爪大三郎先生各自写了评论，但是两者著书的题目是相对照的。桥本先生写的是《小林秀雄的恩惠》[2007]，而桥爪先生写的是《小林秀雄的悲哀》[2019]，两者就好像一个是正片，一个是底片。桥本先生的书非常厚，因为他翻译过《枕草子》，又是改编《源氏物语》的人，所以他比小林先生更熟知古代史和古典文学。本居宣长生活的近世这个时代是他专攻的历史时代。因此，桥本先生应该有一些他想要说的东西。但是，当我阅读《小林秀雄的恩惠》时，我发现桥本先生并没有把小林秀雄当作同时代的作家来阅读，年轻的时候并没有受过小林秀雄的任何影响。那么，他为什么要写这本书呢？这是因为他在54岁的时候，获得了小林秀雄奖这个奖项。

桥爪大三郎先生的著书呢，则是一本不加掩饰、过于直截了当的书。小林秀雄为了探索自己的文化传统的根源，先摸底去研究本居宣长，但却得出本居宣长太伟大了，自己最终力不能及的结论。尽管如此，读者说，他们之所以被小林激起一种艺术错觉和审美迷误，是他的"风格魔力"的缘故。对于小林秀雄的风格魅力，桥爪先生说，它有"可以看作是""肯定是……没错"这样的"与读者协商的风格"。不仅如此，还出现了很多诸如"哪怕用新的解释等，也安然如故""……像这样的说法，根本不值一提"等不合逻辑的断定。这些判断，是一种强行要求读者方的赞同，可能的话把疑问排除在外，让人可以陶醉在小林秀雄世界中的招数。

我年轻的时候曾经沉溺于小林秀雄的风格。我一边看得入迷，一边觉得沉迷于如此男子汉气概之风格的自己是一个多么不幸的女人呀。看了这些书以后，过去使我沉溺的谜团终于解

352

开了。

　　桥爪先生的著作，与其说是探讨小林秀雄，不如说是讨论本居宣长的书。它解开了宣长为什么创作《古事记传》的谜团。众所周知，宣长在写作《古事记传》之前，一直认为日本古代的正史是《日本书纪》，古事记他从来都是置之不理的。把古事记的地位上升到与《日本书纪》并称为"记纪"，完全是宣长的功绩。不仅如此，在宣长的时代，《源氏物语》是面向女孩子的读物，而且人们认为良家子弟不应该读它，把它视为一种近乎于猥亵文学的作品。江户时代生产了大量把源氏改编成戏作等通俗小说的黄表纸和黑表纸等插画读物。但是把受到那样对待的源氏物语，树立成现在这样的权威性国民文学的经典作品的，也是宣长的功绩。倘若这样，宣长因此想做什么呢？那就是为了从另外一个文化殖民主义的源泉"汉意"*当中，挖出"大和魂"来。就这样，产生了国学这个"被创造出来的传统"，还形成了国史这个国家历史（national history）。就像小森阳一在其日本近代文学史研究中指出的那样，明治以后的知识分子，不仅想否认曾被中国进行文化殖民地主义统治的历史，也想忘记汉诗文的教养。

　　宣长、漱石、小林和江藤先生想询问的问题，是"何谓日本？"这个问题。小林走向本居宣长的直觉是对的，但是他处理不了宣长的问题。这是桥爪先生的解释。

　　通过"何谓日本？"这个问题，小林秀雄和江藤先生想要完成的课题，是成为"统治者"的道路。

---

* 汉意（Kara Gokoro），指的是中国心（Chinese heart）、中国式的思考方式。江户时代的日本国学家本居宣长所批判的那种醉心于中国文化和朱子学的主张，并受其感化的思想。——译者

353

这里让我们再一次回到小岛信夫。《拥抱家族》中妻子的通奸对象、美国士兵乔治（听起来是"情事"，及情色恋爱），被丈夫追究责任时，说了一句有名的台词："责任？为谁感到有责任呢？我只对自己的父母和国家感到有责任。"丈夫听到这句话出自一个没有教养的年轻士兵之口，他被彻底击垮了。乔治的背后，不仅有父母，甚至还有国家。

小熊英二先生在论及江藤的时候，分析了"成熟"被当作强迫观念而受到追究的理由，说："他决定替代失去权力的父亲，'成为大人'"［小熊 2002］。就好像是为了印证小熊先生的分析，江藤先生不仅自身是长子，他还写道，"作为放弃长子的所有权利的交换，我想让父亲明白，我准备接受长子的所有义务"［江藤 1967b］。

只不过，"成为父亲"这件事，对战胜国的国民和战败国的国民而言，含义是大大地不同的。江藤先生说，"所谓达成的自我识别（identification），就是遇到作为败者的自己，……对我们而言，所谓公共的价值，就是在接受失败了的共同体的命运之处所产生的价值"［江藤 1970］。

然而，在这里我无论如何都感觉到了性别的差异。男人意欲与共同体命运与共，但是绝不与共同体一起"情死"的是女性。（与共同体共存亡的女性被写成故事和被赞美，是因为她们假托了男人们的期待吧。）女人依从于胜利者。因此，街头娼妓也顺从于美国的士兵们。虽然为美国占领军提供服务的日本慰安妇以及之后的街头娼妓们，确实是战败的牺牲者，但是她们同时也是行使"顺从于在竞争中获胜的男人有何不道德？"这个能动作用（agency）的主体。这一点在茶园敏美先生的《另一个占领——

354

来自性爱这一接触地带》[2018] 一书中论述得非常有说服力。

355
　　在这里，"成熟"这个关键词再次浮现出来。根据平山先生的说法，江藤先生的个人秉性中，具有一种强烈的"向死倾斜"的倾向。然而，他身上发生了"从'死的思想'到向生活"的回归，平山先生把这称为"转向"。要说"死的思想"是什么呢？那就是"劝诱人投身于战争和革命"，"欲走向'灭亡'的性急的呼吸"。所谓"死的思想"，是曾为战时派军国少年的年轻人们，一度强加于自己的思想，他们一定是想在自己死去的事上获得意义吧。在战时的情况下，也存在着提供"为了死亡的思想"的战犯知识分子。到了战后，江藤先生写道，"对我们而言，重要的事情……我们现在活着，不久就要死去，没有比这更无聊的事实了"[江藤 1956]。江藤认为，夏目漱石之所以伟大，是因为"他是寥寥无几的、为生活者的作家"，具有"作为生活者的责任和伦理"。

　　江藤先生这样写道，"战争期间，我一边厌恶宗教狂热（fanaticism），一边履行作为一个国民的义务。战后既没有在物质满足方面，也没有在道德称赞方面得到回报。尽管继续失去所有的东西，也不大吵大闹说自己是受害者。一边承担着一种形而上学的加害者的责任，一边决不因为悲伤而放弃有人情味的责任。是一个默默的、不愿给人添加麻烦而活着的人"[江藤 1966b]。也就是说集中了"我想成为这样的人"的言外之意。

　　小熊英二先生指出，江藤先生"是一位高举国家和'父亲'复权的保守论者"，他投身"作为'自我探索'的保守民族主义中"[小熊 2002]。就像小熊先生在《1968》[小熊 2009] 中把学
356 生运动和全共斗运动全都还原成战后世代的自我探索那样，他把

所有的问题全都以自我探索来解决。这是小熊先生令人头痛的地方。我觉得用这样矮小的历史观是无法撰写战后史的。

无论如何，作为战败者，战后日本从丧失出发，至今也未对三百万白白送命的死者进行哀悼（mourning work），一直试图忘却战败和占领这一耻辱。这一欠账，今日又绕回到自己身上。欲挑战这一债务的，正是江藤先生的"嫡出子"加藤先生的《战败后论》。加藤先生只是因为提议首先有必要举行"三百万死者"的"日本人的哀悼工作"，就作为"国民主题论者"而受到攻击。但是，我认为加藤先生想说的事，并没有出现在与东京大学教授高桥哲哉的"国民主体"论争中。因为与死者的连带问题，是以历史为生的人们不可欠缺的工作。只不过这个死者究竟包括哪些范围，是个问题。

迈向"为了继续生存的思想"

就这样，对于给自己课以"成熟"之课题的战后知识分子们，他们之后的世代又是怎样的呢？就像平山先生很高明地指出那样，下一代的男知识分子面临的课题不是"成熟和丧失"，而是"成熟的丧失"。出现了像《逃走论——精神分裂症小孩的冒险》［1984］一书的作者浅田彰一样的终生拒绝成熟、始终想要像小孩子一样持续逃避的知识分子。

江藤先生重复说，所谓成为父亲，就是接受作为一个"统治者"的责任。但是我却觉得"谁拜托你这么做的？谁也没有拜托你哦"。这是像江藤先生一样的知识分子，任意派给自己的责任。

在这里，我必须赶紧添加注释。思想史中所说的"父亲不在"和"父亲的丧失"的课题，与现在日本家庭中的父亲不在

357

的现象，完全是不同的问题。我认为，日本的男性并没有长成父母。成为父母和成为父亲是两回事。女权主义法学家玛莎·法恩曼斩钉截铁地断言说："并不存在非父亲不可的育儿等，无论男人做也好、女人做也好，育儿中只有像母亲一样呵护照顾的工作"[Fineman 1995 / 日译版 法恩曼 2003]。所谓母亲般的照顾（mothering），就是贴近需要看护照顾的依赖性对象，与他 / 她共度时间和经历。做到不上不下，恰到好处。因此，不管男人做也好、女人做也好，育儿都是一样的，并没有"现在正是老爸一显身手的时候"之类的育儿。即便男性承担母性般的照顾，也就是只做跟母亲相同的事情，并不意味着"父亲的复权"。

当人们在某一天突然想到"人不过是活到死而已"的时候，他 / 她就成人了。那个瞬间人的青春就终结了。理应有这样的精神准备的江藤先生，为什么选择自杀呢？这是一个巨大的谜团。年轻人的自裁与活了五六十年的人的自杀，是不一样的。一旦从为了死的思想脱离出来，就一直活到死，不管活着这件事有没有意义，在辞世这一天到来之前只有活着，这就是人生。接受了这件事，并以"成熟"为课题的人，到 60 多岁的时候选择死亡，实在是令人心痛的事情。年纪大的人的自杀，与年轻人的一时兴起和一念之差的自杀，给我们带来完全不同的感慨。

战后的文学者的自杀，具有很长的源流。关于三岛由纪夫（享年 45 岁）的自杀，江藤先生书写了这样的感想："为了判断那是卓越的、有理念的行为，我内里的某个直感一直在说不是这样的。……对即便拥有整个国家，心中依然有无尽的孤独、绝望和虚无感，以及对无论做什么也没有什么效果的觉察……他不是一直为此而苦恼吗？"[江藤 1990]。这个"无尽的孤独、绝望和虚无感,无论做什么也没有什么效果的觉察",也是江藤先生自己的感受吧!小熊先生写道,"江藤反驳评价三岛的自裁为历史事件的小林秀雄说,'那不是历史,只不过是病而已',全面否定了三岛的行为"[小熊 2002]。我觉得他的看法有些单纯。

之后,川端康成使用煤气自杀,享年 72 岁。江藤先生对川端的自裁是这样写的:"川端氏确实应该在《我在美丽的日本》中说过,并非历史,而是自然,以及围绕它的四季的循环,才是实在的。不是吗?尽管如此,川端氏为什么会感到自己不能接受'一瞬即逝'的事情,要用自己的手撕破'船帆',必须自己切断'人的年龄'呢?"("五月的文学",《每日新闻》1972 年 4 月 24 日)。这个"帆",来自于《枕草子》中"时间转瞬即逝。乘风扬帆的船只。人的年龄。春、夏、秋、冬。"的记述。江藤先生开始询问,这就是人的寿命,为什么川端先生不能接受这个事实呢?

去年(2018 年),西部迈先生自杀了。享年 78 岁。西部先生,对江藤先生的自决,是这样评论的:"勇气和正义当中,包含着自己放弃延年益寿的思想的论理""我不得不把得出'死亡非常恐怖'的结论一样的东西叫作思想。"[西部 1999]

江藤先生自杀的时候,由于谁也没有到我这里来请我写追悼文,我什么也没有写。不知哪里出了错?西部先生的时候,有人请我写追悼文。那时,我跟编辑说:"西部先生的追悼文,我会写一些批判性的内容,即使那样也可以吗?"编辑回答说"没有关系",因此我就写了以下的话。

在战后日本的男知识分子的系谱当中,放上西部先生的

359

自裁的话，我感到有太多的共通点了……。北美经历后向日本传统和保守主义的回归。基于暴民政治观点（ochlocracy）的孤高的精英主义。对老去和身体衰弱的拒绝。对妻子先死的悲叹和不如意。自觉作为一个言论人的局限性和生产率的低下。对自己抗争至今的社会现状的深深的失望和愤怒。

[上野 2018]

而且，我也议论说，这样的死法是"多么'像男人样'啊！"有几篇追悼文把西部先生的死表现为"真帅"，但我眼中看到的是：无法承认自己弱点的男人的软弱。

西部先生过世后，我感到的是，只能选择死亡的西部先生的深深的空虚和绝望，以及为此感到悲痛的心情。西部先生意识到别人会比较自己的死与江藤先生的死，并会把两者等同起来，于是就非常强烈地否定。但是，在我的眼中，这两件事是重叠的。特别是，西部先生在江藤先生去世的时候说的"需要为了死的理由和为了死的思想"，我强烈地做了反应。

我在《为了继续生存的思想》[上野 2006，2012]一书中，很清楚地写道，"男人的思想是为了死亡的思想，而不是为生存的思想"，"虽然有为了死亡的思想，但是没有继续生存的思想，那是个问题"。而且，我一直觉得"英雄主义是女权主义的敌人"。迄今为止男人在数千年间创造的思想，全部都是给予死亡意义的"为了死的思想"。特别是，这不正是为在战争中死去之事赋予意义的思想吗？

直面江藤先生和西部先生的死，我能够再次回到妇女解放运动和女权运动的原点。死亡是非日常的事情，英雄主义是非日常的思想。女性立足的，是日常的思想。在那个时代，男人们面向的是英雄主义式的恐怖主义和暴力斗争的方向。与此相对，妇女解放运动和女权主义对男性们的选择提出了"不"字，将斗争的场所从非日常转移到日常。日常绝不是英雄主义的东西。所谓日常，就是像昨天那样，今天也持续下去。对像今天一样，明天也不得不给孩子吃饭的女性而言，日常是斗争的场所。在那里，谁去保育园接生病的孩子，是斗争。

对男人而言，英雄主义就像是麻药一样的东西。男人最害怕的，大概是被人称为胆小鬼、卑鄙无耻的人和窝囊废吧。这些词，能让男人们奔赴死地。具有成为胆小鬼的勇气的男人，有为数极少的几位。那就是鹤见俊辅先生、小田实先生。

社会学的创始者中，有一位叫作奥古斯特·孔德（Auguste Comte）。这个人说，近代杀死了神。杀死神之后的共同体的人伦基础中，必须放入些什么其他的东西。因此，市民宗教（civil religion）就登场了。日本在近代化的过程中给人伦基础带来的，是天皇这个神。然而，天皇因战败而成了人类。把什么规定为新的人伦基础？进入其空白之处的，就是宪法第九条非战论与永久和平主义这一另外一个宗教。这就是加藤先生的第九条论。第九条只不过是麦克阿瑟的剧本，但是，最终日本人彻底地被这个剧本说动了心，就这样迎来了今天。

那么，接下来我们该怎么办呢？

在做这样的讲座时，之后我都会接受听众们的提问。肯定会有人说，上野先生分析了些现状，但是她并没有告诉我们今后该怎么办。不要向社会学家问这样的问题（笑）。社会学家的工作就到分析为止。今后会怎样，社会学家不可能知道。今后怎么

362

办，是大家决定和思考的事情。

原来，我也可以信口开河地说，"不需要人伦的基础和公共的价值。尤其是，女性不需要那样的东西"。我自己都被驱使进入想那样说的诱惑当中。因为迄今为止的公共的价值是将"父亲的支配"正当化，只做压迫女性的事情。我们已经不再需要统治的父亲和受苦的母亲了。

战后，替代公共价值登场的，是私人的"欲望"。

见田宗介先生说，战后日本社会以"欲望个人主义"勇往直前。其他也有持类似看法的社会学家。如果只是欲望先行的话，就一定会产生弱肉强食的世界。也会产生被砍下扔掉、被排除、输给手下败将的弱者。所以，不能只交托给欲望。

我们能够不陷进男性知识分子陷入的"走向统治者的道路"的圈套，制造社会伦理的基础吗？这个问题是直到今日，留给并没有将战后日本的起源中所有的战败和占领这一耻辱和侮辱进行总清算的我们的一个重大的课题。

二 "后思秋期"的妻子们 *

斋藤茂男的《妻子们的思秋期》[1982、1983] 和林郁的《家庭内离婚》[1985] 一道，都是表示 80 年代家庭和女性变化的划时代造词。这两个词汇以显而易见的冲击力，揭示了一向以离婚率没有上升、非婚生子的出生率也未增加的出类拔萃的制度稳定性而引以为豪的日本家庭正从内部走向崩溃的现状。

《妻子们的思秋期》是 1982 年经共同通信社而在各大报纸上连载的"日本的幸福"栏目的第一部标题。斋藤的工作在新闻学领域划时代的作用，就是"普通女性的生活成为报道的事件"。这个事情无论多么强调也不为过。

第一个"事件"是"妇女用品"栏目的八卦素材被采用在报纸的社会版面。斋藤当时是社会部的记者。他与同事搭档共同策划了一个"日本株式会社'强大的秘密'"的栏目。他本人的话是："由社会部记者采编的用于社会版面的经济类报道，以揭示日本株式会社的'强大的秘密'，而不是由经济记者采编的用于经济版面的经济报道"。这个栏目一开头就以《妻子们的思秋期》开始，并非构想之结果。让我们来听听他的证言。

---

* 初次发表于 1993 年。

IV 经济高度成长与家庭

在我们反复采访的过程中当初的构想慢慢地发生了变化，经济报道的色彩大为淡化，形成了"日本株式会社"被推到一旁成为远景的形式。……采访这个东西就好像是这样的，在反复采访的过程中遇到了自己并不了解的世界，然后被那种新鲜的惊异和趣味所吸引，在进一步的取材中不知不觉地误入一个意想不到的地方……这样说的话就对了。

[斋藤（茂）1984：61]

迄今为止的有关女性方面的报道，一般在报纸的家庭版面刊登。就好像厨房是女人待的地方一样，报纸上的家庭版是女人专用，一般男性读者看报纸的时候家庭版是跳过去不看的。"妇女用品"栏目从报纸的家庭版面移到社会版面，仅此一点就是一个划时代的事情。

1984年9月24日的《朝日新闻》把"三分之一的女性赞成离婚……五年内增加了1.4倍"作为头条消息且以整版篇幅来报道（大阪总社发行）。之后，担当报刊评论的川胜传认为这样的做法不分轻重，批判说"我很怀疑朝日的见识"。那时要把"女性和孩子们的日常生活"报道成"事件"，还必须与这样的社会上的普通想法作斗争。斋藤本人也坦白说，这对他来说是一种"发现"。

366　　　……以前我从来也没想过女性的生活方式、实情是以与国际政治事件相匹敌的重要性而跟男性的生活方式、企业的实际状况、全社会的实际情况相关联的。简单来说，我以前很轻视地认为"女性问题"就是女人们的问题。

[斋藤（茂）1984：62]

第二，女性出现在报纸的社会版面的时候，按照惯例，这个女人一定是做出了什么轰动社会的事情。斋藤的报道中出现的女性，既不是名人也不是犯罪者。反而是旁观者眼中比普通人还普通的，乍一看过着幸福生活的女性们。斋藤报道的，是这些看起来"很普通的女人们"内心的颓废感和闭塞感。

提到"女性问题"，在那种把"女性问题"当作"女人所引起的问题"来看待，认为女人是麻烦制造者的社会共同认知下，当女性成为新闻报道的事件时，这个事件并不成为"女性问题"，而是这个"有问题的女性"容易被当作报道的对象。以前未曾有过把结了婚、生了孩子、成为家庭主妇的女性看作"（有）问题的女性"的事情。

要让"普通女性"成为报道，需要从"妇人问题"到"女性学"的范例转变。带有"女性学"字样的书刊第一次出现在日本，是1979年原广子和岩男寿美子编写的《女性学初探》（1979）。"女性学"出现的时候，有人觉得奇怪说，明明在以女性为对象的学术领域已经有了"妇人问题论"，却还要有女性学？然而"妇人问题论"讨论的对象是那些字面意义的"有问题的女人们"，即原来的妓女、单身妈妈和工作女性等等，从某个意义上来说由于她们越出"普通女性"的生活规范，所以被视为有问题的女性。从这个意义上来讲，"妇人问题论"是社会病理学的一个领域。结了婚、生了孩子、成为家庭主妇的"普通女性"成为妇人问题论的对象，是很少见的。

原广子在《女性学初探》中写了"'主妇研究'的规劝"一章。把视点从"有问题的女性"转换到"普通女性"，把问题设立从将"女人"视为问题转变到把在女性身上强制"普通"的

367

社会为研究对象等等，必须得等到女性学的出现。接受了原广子的提议，之后女性学领域先后出现了目黑依子的《主妇蓝调》〔1980〕和天野正子的《第三期的女性》〔1979〕等著作。1982年，我本人也通过追溯战后主妇问题化的历史，撰写了《阅读主妇论争之全记录》（上野编，1982）一书，从而开始了女性学研究的道路，但这本书也是承接了原的问题提出而撰写的。斋藤的工作和这些新动向是同轨的。而且他是凭借新闻记者的直觉，摸索着前进才找到这个新发现的。

　　事实上，主妇成为研究对象这件事本身，就是一件崭新的事情。我在自己的书中论述说"主妇是一个黑暗的大陆"，尽管她在那里是一个很巨大的存在，但又是一个看不见的存在。不仅仅主妇作为"普通女性"不被视为问题，而且一旦进入家庭，在公开的统计数据中哪儿也没有主妇的身影。如果是工作女性的话，她们的健康状况可以通过每年单位组织的体检得以把握，但是主妇的话，她们是不是过度疲劳、有什么样的病等等情况甚至没有在统计栏目中出现过。

　　第三是将"普通女性"的"日常生活"、夫妻关系和亲子关系等作为新闻事件来报道。"女人"和"日常"，也就是说私人领域要成为新闻事件，必须要有相应的范例转换。特别是在报纸这样的以公共领域事件为优先的媒体，私人领域容易被轻视。斋藤通过探究"日本的株式会社"，意想不到地遇到了藏在其背后的"女人"。

　　事实上，"女性"被视为问题的时候，比较多的例子，经常是通过探究公共领域中发生的事件才被发现。在箕浦康子的精心著作《孩子们的异文化体验》〔1984〕中，只有一章出现了他们的母亲们。归国子女的教育问题早就使新闻媒体沸沸扬扬了。作为教育学的研究人员,箕浦选择将在美国的日本人子女的异文化适应问题作为自己的研究课题,她注意到了在孩子们背后所隐藏的、他们的母亲作为驻外工作人员的妻子被迫陷于孤立的异样状况。而且她们在丈夫的长时间劳动和不参与家庭的方式纹丝不变地搬到外国的日本式夫妻关系中,日益积攒着一种闭塞感。箕浦敲响警钟说,在孩子们不适应异文化之前,母亲对异文化的不适应就已经是很严重的问题了。丈夫是商人,公司会对他加以照顾,但是谁也不会把妻子当回事。尽管后来日本企业也开始关注海外派驻人员家庭的异文化适应问题,那也是为了让丈夫能够"没有后顾之忧"地工作。以箕浦为首,还有康宁格哈姆·久子的《海外子女教育事情》(1988)等著作所表明的是:父母的夫妻关系是和孩子们的异文化适应深深相关的,在海外生活这个关键时刻,夫妻关系中一直存在的问题被扩大化并表现了出来。

369

近年来的社会史研究从对公共政治史、事件史的批判出发,加强了对"普通人""日常生活"史的关心。历史并不会因为有日期的突发事件而改变,只会因更底层的无名之辈们的风俗和习惯等,慢慢地但确实发生了变化而改变。同时,家庭史的研究表明:社会的公共领域与私人领域的分离本身就是近代的产物,公共领域是通过对私人领域的深深的依存关系才得以成立。斋藤的工作对于这个家庭史的新发现,也是通过自己的力量找到的。

第四,我们必须评价斋藤在夫妻关系中也想把性作为问题提出来的做法。在家庭研究中,性长期以来一直是一个禁忌。齐藤是这么说的:

IV 经济高度成长与家庭

> ……由于丈夫和妻子的关系是主要的素材，我们不可能
> 不涉及性的问题就结束了。比如说在妻子方对丈夫的不满和
> 抗拒的感情根源中，有没有牵扯到性的问题？丈夫和妻子在
> 两个人的关系中把性放在什么位置上？这些问题在看待夫妻
> 关系的时候，应该是非常重要的因素。
>
> ［斋藤（茂）1982：25］

370

这种理所当然的问题长久以来研究人员并未进行研究。性领
域的探究，随着社会史中对私人生活领域关心的扩大，终于被看
作是正正经经的研究对象。"下半身的领域"与"女人和孩子的
领域"一道，作为最私人和最琐碎的东西，不仅一直被瞧不起，
在研究上其优先地位也是被看得很低的。性要成为重要的探究对
象，就必须让人了解性是男女关系的核心和性关系是社会和文化
的产物。不把性当作窥探趣味的周刊杂志上的八卦新闻，而是放
在报纸的社会版来处理，这本身就是一种冒险。另外，斋藤还要
让他的采访对象张开她们紧闭着的嘴。考虑到斋藤是男人而他的
采访对象都是女人这一事实，我们应该肯定他的这种紧紧逼近对
象真相的努力。日本的女性把性放到明面上来谈论的做法，一直
被认为是不谨慎的。女性用自己的语言来谈论自己的性，一直要
等到受妇女解放运动影响的作品《海蒂报告》的日文版《摩尔报
告》［集英社 MORE˙ 报告班编辑 1983］的出版。

斋藤描绘的"妻子们"被丈夫强行要求"家庭内强奸"般
的性交，与林郁的《家庭内离婚》中描写的妻子们异口同声地表

371 述她们之所以能够和讨厌的丈夫同住在一个屋檐下，是因为两人
之间没有性生活，形成了很好的对照。处于"家庭内离婚"状态

的一个妻子说："要是有性生活的话，或许早就分开了吧"。浮现在这里的是：性交只不过是男人的利己主义的强迫，是夫妻之间佯装不知的性关系的贫乏。"家庭内离婚"的妻子们，正因为和丈夫没有性生活，才可以维持无性关系这种夫妻关系。主妇投稿杂志《妻子》编辑部进行的已婚女性的性生活报告《性——妻子们的留言》[团体妻子1984]揭示出令人寒噤的实情。日本的夫妇，既不拉手也不接吻，虽然几乎没有肌肤的接触，但是性器的结合这一项是要做的。

包括"普通女性"下半身在内的日常生活成为报刊社会版面的新闻事件——在搞清楚此事是与日本社会的巨大病理难以分割地结合在一起的这件事上，斋藤的工作具有很大的意义。作为一个新闻记者，斋藤靠自己的努力找到了这个发现，这与同时代的知识世界的震动，不可预期地走到了一起。

让当事者来叙述

斋藤在这里采取的方法，是彻底地"让当事者来叙述"的办法。记者一般用自己的语言记叙采访对象——这被错误地称为"客观性"——但是斋藤没有采用这种方法。

> 在"日本的幸福"这个栏目中，……决定以直接采用当事者活生生的经验报告为报道的前提条件。
>
> [斋藤（茂）1982：24]

这是"主观性"的方法吗？当被认为是"客观的"现实发生了动摇，眼前出现了前所未见的异样现实时，必须得有把握这些现实的新方法和新语言。那么叙述这些新现实的新语言在哪里呢？只要奔赴那些新现实就可以了。让事实本身说话就行了。在当事者试图想表现自己的现实的语言当中，就存在着记叙新现实的新语言。需要做的事情就是用耳聆听。而且，在这个新现实上强加"客观的"观察的瞬间，其现实性就被破坏掉了。所谓的"客观性"，只不过是记叙旧现实的旧故事的别名。

这种方法在社会科学的范式转换期内，为了探索新现实的征兆而采用时，是一种非常恰当的办法。范式的转换意味着对现实看法的改变。或者更意味着未知的现实突然出现在人们面前。这种方法对经常进行田野工作的人类学家来说是非常熟谙的了。他们面对着未知的世界，让当事者用自己的语言来叙述这个未知的世界。范式转换期的社会学，受人类学方法的影响而使民族学方法论（Ethnomethodology）（或民族志方法论 ethonography）得到发展，也并不是没有缘故的。

这种方法的另外一个特征，就是彻底的事例调查。这种调查不适合大量调查。所谓的定量调查，虽然有一种表面客观性，但实际上只不过是一种把现实封闭在现成的故事里的手续。与此相对，在定性调查中，事例的代表性经常被视为问题。斋藤所涉猎的事例，尽管都包括在"普通女性"的范围内，但有的是酒精中毒者，有的是离婚者，与"普通"这个词稍微有点偏差。但是究竟哪儿有像画中所描绘般的"普通女性"呢？任何一个人的现实都具有较"普通"稍偏差的固有性。反过来，在现实中并没有与统计数据的平均值相对应的具体参照物。通过彻底地限定于每一个事例，斋藤反而揭示出一个具有普遍性的社会影像。这使描绘个人史和时代史的连接点、表现时代的转换期成为可能。

在斋藤着手这项工作的同一时期,围绕着虚构和非虚构的界限以及重新看待客观性和主观性而蓬勃兴起了一种新的新闻学。斋藤既不像泽木耕太郎一样把"私"表现出来,也不像山下胜利那样设定一种虚构,他至多采用了一种根据"当事者的现实"重建现实的、最踏踏实实的费力的正面攻击法,为非虚构主义所创造的一种文体。

假如说斋藤的方法中有唯一一个缺陷的话,那就是:在《妻子们的思秋期》里描绘的夫妻关系的现实中一定存在着两个当事人,但是他只采访了一方,而并没有把另一方也当作采访对象。林郁的《家庭内离婚》也是这样。在涉猎男女关系的时候,只听取两位当事人中某一人的解释,就纪实文学而言,是片面点了吧。女性学涉及性,它揭示了性关系这种最亲密的行为,对男女各自来说,是活在有天壤之别差异的另一个现实之中。这种落差,要是你看一下强奸这一经历中,对强奸者而言的现实和对被害者而言的现实之间的差异,就可以知道了。当夫妻间的性关系无限接近强奸时,两个当事人在同一张床上,却活在不同的现实中,而不是说哪一方的解释是正确的。正是这种在同一现实中——实际上这甚至不是"同一现实"——的当事人之间的难以填补的沟壑,雄辩地把现实的可怕性传递给了我们。像芥川在《罗生门》中采用的把不一致的意见、既不达成意见统一也不和解的多元化现实,原封不动地展示在书中的方法,以及奥斯卡·路易斯在《桑切斯的孩子们》[1986]中所采用的手法,难道是不能采用的吗?在我们明白看上去似乎共有"一个现实"的不止一个当事者们,实际上生活在各自的"现实"中那时起,不论"性爱"还是"家庭"的神话都已经开始面向解体了。我们所

374

需要的，是记叙多样化现实的方法。

女性和家庭的变化

375 　　斋藤的工作瞄准了什么样的时代变化呢？

　　斋藤采访的对象是上班族们的妻子，她们的丈夫工作于相当的大企业，地位和收入都很高的，她们怎么说都是条件很好的阶层的妻子们，是那些已完成结婚和生育这种"女人的幸福"的，看起来都过着衣食无忧的自由生活的妻子们。让我们来回顾一下在《妻子们的思秋期》作为富足生活的代价出现之前的历史背景。

　　20 世纪 60 年代的经济高度增长期，是日本社会上班族化的历史转折期。在 60 年代初，雇佣者的比例超过了个体户及其家庭从业者的比率。1950 年以前的日本还是一个农业家庭接近国民总体 40% 的农业社会。就男人而言的上班族化，对女人来说就意味着做一个上班族职员的无业妻子。经 60 年代至今，已婚女性的有职业比率持续下降。对出生于农家的儿子们来说成为打工仔，对女儿们来说成为打工仔的妻子，这在明治以来，对日本的老百姓来说一贯意味着"出人头地"。在经济高度成长期里，他们实现了"暴发户"的梦想，日本社会进入了一个 80% 的国民对自己的生活情况回答为"中等"的时代。

376 　　然而，高度成长期的代价，从 60 年代末起就以各种反主流文化运动的形式出现了。其中给女性问题添油加火的，是 1970 年的"女性解放运动"。

　　这个日本女性自己以片假名称呼为"妇女解放"的运动，招致很多误解。其中也有来自保守派的攻击，认为解放运动只不过是受美国妇女影响的舶来思想。美国的"妇女解放运动之母"、后来成为 NOW（National Organization of Women）首任代表的贝蒂·弗里丹首次出版现为妇女解放运动经典之作的《新女性的创造》（原名为《女性的奥秘》*The Faminine Mystique*）〔Friedan 1963 / 日译版 弗里丹 1977〕一书是在 1963 年。弗里丹在书中描写了郊外中产阶级妻子的"幸福"是一种如何闭塞的东西，把"普通女性"的问题称为"未命名的问题"（unnamed problem）。虽然日本的妇女解放运动主要由二十多岁的年轻女性支持，但是岁数大一点的已婚女性也给予了"无声的支持"。妇解运动反复质问的，被认为是"普通女性"之"普通的幸福"的"主妇状况"的病理——而且同时矛头指向了把妻子变成主妇这一无薪酬劳动者的恬不知耻的日本丈夫们。到 60 年代末为止，弗里丹于 1963 年描写的"未命名的问题"，已经在日本女性中间广泛出现。日本社会中当时存在着足以产生 70 年代的妇女解放运动的理由。

在当时妇女解放运动所揭露的、能最突出体现主妇处境之闭塞状况的现象中，有"杀害孩子的母亲"。把孩子遗弃在投币储物柜里的事件那时频繁发生。在大众传媒非难女性"丧失母性"之际，妇女解放运动的代言人田中美津公然声称，"'杀害孩子的母亲'就是我"。在主妇处于闭塞的状况下，女性被迫陷于孤立，抚养孩子的重任完全压在一个未成熟女性肩上。埋头工作的丈夫对她全无关照——这就是等待着结婚生孩子的女性们的"女人的幸福"的实际情况。妇女解放运动揭露的是：在这种状况下，谁都有成为"杀害孩子的母亲"的潜在可能性，人们不应该谴责杀死孩子的女性，而应该追究把女性逼至杀子境地的社会现状。残杀孩子的悲剧是和"主妇的幸福"相伴的。

斋藤在 80 年代报道的《妻子们的思秋期》，让人们联想到这

377

个"杀害孩子的母亲"10年或20年后的形象。主妇处境的闭塞丝毫没有得到改变，与丈夫的关系却越来越疏远。在这过程中，自己的自我认同意识所一直依赖的孩子开始自立。眼前的目标没有了，举目四顾，自己身边只有与丈夫之间的荒凉关系。这就是美国家庭社会学家取名的"空巢综合征"。心理学上有时候称其"目标丧失综合征"，也有时候称其为"主妇综合征"。"主妇综合征"这个名字起得很好。在这个社会，当主妇这件事本身就是一种病症。从70年代末开始，主妇中间开始不断出现被称为厨房饮酒者的酒精依赖症问题。另外还出现了抑郁症、神经官能症等用"更年期障碍"这个词无法解决的各种问题。仔细想想，在平均25岁结婚、生育两个孩子、35岁之前最小的孩子上学了的生命历程下，女人要经历"过早的老后生活"。这是一个边生活边过早把自己埋葬掉的年龄。"丧失目标"的妻子们以各种各样的身心症状来呼吁的，就是这么一个现实：很讨厌就这样像死人一般地活着。

378

70年代被称为"女人的时代"，特别是一想到女性积极进入职场的事实，"思秋期妻子们"的存在让人感到奇怪。这些妻子们是没有赶上女性进入职场的时机而被留在主妇地位上的女性们吗？

但当我们看到"女性进入职场"的实际情况时，马上就能明白事实并非如此。虽然工作女性被极力称赞为"新潮的女性"，但实际上通观这20年，"职业女性"只微微增加了一点点。"女性进入职场"的实际状况只不过是：女性作为用完即弃的劳动力，被动员到经产业结构的转变而新出现的高科技领域和服务性行业中。在工作的主妇刚刚出现的时候，不上班的专业主妇曾经为自己好像很无能而感到羞耻。但是进入 80 年代一看，原来这样一个严肃的事实是显而易见的：出去工作的女性归根到底是那些不得不出去工作的女性，而没去工作的女性是那些没有必要去工作的女性。

在"女性进入职场"的时代，孩子已经不再需要照顾而仍然留在家里的妻子，属于经济富裕阶层的女性。斋藤通过采访大企业上班族男性的妻子，揭示了支撑并享受日本富足的骨干劳动者们所背负的根深蒂固的病理。这就是注重虚荣和体面的物质主义，想用金钱来处理一切的拜金主义，用消费来满足欲望的消费主义，以及在上述情况下逐步形成的家庭空洞化。这些现象的负面影响并不仅仅发生在女性身上。考虑到家庭中最脆弱的存在是孩子，那么在同一时期内出现在家里的施暴少年和拒绝上学的孩子的现象，也不是不可思议的。这些思春期延长了的、和父母有着相同价值观的年轻人被叫作"新人类"，不久就被消费社会的浪潮所吞噬。精神病医生大平健在《富足的精神病理》[1990]中所描写的"名牌病"患者就这样诞生了。从这儿到无法与活人缔结人际关系的"M 君"（取自 1988 年连续诱拐杀害幼女事件嫌疑人宫崎勤名字的第一个字的大写字母，成为"宅男"*青年的

379

---

* "宅男"是日语"OTAKU"一词的音译，又叫"御宅族"，来自于日语的御宅「お宅 / おたく」一词，本意是第二或第三人称敬称，或对其住宅或家庭的称呼。御宅族原指 20 世纪 70 年代以后在日本社会出现的痴迷、热衷或精通动画、漫画以及电子游戏的年轻人。后来扩大泛指热衷于各种次文化，并对该文化有极度的深入了解的人，例如"体育宅""音乐宅""明星宅""汽车宅""铁路宅""军事宅""枪械宅""摄影宅""植物宅""方言宅"等等。由于宫崎勤事件的影响，最初人们对"宅男 / 御宅族"的印象是负面的，但由于御宅族在动漫、游戏等 ACG 创意产业和经济上的贡献，目前这个词汇已经普遍为日本各界人士使用而趋于中性，其中也有以自己身为宅男 / 御宅族为傲的人。——译者

代名词），只差了那么一步。斋藤茂男到了 90 年代，也丝毫没对时代的新病理显出任何倦怠，继续追踪报道。他撰写了《饱食穷人》[1991，1994] 一书，具体情况就可以参考那本书。

380 　　在阅读斋藤的《妻子们的思秋期》时，我只有一个地方有不协调之感。当时，"主妇综合征"被首次发现，由于那时这个病症揭示了它偶尔甚至会破坏家庭的严重病理，因此得到社会的关注。这种主妇的病理状况，使得"思秋期"这个词一下成为流行用语，被人们接纳为一种具有普遍性的状况，并且有预测说，今后"思秋期的妻子们"还会进一步增加。然而，事实并非如此。

　　在感叹《妻子们的思秋期》的冲击和现实性的同时，我直觉地感到这个现象是昙花一现的。我之所以这么感觉是有根据的。1983 年已婚女性的有职业率突破 50%，专业主妇成了少数派。80 年代末，劳动者家庭的双工资收入率超过 60%。前面虽然已经讲过专业主妇是不必出去工作的特权性阶层，但是能够靠一个人的工资让妻子当专业主妇的经济富裕阶层的男性越来越少。作为社会集团的专业主妇阶层，长期来看呈现出缩小的趋势。

　　不仅仅如此。我把"妻子们的思秋期"看作一时性现象的理由，还有其他的方面。斋藤所涉及的妻子们当时都是四十多岁到五十多岁，是在经济高度成长期内结婚的女性们。她们和丈夫一起，属于支撑着"追赶超越"型高度经济成长的一代人。我感到的是：她们是女性的同时，也是那个世代的日本人。她们与其长时间劳动、灭私奉公的丈夫在认真和不灵活方面，拥有共同的生活方式和价值观。也就是说，她们是那些丧失了目标后就会造成

381 自我毁灭那样的结果的、极端认真的一代日本女性。

　　然而在她们之后的那一代人身上，我看到的是既不像她们

那样认真又不笨拙的一群女性。围绕女性的状况并没有多大的改变。特别令我感到奇怪的是：尽管不能说孤独一人抚养孩子的状况依然没有得到改善，但不知什么时候起杀害孩子的事件不再被报道了。相反，媒体报道的是遗弃孩子的母亲。社会对抛弃孩子的母亲的反应，比想象中更大。不少偶像明星生了孩子以后也不放弃偶像生活，像松田圣子这样的女性成了证明"即使结婚生子也不改变女人味"这句话的典范。比养孩子更优先考虑自己情况的"反叛妈妈"的时代到来了。

尽管我们不能说围绕女性的状况得到了很大的改善，但是要说以前的现象不会发生，那就意味着女性发生了改变。我们所看到的是：很不认真的、对各种各样的玩法都很了解的，不像50年代的日本人视玩为罪恶的、颇善于消遣的女性的大量出现。消费社会为她们提供了无论要多少都可以满足的消遣机会。

80年代后半期"不伦之恋"（出轨）成为流行用语。"通奸"变成了"不伦"，再进一步变成片假名的"フリン"。以前要是说起"不伦之恋"，肯定是指已婚男性和未婚女性之间的组合，但是现在已婚女性也加入不伦的行列。根据主妇投稿杂志《妻子》的调查，已婚女性每六人中有一人有婚外性关系。对此她们非但没有罪恶感，而且妻子方面的外遇即使被发现，通常也不会成为离婚的理由。甚至像大岛清这样的性学专家也发言说："婚外性关系是夫妻关系圆满的秘诀"。在离婚率没有显示明显的上升之前，结婚和家庭的空洞化已经在内部慢慢进展。这也都是因迄今为止一直认真地把维持家庭的重任独肩挑的女性发生了变化而产生的结果。

"思秋期的妻子们"是时代和世代相交叉所产生的转换期的产物。时代并没有把她们推向现象大量出现的方向。

382

对男性优先的企业中心社会的批判

斋藤当初的意图是把女性作为底片，以浮现出其背后存在的巨大的男性优越的企业社会的病理。在那以后，斋藤也一直采用这种从少数者的视野出发挖掘大多数，或者从激烈的病理中揭露所谓"正常"者之扭曲的手法。"思秋期的妻子们"是那些在时代的转换期里最终没能适应变化，但又无法欺骗自己而产生了适应障碍的一本正经的人们。

然而另一方面，作为观察宏观趋势的社会学家，我也观察着时代的其他侧面。那些生活在同一个时代转换期里，既没有患上酒精依赖症又没有把自己逼得走投无路、怎么都能打发日子的多数派适应者，究竟怎样了呢？"适应"这件事，一点儿也不意味着她们是"正常"的。多数派的她们和她们存在的问题，是不是已经由斋藤所采集的少数派人群戏剧性地扩大，并生动呈现在人们面前？如果说有办法可以揭示那些平安度日的适应者们身上所存在的颓废和异常，是什么样的办法呢？斋藤的工作给我们布置了新的作业。

V　性别歧视的反论

一 夫妻不同姓的陷阱 *

1 夫妻不同姓的人类学

386　　不同姓的夫妻，在很久很久以前不仅存在于日本，也存在于世界各地。那么，为什么现在还必须视夫妻不同姓为问题呢？这一点是令人不可思议的。日本什么时候没有了夫妻不同姓呢？把这个问题反过来看，是不是就是正确确立问题的方法呢？

　　无论对丈夫还是妻子来说，姓都是表示其所属氏族（部落）的符号。在实行氏族外通婚制度的社会里，丈夫和妻子的姓氏不同是理所当然的。因为如果姓氏相同，就成为了氏族内通婚亦即近亲通婚，所以反过来必须得强调夫妻的姓氏不同。中国和韩国的"同姓不婚"原则，就体现了这个外婚制度的规则。即便完全是陌生人的两个李姓人士，只要姓氏相同就会被认为他们的远祖是相同的，从而不被允许结婚。结婚以后也要求丈夫和妻子保持不同的姓氏。

387　　即使是在日本的古代，我们也不能认为结了婚妻子就改姓丈夫的姓。岂止如此，女性有没有姓氏也值得怀疑。留在历史纪录

---

* 初次发表于 1989 年。

里的也就是像"道纲母"和"道长女"这样的姓名——只是属于哪个血统集团的纪录。在高群逸枝所说的"入赘婚"（招上门女婿的婚姻）中，妻子一直住在娘家并且姓自己所属集团的姓氏。即使在入赘婚的时代，像天皇这样的有权人士也实行把妻子迎娶到自己府第的娶新娘婚（娶妻婚）。但是在这种情形下，妻子也是每逢生孩子就回娘家，与娘家的关系极其紧密，有的人甚至像"藤原女"或者"物部女"那样，把自己氏族的姓保留为符号。

　　妻子的姓氏是和妻子的血统集团之间联系的证明。尽管日本和大洋洲圈的社会有着很多相同点，但是在波利尼西亚，女性即使嫁到丈夫的集团之后，也通过与兄弟姐妹的关系，终生与自己的出生氏族保持联系。这个社会在结婚资金上要花费莫大的财产，在这个钱支付完毕之前，甚至还会发生即使孩子出生了也不交给丈夫所属的集团的事。妻子去世的话，举办葬礼的中心是妻子方面的亲属，妻子的遗体也被葬在她自己血统集团的墓地里。由于丈夫和妻子属于不同的氏族，所以不会出现墓地相同的情况。婚姻的契约，因妻子的死亡而终结，它也是丈夫的亲属集团和妻子的亲属集团之间长期的契约关系，妻子的氏族对嫁出去的姐妹终身承担权利和义务。

　　一般在妻子与娘家即血统集团保持紧密关系的地方，妻子在婚家即嫁入集团的地位比较高。在这里，妻子的地位由娘家与婚家的权力平衡决定的。甚至还会有妻子经常出色地操纵丈夫与其兄弟之间的权力关系，而从双方获得利益的事情。在这样的地方，妻子经常一有不顺心的事就逃回娘家，像丈夫殴打妻子这样的暴行，因为有妻子娘家的干预，并不太容易发生。

　　如果是这样的话，那么向夫妻同姓转变的谜团就很容易解开

388

了。那就是切断妻子和娘家的联系——这就是夫妻同姓的核心。

　　为此，必须要有两个条件。

　　（1）认为一辈子只能结一次婚，而且是不可逆转的地位转移。

　　（2）为了让妻子娘家的影响力不能与丈夫家匹敌，要从比丈夫的亲属集团地位低的亲属集团中选取妻子。

　　"妻子要从灶灰中选"这句古谚所象征的高攀择偶（与地位高贵的家族联姻）——也就是灰姑娘的故事就这样完成了。灰姑娘情结包括了女性（1）完全脱离自己的血统集团，（2）完全与丈夫的亲属集团同化这两点。即便是现在，女性也有视结婚为从自己的亲属集团离岸的跳板，这是高攀择偶态度的反映。

389　　　在这种结婚观中，丈夫对妻子的完全支配即父权制就完成了。对丈夫来说，来自妻子亲属们的干涉似乎是令人厌烦的。父权制六千年的历史，看起来就好像是奉献给人看的、如何努力切断来自母系亲属影响力的历史。在出嫁的前一天晚上，父母向女儿说明一旦出嫁，即便发生了什么事也不能回来的原委。据说新媳妇插在腰带里的怀剑，也是意味着万一发生了要回来的事，就用剑刺喉自尽的意思。也就是说，一旦出嫁了，除了成为遗体回来以外不要回娘家。而且在处女性受尊重的社会里，由于有过初夜的女人就是瑕疵品，所以这个变化是一个无法恢复的变化。关于婚姻的文章（discours）都对女人威胁说："这个地位的转变是一次性的、无法挽救的变化。"对于男人来说，由于没有这种威胁性的话语，所以这种关系很明显是不对称的。

　　就这样，丈夫可以对嫁过来的妻子任意地行使他的权力了。家风的强制自不必说，妻子甚至还会遭到丈夫的出轨、家暴、遗

弃等几乎不被当人看的待遇，并且形成了丈夫对妻子"做什么都
可以"的关系。

2　上升婚的机制

　　要是我们知道夫妻同姓与身份制社会以及其中的父权制的完　　390
成是密不可分的，那我们只能说急于想同丈夫姓同一个姓氏的姑
娘们的心理是"不可理解"的。

　　然而，"想改姓氏"的女儿们也有她们的主张。首先，结婚
常常意味着从自己讨厌的原生家庭"逃走"。这种脱离家庭的愿
望，通过灰姑娘情结而得到强化。在高攀择偶的规则下，女性要
嫁入的集团，其社会地位和经济地位比她自己的血统集团要高，
所以对很多姑娘来说，结婚是逃脱悲惨境遇的千载难逢的机会。

　　在一个家庭之中，女儿在"父亲的权力下"处于最弱的立
场，在没有意识到从家里逃脱的目的地是"丈夫的强暴"的时
候，她们被脱离的梦想所诱，简单地切断和娘家的联系。事实
上，自己主动选择改姓的大多数女性，都是"因为讨厌自己出
生的家庭，所以想改变自己的姓氏"。这样的话我已经听过好多
次了。由于男人们并不把结婚当作"抛弃自己的原生家庭"的机
会，所以这个结婚观是女人才有的、有特征性的观点。

　　无论日本还是欧洲，夫妇同姓都是伴随着父权制下的高攀　　391
择偶的成立而成立的。以自己的娘家为傲的贵族女性们，常常
出嫁以后还把结婚前的姓氏保留为中间名。比如像玛丽·伍尔斯
顿·克拉夫特（Mary Woolston Krafft）。孩子们也继承了母亲的
中间名，用他的姓氏表示自己具有父亲和母亲双方的哪一个血

统。其结果，名门子弟就会有像哈丽埃特·比彻姆·斯托·温斯顿·丘吉尔（Harriet Beecham Stowe Winston Churchill）这样长的名字。

以娘家为傲、不想切断与娘家联系的女性，不会丢弃自己的姓氏（Family name）。事实上她们出嫁以后也作为体面的家庭成员，具有财产继承权。而且这个继承权还可以延伸到自己的孩子。女性简单地抛弃自己姓氏的，要么娘家是那种什么也拿不出来的贫穷家庭，要么就是女性在争夺财产时从娘家不可能得到任何利益，总之是二者择一吧。这种结构最终制造了女性不依赖于结婚就无法生存的社会状况，起到把女性逼向结婚的作用。

3　孩子姓氏的父系主义

392　　这样看来，我们已经充分了解了"女性主动抛弃自己姓氏"的情况是由什么机制制造出来的，但是现在出现了要求夫妻不同姓的女性，这并不是因为她们想恢复与娘家的纽带。不是因为反对表现为"夫妻同姓"的父权制下的结婚观，就想回到把双方出生氏族相连接的"夫妻不同姓"的古代。因为姓氏意味着与血统集团的纽带关系，在亲子关系意味着财产关系那样的权利＝义务关系的地方，也会发生父母对不改变姓氏的女儿，任何时候都要求权利的情况。

在父权制下，也有夫妻不同姓起着压迫作用的情况。在主张不同姓的人们中间，比如有人看到同属东亚圈的邻国中国和韩国实行的都是夫妻不同姓，就会错误地理解为"他们那里女性解放很进步"。但其实中国和韩国在这方面都并不比日本强，不，是比日本更严重的父权制国家。在这样的社会里，嫁到父系集团的女性在姓氏相同的集团里，只有她一个人姓氏始终不同，所以她背负着对那个集团而言终身是外来人的记号。

在父系集团中，因为只有妻子有不同的姓氏，所以她保持着"异族的记号"。这在夫妇加孩子的核心家庭中，本质也是相同的。孩子的姓是表示他／她归属于哪个亲属集团的标记，亲属结构在围绕孩子的归属方面总是重复着纠葛。主张夫妻不同姓的人们，一般不把孩子姓氏的父系主义视为问题，这是由于女人相信：即便姓氏不同，生物学式的母子之间的纽带依然存在，所以会选择把姓让给纽带关系不太确切的父子吗？

4　不同姓家庭的增加

即便孩子随父姓的父系主义延续，不，倒不如说正因为父系主义延续下来，今后不同姓家庭将越来越呈现增加的趋势。这个动向大概不是来自要求夫妻不同姓的"追求独立的一部分女性"，而是由于离婚、再婚、再再婚的增加吧。离婚的增加趋势已经很难阻挡，即便对女性来说，离婚后带着孩子也不再成为再婚的障碍。在带着孩子再婚的家庭里，即使女方因再婚而改姓丈夫的姓，孩子的姓也不改变。孩子要改姓的话，必须与母亲的丈夫结成养子—养父关系。法律上成了父子以后，才会产生包括继承权在内的权利和义务关系。

即使夫妻双方离婚，亲子关系还继续存在。包括与孩子见面和亲权在内，不愿放弃与留在前妻身边的孩子之间的父子关系的父亲今后将会增加。相反，那些犹豫要不要与妻子带来的与自

393

394

V 性别歧视的反论

己没有血缘关系的孩子结成养父—养子关系的丈夫，或者觉得没有必要这么做的新丈夫也将会增加吧。之所以这么说，是因为孩子已经有父亲了。如果离婚再变得宽松一点的话，那么夫妻两个人的离婚，就不会马上与从孩子身边夺走"生父"这件事联系起来了。

如果是这样的话，即便离婚的时候孩子改姓妻子的姓，那么在再婚家庭中父母与孩子的姓就不同了。如果孩子随父姓，妻子回到结婚前的姓，而且再婚又实行夫妻不同姓的话，就会出现一家有三个姓的情况。这样的话，一家人就不再意味着共有同一个姓氏。

像美国这样人们不断离婚、再婚和再再婚的地方，一家之中有三四个姓的，更是不稀罕了。第一次结婚生的孩子和第二次结婚生的孩子，他们的姓都不同，要是父亲／母亲带着这些孩子再次结婚，他／她与再婚对象之间也有孩子出生的话，姓氏又不同了。

要避免这种情况的话，只要采用同一个母亲所生的孩子全跟母姓的彻底的母系主义就行了。然而在法律上允许夫妻不同姓的美国，也没有出现要求孩子归属母亲的母系主义——至少在关于婚生子方面。在奉行父系主义的社会里，孩子随母姓就会背上私生子的污名。但是，即便采用母系主义，如果在离婚的时候，父亲要孩子的情况增多的话，也还是会出现相同的问题。

要是想贯彻"一家人一个姓"这个惯例，那么每次离婚或再婚的时候就要逼迫孩子改姓。因为姓名是自我认同意识的基础，所以如果想避免这种混乱，那只有打破"一家人一个姓"的观念了。有必要创造一种认为一家人有好几个姓是理所当然的氛围。

在今天，人们不再认为结婚在一生中只能有一次，且是无法从头来过的，在这种情况下强行贯彻"一家人一个姓"是极其不现实的。

5　法律婚的好处是什么？

要求夫妻不同姓的主张，和法律婚姻一道都是拥护户籍制度的吗？

法律婚姻使夫妻之间发生权利和义务关系。至于亲子之间，即使父母在法律上不再是夫妻，由于其权利和义务关系仍然发生作用，所以如果说是为了保护孩子的权利，法律婚姻就没有什么意义。女方之所以主张法律婚姻，是为了保护女性的权利，也就是女方得利。在现行法律下，如果妻子没有经济能力，也就是说妻子是受抚养的，法律婚是让妻子得利的体系。

但是如果妻子有收入而从被抚养者中排除出去，那么她从法律婚姻得不到任何好处。在国外的各种法律中，多有对于已经成人的男女，除了学生和身心有残疾的人以外，不承认扣除抚养的条款。而日本的法律为了保护没有职业的主妇的"妻子的座位权"，相反鼓励女性不要有职业。要是配偶扣除完全没有的话，日本的专业主妇会发生什么样的变化呢？

如果在涉及收入和财产的权利和义务关系上得不到任何好处的话，法律婚姻的最后一点好处，就只有夫妻和亲子关系得到社会性公认这一点了。然而究竟为什么"性关系"必须要"登记"并得到社会"公认"呢？如果再进一步消除了嫡出子和非嫡出子之间的差别的话，那么采取法律婚姻就几乎没有意义了。最后剩

396

下的就只是"姓氏不同的话，孩子很可怜"这种想法了。"孩子"之所以"可怜"，是因为不同姓的话，"要被欺负"。但是要是这也只是单纯的"钻牛角尖的想法"呢？——果真如此的话，不采用不同姓氏的理由几乎就解体了吧。问题在于在看对方的脸色之前就采取了"自我约束"的日本社会的集体主义。

　　但是那些把得到社会公认并登记了的"家族制度"看作社会的根基，不想动摇这个制度的人们，他们会区别婚姻内的性关系与婚姻外的性关系，并维持嫡出子与非嫡出子之间的差别吧。

397　　"夫妻不同姓"的要求，其斗争的对象是父权制式的家族制度这个顽固的敌人。

二　作为生存经验的老后生活[*]

1　老年期的文化理想和现实

埃利克·埃里克森把"自我认同意识"这个概念引入发 398
展心理学的时候，他认为发展课题中最大的"自我认同意识
危机"（identity crisis）集中在青年期［Erikson, 1963 / 日译
版 埃里克森，1973］。埃里克森原来是青年心理学的临床研究
人员，在研究中发现了自我认同意识这个关键词。对"发展"
（development）这个课题，当初埃里克森也没有展开对青年期以
后的研究，他认为如果度过了青年期这个"疾风怒涛"（Sturm
und Drang）般的危机期，成人的自我认同意识基本上就很稳
定了。

但是人们普遍认为：即使成人以后，30 多岁的人还是有 30
多岁人的课题，40 多岁的人也有 40 多岁人的课题，人的一生当
中仍然有许多"发展"课题等待着他们。比如说像结婚、生孩 399
子、孩子长大离开自己身边、退休等等，都是人生当中每到一个
阶段，自我认同意识就被要求重组的发展课题。在自我认同意识

---

* 初次发表于 1986 年。

的重组时期，迄今为止保持下来的自我认同意识就失去了有效性。这个重组问题顺利解决的话，"成熟"就在前面招手，如果重组不顺，那么自我认同意识就会陷入危机。无论成功与否，如何度过自我认同意识的重组期，是困难重重的。

把人生各个阶段看作无止境的"发展"的观点，也可以说是极其美国式的。这样的人生观，与《论语》所说的"三十而立，四十而不惑"相差甚远。但是《论语》的这种说法，与其说是人生观，不如说是人生训导。也就是说，它叙述的是一种文化理想。大多数人也许会实实在在地体会到自己到了30岁也没有"立"，到了40岁也没有达到"不惑"的人生"现实"，离这种"文化理想"相当遥远吧。

把成人期看作"不惑"的人生观，之所以让位给认为人的一生都有无止境的自我认同意识变化的看法，主要有两个原因。首先是因为许多有关成人期心理的现实为世人所了解。另外一个原因是由于成人期的"文化理想"遭到了破坏。其最大的原因是高龄化。

孔子著述《论语》的时代，人的平均寿命大概不会超过50岁。日本在战后人口开始急速老龄化之前，平均寿命维持在40多岁的时期持续得很长。当我们阅读据说是织田信长在临终时所咏的"人生惟五十年。若比天下之家，恍如梦幻"，我们可以想象"人生五十年"的观念在当时已经深入人心了。松尾芭蕉在他做好了死的心理准备而出行前写下的纪行文《奥州小道》的引言部分中，抒发了对年老、前面的日子已经不多的自己来说，这次旅行恐怕是最后一次了的感慨。那时芭蕉仅45岁。

日本各地的民俗中所有的隐居习俗也是以40岁为人生的一

个段落的。40 岁的时候户主把家长继承权让给后继者，之后作为一家的代表进入"公事"——即村的集会和同祀一个氏族神的人们的集会——的世界。维持家业这个俗世间的事情全部委托给继承者，而他自己则转移到了神圣的领域。

这样想来，所谓的"四十而不惑"与其说是成人期的文化理想，倒不如可以说是老年期的文化理想。然而在青年期延长且老龄化发展迅速的今天，很难说 40 岁是进入老年期的门户。人生在 50 年代的 40 岁和人生在 80 年代的 40 岁，其意义是完全不同的。

虽说如此，那么比如说把"四十而不惑"看作老年期的文化理想，结合人生 80 岁的时代情况来重新换算的话，那又会怎样呢？能改说为"六十而不惑"或"七十而不惑"吗？——按字面来说，这个文化理想所表达的观点就是：在人生的一定阶段有其成长和变化的终点，人生的目标达成之后应该安享晚年的理想。这种文化理想不仅与老年期的心理现实有偏差，而且把在现实生活中老年人经常遇到的心理矛盾和对心理障碍的认识压制起来，对其视而不见。现在我们有必要不把老年期看作心理上和社会上的安定时期，而把它看作自我认同意识的重组时期，来动态地把握这个自我认同重组期中的"发展"课题和各种障碍的现实。

401

2　自我认同意识危机及其理论

埃里克森为青年心理学所做出的贡献是极其巨大的。他把青年期看作"自我认同意识的危机"时期，这个危机表现为"自我认同意识"（personal identity）和"社会自我认同意识"（social identity）之间的偏差。青年期是个人从"孩子的（个人）自我认同意识"向"大人的自我认同意识"转移的过渡期。个人在只具有"孩子的（自我）认同意识"的情况下，被要求"做一个大人的社会自我认同意识"时，这两种自我认同意识之间就产生了矛盾。反之，也有虽然本人具有"大人的自我认同意识"却只被赋予"孩子的社会自我认同意识"的情况。[1]埃里克森认为，所谓青年期，就是这两种自我认同意识之间的偏差反复出现矛盾和调整，最终达到协调的"大人的自我认同意识＝社会自我认同意识"之前的过渡期。

402

在传统的社会中，集团成员有"成人"和"孩子"的范畴区别。[2]个人在完成成人仪式（initiation）之前，通常都不被视为正式的集体成员。成人仪式也是"加入"集团的"仪式"。这个一下子跨越范畴界限的成人仪式，虽然在很多社会里都充满了困难和磨炼，但是在范畴的转换期前后，看不到"个人的自我认同意识"与"社会自我认同意识"之间的偏差。"孩子"就是"孩子"，"成人"就是"成人"，在"成人仪式"前后，个人只能属于其中的一个范畴。

埃里克森说，"孩子"与"大人"之间的这个转换期，作为人生的一个阶段形成并且长期化的，是近代社会。这就是"青年期"。因此，即使传统社会中有"孩子"和"大人"，"青年"却是不存在的。近代也是"青年期"成立的时期。这个移行期可以看作是从"孩子个人的自我认同意识即社会自我认同意识"完全转移到"大人的个人自我认同意识即社会自我认同意识"之前的，"个人的自我认同意识"与"社会自我认同意识"之间的笨拙的追赶游戏。

近代社会青年期延长的理由主要是由于"成熟"的课题中 403 出现了偏差。现在我们把个体的成熟分成①生理成熟、②心理成熟、③社会成熟和④文化成熟四个方面分别看一下。和传统社会相比，近代社会呈现出虽然由于营养的改善和性信息的泛滥而生理成熟（遗精和初次来月经的年龄）提早了，但社会成熟（法定的成人和经济独立）和文化成熟（结婚及生育）反而延迟了的趋势。青年期由于开始的早期化（12—13岁）和结束的延迟化（25—30岁）这两个原因，大致要跨越十几年之久。埃里克森把这个既非儿童又不能成为完全的大人的不安定时期，精到地命名为"延期执行期"（moratorium）。这个时期任何人都要经历，但尽管如此，它并非一个容易超越的时期。就像生孩子和死亡虽然是任何人都要经历的，但不能说是一种很容易的经历一样。埃里克森把在这个自我认同意识重组的时期里，在自我认同意识统合方面失败了的"青年们"的临床病例命名为"青年期延缓综合征"。这个生命阶段发生的危机，事实上像抑郁症、精神衰弱、精神分裂症的发病、自杀等等的症状，比其他任何一个生命阶段要更为集中［笠原 1977］。

3 临近老年期的自我认同意识危机

在谈论"老年"的论文中长篇大论"青年期"不是为了别 404 的。因为关于"青年期"可以说的事，在老年期也可以照本宣科。迄今为止的发展心理学家一直把"青年期"看作人生最大的发展课题。他们认为，青年期以后即便有危机，也没有"青年期"那么严重。但那也仅仅是假定人的一生中只有"孩子"和

"大人"两个范畴时的话题。如果"大人"的范畴并非人生的终点,之后还有另外一个范畴在等着,那又是什么呢?——那就是"老人"这个文化范畴。

"大人"的自我认同意识也永远不断地变化着。在这个变化过程中,每一个生命阶段都有好几个关键点。"厄运之年"的想法,大概就是传统社会为了无大过地度过危机时期的智慧吧。然而之后等待着人们的,是范畴本身的变化。人们终于有一天发现自己的社会性称呼发生了变化。他／她被叫作"老爷爷""老奶奶",因而为自己的"个人的自我认同意识"与"社会自我认同意识"之间出现了巨大的鸿沟而感到惊愕。

405　　让我们按照"成熟"的叫法,把从"大人"向"老人"的转变称为"老化"。然后跟"青年期"一样,把这个同样需要自我认同意识重组的转变期叫作"临近老年期"。至于"临近老年期"中的"老化"课题,可以说和"青年期"里的"成熟"课题是相同的。要是分析性地划分层次的话,"老化"可以分为①生理老化、②心理老化、③社会老化、④文化老化四个方面。

和"成熟"的情况相同,可能最早经历的"老化"是"生理老化"吧。老化的症状,就像俗话所说的先出现在"牙齿、眼睛和阴茎"那样,一般肉体的衰老,是不容置疑地最早向本人宣告老化的。根据生理学的知识,人到达18岁的生理高峰期之后,肉体的衰退就开始了,进一步回溯的话,大脑细胞在4岁之前形成以后,据说就年年不断地坏死。从这个意义上来说,"生理的老化"与初次月经来潮和遗精一样,不能准确地显示是从什么时候开始的。因此,最近的研究人员避免使用"老化"这个用语,仅仅称之为"增龄现象"(aging)。无论如何,现在为人所知的事情就是：在近代社会里，首先，由于营养状况的改善，"生理老化"现象显著延迟了；其次，"生理老化"的个人差异很大。即便把生物成熟的期间看作生殖可能的年龄（若是雌性，就是从初次月经来潮到停经为止），女性的停经期整个呈现延迟的趋势，从 40 多岁到 60 多岁，个人差异也多种多样。

作为自我认同意识危机的"临近老年期"，在今天看来倒不如说是由于"社会及文化老化"与其他老化之间的偏差而引起的。

"社会老化"的极致，就是作为一个成人其社会及经济地位的丧失，亦即退休。日本社会的公司雇员比率已经超过了国民的一半，采用退休制度的企业占据了全部企业的 70%，大企业更是达到了 99%（1976 年劳动省调查）。而且大多数企业长期以来一直采用 55 岁退休制度。最近这几年，受老龄化影响，出现了延长退休年龄的动向。在同一个调查中，实行 60 岁退休的企业只占全部企业数的 30%。[3]

从国际上来看，在日本有名的劳动习惯中，终身雇用制和 55 岁退休制结合在一起一定让人觉得奇怪。美国是 65 岁退休，挪威是 60 岁，就是比日本平均寿命短不少的泰国，它的退休年龄也要达到 70 岁[4]。在欧美国家，也有按字面意思死了才算退休的例子。法律上规定的"老年"指的是 65 岁以上，这和退休金开始的年龄是一致的。法律上的"老年"定义，并非意味着政策性判断以外的事情，也就是说并不意味着国家对 55 岁以后失去经济基础的人们，要求他们到 65 岁为止的十年间都靠自己的努力生活，而不提供社会保障。我们暂且不谈这个问题，先来看看 55 岁的退休制度是怎样形成的吧。

人们推断55岁退休制在明治时期曾为一部分事务所所采用，后来才被推广。因为明治时期日本人的平均寿命是40多岁，那个时期的55岁退休制，确实是名副其实的"终身（到死为止）雇用"。在传统文化中，由于有40岁前后隐居的习俗，如果一个人能够一直工作到55岁，那么我们就可以知道他引退以后还工作了相当长的一段时间。现代退休制的问题是，尽管战后老龄化急速发展，平均寿命基本上达到了80岁，但是退休年龄还是没有跟随时代的变化，仍然还是老样子。[5]而且如果我们考虑营养水准的话，半个世纪以前的55岁与现代的55岁，健康状态是完全不同的。

退休后的雇员，就从经济独立的"成人"范畴中被流放了。即便经济自立不成问题，但是他作为一个职业人的社会自我认同意识就丧失了。城山三郎是描写退休后日常生活的小说《每天都是星期日》［1976］的作者，他把退休称为"社会性的死亡"，把退休当天叫作社会性的"葬礼"［城山 1976］。退休后的人生，就是社会意义上的"死后"的世界，另外附加的日子。传统社会中的隐居习俗，把隐居和现职分别分配在"公事"和"俗事"上，也就是所谓的神圣／世俗的领域，试图在社会领域中"分别居住"（今西锦司）。与此相对，现代的退休，是比被社会宣告为无用更为残酷的经历。而且随着退休，通常不光经济规模缩小了，活动的场所和人际关系也一起丧失了。对职业生活越投入的人，这种倾向就越强烈。由于社会活动和对人际关系领域与职业的联系过于紧密，一旦职业生活丧失，其随附的社会关系也同时消失了。

"社会性死亡"后的日子如何续命其实是很困难的。比

408

如就像我们在未开化社会看到的例子那样，被巫师用巫术（witchcraft）施咒宣告为"死亡"并被共同体公认为"死亡"的个人，不用被杀死，他就已经生理性死亡了。退休了的人突然衰老痴呆，可能与这个"社会性死亡"的受惊有关系吧。

文化范畴为"附加的人生"准备了一定的"合宜的位置"（niche）（梅棹忠夫）。比如"还历"（花甲）就是其中之一。在60岁生日的时候穿上红色的长棉坎肩，祝贺十二干支走了一圈、回到出生那一年的仪式，是允许人在人生结束以后回到婴儿——也就是说在"仙界"游玩——的一种文化设置。然而在60岁为"花甲"、70岁为"古稀"的时代，能够活到这个年龄的人本身就一定是少数派。把这个文化理想内化了的人们，都知道从60岁起应该怎样度过剩下的人生。但是在人生80年的时代，也就是说理所当然任何人都可以活到花甲的年代，这个文化理想就受挫了。而且要说"附带的人生"，从60岁起的20年实在是太长了点，但现在的60岁也太年轻了点。

文化范畴中指示"老年"的最大指标，是家庭史上的变化。和大多数传统社会相同，在日本，如果男人和女人都单身并且只是在经济上自立，那么他们无论年龄几许，在文化上都不会被视为成人。要被大家视为有责任心的集体成员，就必须结婚（有时候还必须要成为孩子的父母）。在家族史上，就像"成熟"意味着从"孩子"的范畴转变为"父母"的范畴那样，"老化"意味着从"父母"转变为"祖父母"。子女这一代的"成熟"定义了父母这一代人的"老化"。更日常一点来讲，在孙子出生的那一刻起，亲属称谓上的地位就转变为"爷爷""奶奶"了。由于日本的亲属称谓是把着眼点放在年纪最小者（孙子）的"以孩子为

409

中心的用法"上［铃木（孝）1973］，所以从孙子出生的那一刻起，自己的孩子及其配偶都不再称自己"爸爸"和"妈妈"，而跟着小孩一起叫"爷爷"和"奶奶"了。

当然在结婚年龄很低的时代，40 岁出头就迎来了第一个孙子的年轻祖父母很多。在结婚年龄上升以后的今天，初次成为祖父母的年龄也推迟了。但是当我们看战前日本人的生命周期模式，我们就可了解到：人们在 40 岁出头迎来第一个孙子的时候，自己最小的孩子还是学龄期儿童，不论男女，他们还没等到最小的孩子成年，也就是说还没有最终从父母的范畴退位之前，就已经过世了。在"孩子最多生两个"的现代，据平均的生命周期模式，男人在 57.7 岁、女人在 55.1 岁的时候迎来最小孩子的结婚仪式［总理府编，1983］。评论家樋口惠子把孩子的结婚仪式称作"父母的退休仪式"。这时，父母对最终完成了"成熟"课题的孩子没有必要再承担更多的责任。如果干涉过多的话，反而会招来矛盾。

410

父母的职责告一段落，并不仅仅意味着亲属称谓上的变化。子女的结婚经常伴随着子女居家形式的分离，因此也意味着父母作为庇护者和监督者"作用"的丧失。同时老年夫妇与成熟子女之间的力量关系也发生了变化。由于老年男女丧失了其作为父母的家庭内地位和作用，所以这种变化和退休一样，带来了深刻的自我认同意识危机。特别是对于整天投身家庭内角色的女性来说更是如此。

现代人从"父母"范畴上退下来后的人生相当长。而且与传统社会中只照看孙子的老人不同，现代人在生理上和社会上都还充分活跃。"爷爷"和"奶奶"这样的称呼，虽然意味着范畴的转变是不可逆转的决定性的东西，但是直面这种情况的现代年轻祖父母开始有一种抵触。他们苦苦思虑想出一个对策：那就是在家庭中创造一种独特的亲属称谓——让孙子分别称祖母和母亲为"大母亲""小母亲"或者"母亲""妈妈"。但是这种称谓，在孙子学习了社会性的亲属称谓以后，就会产生一种结果：那就是他必须经受因社会称谓和家庭内称呼的不同而导致的混乱。

比亲属称谓更令自我认同意识致命的是：被亲属以外的旁人称呼的时候，也从"叔叔""阿姨"这个范畴转移到"爷爷""奶奶"的范畴。这是模仿亲属称谓的用法而称呼的。很多人还记得自己第一次被不相识的人叫"老爷爷""老奶奶"的经历以及那时候自己的困惑、愤怒和悲惨的心情。这个经历同时伴随着两种充满痛苦的自我认识，一个是自己的外表从任何人眼中看来都已经很明显地转移到了老人的范畴，第二是自己作为一个老人的"社会自我认同意识"与"个人的自我认同意识"之间存在着巨大的断层。"临近老年期"里的自我认同意识危机的主要原因是"个人的自我认同意识"没能先行跟上"社会自我认同意识"而产生的鸿沟。这两种自我认同意识之间的矛盾，也为临近老年期带来与青年期相同的危机。中老年期内开始增加的自杀、抑郁症、神经衰弱、老年性精神分裂症的发病等现象，都暗示了这个时期的自我认同意识重组的课题和青年期的课题一样，是非常不易的［金子、新福编 1972］。

411

4 老人的否定的自我印象

临近老年期用青年期的类推可以记述为"自我认同意识的危

机"，但并不仅仅如此。临近老年期中不光有与青年期的共通点，

412　还存在着更困难的课题。和青年期一样，临近老年期也是近代的产物，但是在近代社会渡过临近老年期比渡过青年期更难。这是因为从"孩子"到"大人"的范畴转移一般伴随着地位的上升和权力感。与社会鼓励成熟、本人也对此肯定的情况相比，从"大人"到"老人"的范畴变化，情况是完全相反的——伴随的是地位的降低、权利和自由的缩小，因为这是当事者觉得否定的变化。虽然是理所当然的，但是往往人们对肯定的自我认同意识的同化比较容易，而对否定的自我认同意识的同化相当困难。

　　关于老人究竟具有多强的自我否定感，东京都老人综合研究所的井上胜也曾写过一个令人惊愕的研究报告［井上（胜）1978］。

　　奈良县斑鸠有一个清水山吉田寺，是以暴卒信仰而闻名的寺庙。井上试着采访了来这个寺参拜的老人们。针对井上的"你们为什么到猝死庙参拜呢？"的提问，平均年龄为 70.3 岁的 6 名男性、37 名女性共 43 名的参拜者回答说："因为不想由于中风等病而卧床不起，给别人添麻烦"（93%），其他的回答还有"无法忍受像癌症那样的病痛"，"人老了，失去了活下去的希望"，"被年轻人觉得是累赘"。井上发现这些回答中包含了两种要素：一个是"给看护者添麻烦觉得过意不去，是对看护者的一种体谅"；

413　另一个是"自己被对方视为累赘，因而感到悲伤和愤怒"。他进一步提了另外一个问题：

　　"如果即便你卧床不起，你的家人也丝毫不觉得麻烦，哪怕一天也好都希望你能够长寿，并且衷心地看护你，你还会祈祷猝死吗？"针对这个问题，82% 的老人回答说："如果真是这样的

话，我会感到很开心，但我还是希望猝死。"井上认为除去"不想给别人添麻烦"的原因，那些拒绝"成为卧床不起的老人"的参拜者们的心情当中，还存在着主动拒绝需要别人照顾的"无力的自我"的自尊和反击。

井上下结论说："猝死愿望绝对不是死的愿望。虽然形式上是死的愿望，实际上是人们想通过死来保全作为一个人的较好的生前的、充满了人的尊严的……对生的渴望。"只有这么想，我们才明白看上去与长寿愿望相矛盾的猝死愿望，实际上一点都不矛盾，它才是长寿愿望的本心。所谓的长寿愿望，并不单纯就是"卧床不起也没关系，我只想活得长一点"这种对生命的执着，而是想长久地保全作为一个人的充满尊严的生的愿望。

"长寿"经常和"不老"成对出现在人们的话语中。这个"不老"不单纯是向"年轻"的回归，这一点在井上的其他调查中也体现得很清楚。井上曾对 70 岁以上的 105 名老年人（其中男性 31 人、女性 74 人）询问了这样一个问题："你想回到年轻的时候吗？""非常想"和"可能的话想回去"的回答，合起来共有 80%。井上又深入询问："你想回到几岁？"令人吃惊的是，回答都集中在"30 多岁"和"50 多岁"。

414

要说年轻的话，人们浮现在脑海里的一般都是十几岁、二十几岁，但是在答者中这么回答的是少数。30 多岁已经不能说年轻了，50 多岁属于刚老的范围。然而对答者而言，"30 多岁"的印象是"精力和体力达到平衡的人生鼎盛期"，而"50 多岁"的印象则是"社会及经济地位达到顶峰的时期"。这样的话，我们就明白了：老年人的回归愿望，并不是单纯的回春愿望，而是想重新回到自己的身心和社会经济地位都能有一种"权力感"

（sense of power）的年龄的愿望。

按照这个基准，不可否认现在的自己是一个无力的、限制很多的、极悲惨的存在。老年人的自我印象经常是颇为否定的，这是因为老年人用"30多岁"和"50多岁"的眼光来看待自己。波田爱子指出，社会少数派的自我印象经常是接受了社会上处于优势地位的集团对自己集团所作的评价，她还介绍了哈克（Helen Mayer Hacker）的把这个自我印象应用到女性歧视的研究［波田1976］。比如说，就像美国黑人把白人对黑人的印象内化一样，身为社会少数派的女性也把男人对女人的印象——感情化的、心情浮躁的、不成熟的小孩子气的、智力不及男性等——内化了，从而制造了否定的自我印象。对女性而言，所谓的"做女人"，由于就意味着获得这个否定的自我认同意识，所以当然就充满了矛盾和苦痛。在有性别歧视的社会，"成熟"的课题好像是作为一种更为激烈的危机为青年女子所经历，而非青年男子，从一种亦被称为"拒绝成熟症"的心神障碍——思春期拒食症都发生于女性而非男性身上可以清楚了解这一点。

美国黑人和女性否定的自我印象的形成机制，也适用于同样是社会少数派的"老人"。例如，询问30—40岁的人对"老人"这个词的印象，会有下面这样的回答："老人没有能力。变老就是一个人的社会价值变低了。成了社会的负担。我不想变老……"对老年人提相同的问题，反馈的是相同的回答。这是老人的自我印象。也就是说，老年人看待自己的眼光，仍然是30多岁和40多岁时候的眼光。

然而，白人社会中的黑人、男性社会中的女性与年轻人社会中的老人之间，又有一个巨大的不同点。那就是：白人不会变

成黑人、男人不会变成女人，但"年轻人"不久肯定会变成"老
人"。自己本人要过渡到自己曾赋予否定印象的存在上——"临
近老年期"里人们所体味到的，就是这样的经验。不难想象这种
经验给当事者带来的愤怒、绝望、悲哀等等的情绪。

　　荒井保男介绍了美国老年学家雷查德[*]所列举的老年期适应
状态的类型［荒井 1978］。①圆熟型（Mature group，未来志向
的自我适应型）；②安乐椅型（Rocking chair group，消极的引
退依存型）；③装甲型（Armoured group，对年轻人显示敌意的
自我防卫型）；④愤慨型（Angry man group，把人生的失败归
罪于他人的抑郁性的封闭型）；⑤自责型（Self-haters group，悲
观的孤独型，有的甚至会自杀）。

　　这些类型是"老年"目录样本一样的东西，比如《小爵爷》
的主人公塞德里克的孤高的祖父多林考特[**]，就可以用作其中的
"装甲型"样本。但是，就像"故事"中出现的通俗的老人的刻
板形象所显示的那样，这五种类型除了第一种以外——这也不意
味着有超过"在'舒适自在'的前提下，不介意别人给予的'老
人'形象"的含义，亦即"未来志向"本身就是"不像老人样"
的属性——，无论哪个都是否定的、消极的东西，也就是说并非

---

[*]　Suzanne Reichard——译者

[**]　《小勋爵 / 小爵爷》（*Little Lord Fauntleroy*）是弗朗西丝·霍奇森·伯内特
（Frances Hodgson Burnett, 1849—1924）的代表作，出版于 1886 年，讲述天赋
美好品质的 7 岁美国小男孩塞德里克·埃罗尔（Cedric Errol）在爸爸去世后与妈
妈相依为命，他的英国爷爷多林考特伯爵（the Earl of Dorincourt）派人把他带
到英国，准备把他培养成爵位继承人。在英国，凭着天真善良的言行举止，塞德
里克赢得了周围包括管家、马车夫等几乎所有人的喜爱。在与可爱、善良、纯真
的孙子的接触中，自私、暴虐和势利的老伯爵多林考特也受其影响，不仅喜爱小
爵爷，也接纳了他的美国人妈妈。——译者

老后适应，而是老后不适应的类型。要是看这样的类型，任何人得出预想结论说，老了以后等待在前面的是不太受欢迎的未来，也是不无道理的吧。

417 　　当然，老后适应总比不适应好，所以，为了适应老后所需要的条件，就成了问题。

　　克拉克和安德森提出了老年人为了保持肯定的自我评价、度过老后生活的条件［Clark & Anderson 1967］。那就是①独立能力（自己满足自己需要的能力）；②来自他人的接纳；③经济的独立和健康；④对地位和角色变化的抵抗能力；⑤对自我形象变化的抵抗能力；⑥老后的目标和生活价值这六个条件。在这六个条件中，除了④和⑤外，与成为一个独立成人的条件，基本没有什么两样。这些要求，和说"为了适应老后生活，就是不要做老人"这样的不可能实现的、不符常理的话，是一样的。介绍了克拉克和安德森学说的老年人类学家片多顺，批判了这个学说。[6]他说，"想要在老后生活中继续维持青年期和壮年期的价值体系，这样的做法正是造成老后生活不适应的原因。"

5　老人的共通文化比较

　　从前几节的考察我们可以得出两点结论：为了适应老后生活，首先要达成"临近老年期"的自我认同意识重组；第二，为

418 此，有必要把否定"老人"的社会自我认同意识的因素转变成肯定性的因素。

　　那么，能使"老人"的社会自我认同意识成为肯定性认同的社会条件是什么呢？片山顺从比较文化的角度指出，"老人"和

否定的印象联系在一起，是近代社会以后的事。片山介绍了考杰尔的有关老人的共通文化的比较，把老人的地位相对较高的社会的共同特征进行了以下的公式化［Cowgill 1972］：①社会里老人的地位是和现代化的程度成反比的；②老龄人口的比例越低，老人的社会地位就越高；③老人的地位与社会变化的比率成反比；④定居和老人的地位高有关联，而移动则和地位低相关联；⑤没有比没有文字的社会，老人的地位更高的了；⑥越是大家族，老人的地位越高；⑦个人主义化使老人的地位下降；⑧老人具有财产所有权的地方，老人的威信就高。

　　从以上的共通文化比较可以说明一点：一般在以农业为主体的传统社会里，不会产生"老人"问题。在那样的社会里，时间是周期性重复的，现在的情况总是能在过去中找到。这种社会中的决策，由于必然是依据前例的，所以了解前例的老人，就象征着"智慧"，从而掌握事情的决定权。这是长老统治型的社会。

　　日本在传统上曾经是长老统治型的社会。地位和年龄相结合的情况，我们也可以从"年寄"和"老女"这样的职务名称上了解到。日本和美国在"青年取向"和"长老取向"方面是相对照的社会。在美国，价值体现在年轻和崭新上面。这是因为，首先，在制度和技术革新（innovation）很激烈的社会，新的东西要比旧的东西出色。第二，在美国这样的移民社会，越是年轻的一代人，就越接近于"彻底的美国人"。在美国，与孩子一般都模仿父母的情况相反，多是第一代人模仿第二代人，第二代人模仿第三代人。[7]但是在长老型社会中，经验受重视，因而越老越好的价值观占支配地位。青年取向和长老取向甚至也涉及风俗方面。在美国，人们被要求保持青年般的瘦削体形——这是他

419

或她"还有用处"的标志——与此相对，高大且丰满得"恰到好处"的中年体形，在日本才是地位的象征。

　　但是众所周知，日本式的长老型社会战后迅速崩溃了。以前体现价值的"旧"这个词汇，现在转换成了给人带来致命打击的负面符号。这样说来，青年社会与长老社会的差异，实际上并不是日本和美国文化的差异，而只不过是传统社会和产业社会的差异。这么一想，我们也可以认为：就像日本从传统的农业社会转换成工业社会一样，欧洲也经历了相同的历史过程。事实上，在成人男子的风俗中，中世纪欧洲与近世日本有着令人惊异的相似之处。近世日本成年男人的风俗当中，有一个叫作丁髷的发型，这是一个可以与蒙古人扎辫子相媲美的世界性奇发风俗。这是一种在成人之际，把前额至头顶的头发剃光，用留在头顶周围的头发扎成发髻的发型，我们也可以把它看作年轻人在习俗上提前剃成老人的光头样。如果把日本人的丁髷称作奇习，那么可以说在中世纪西欧，成年男子在公众场合出现时头戴白色假发的做法，也是不在其下的奇俗。这个戴假头发的风俗仍然保留在今天法庭上法官的穿戴上。这个风俗很确切地反映了"白发"是智慧的象征。但是日本在最近的一百年间，飞速地从丁髷的时代变成了"阿黛琅思"（Aderans）*的时代。老人地位的下降，在风俗上也将"老了才能看懂"的价值，从正面印象急剧地转变为负面印象。

---

*　指的是 1968 年创建的日本株式会社 Aderans Company Limited，它是一个生产和销售以男性客户为对象的生发、育发和增发产品和假发等的企业。"阿黛琅思"也是该公司各种头发相关产品的品牌名。公司名来自法语中意味着"黏着、附着"的"adhérence"。——译者

但是，日本式的长老社会并不单纯意味着是老人掌权的社会。日本现在在国际上也被评价为"老人很受重视的社会"，社会对老人的宽大模式，有其一定的文化机制。露丝·本尼迪克特在《菊与刀》一书中比较了日本和美国，设计了一个可以称为生命曲线的图案（图31）。在图中她指出：在日本老人和小孩被允许拥有最大的自由度，正如"花甲"之际的老人被视为与小孩等同［Benedict 1946 / 日译版 本尼迪克特 1967］。在美国，所谓的自由是与责任能力相应而被赋予的权利，所以没有责任能力的人（小孩和老人）不得不忍受限制和不自由。但是反过来在日本，没有

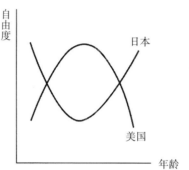

图31　自由度曲线

责任能力的小孩和老人则享受着最大的自由。老人和孩子是畅游于"人世间"以外的仙境之中的"神仙"，老人的行为，要是把他"当作小孩的话，是可以原谅的"。因此，日本人的老后生活的"文化理想"，并非"受尊敬的老人"，而是"被爱护的老人"。

实现了工业化的日本社会，为了保障老人的积极的自我认同意识，从长老型社会的文化传统继承下来的范畴，是"可爱的老人"的概念。工业化社会从老人的文化理想中去除了"威严"的形象，只继承了"幼儿性"。"被爱护的老人"这一文化理想，作为调节老人的个人自我认同意识和社会自我认同意识的文化装置而被动员起来。

V　性别歧视的反论

让我们来看一下下面的这首诗[8]:

422

老年人的愿望

角　美代（61岁）

老年人企盼话语的交流，

说了一些话后希望有回话，

说过了马上就忘，然后再说，

也许太啰唆，还是请给些回话，

请说即便您吃饭吃得满地都是也不生气，

请说即便小便尿出来了也不呵斥，

年纪大了就成了婴儿，

……

身体也变小了，

又一次慢慢变成婴儿了。

井上胜也认为痴呆是高龄老人的"正常的老化姿态"，是一种退化成幼儿的表现［井上（胜）1978］。痴呆老人和幼儿相同，他们不是生活在过去和未来，而是只活在现在。片山把痴呆看作

423

"神赠"给死亡就在眼前的老人们的"一种救赎"的观点，确实是名言卓见。但是由于这种观点也是通过把老人和幼儿同化而和老化现象达成妥协，实际上是一种很大程度上依存于文化谋略的"日本式的而且是过于日本化"的想法。

老化真的是幼儿化吗？把老人与小孩同等看待的文化装置，反过来也蒙蔽了看待老年的现实眼光。痴呆老人并不是单纯的幼

儿退化。1985 年的获奖电影《一片花》*所描写的是，一个认识到自己正走向痴呆的老人的屈辱感和悲哀。而且，并非所有的老人都会经历痴呆而走向死亡。如果我们能够更进一步搞清楚痴呆老人与非痴呆老人之间的差异，也许我们能够思考不成为痴呆老人的条件吧。

把老人视作小孩的观点，看起来似乎是对老人宽大，但实际上在不承认老人的责任能力这一点上，是一种剥夺老人尊严的观点。在一个"受尊重的老人"被否定而只有"被爱护的老人"才作为老后生存的战略而在文化上得到公认的社会里，就像悖论一样，男性老人要比女性老人更难生存。由于男性因自己内化了的男性价值而未能习惯作为"被爱护"的对象，所以老了以后不可能突然就达成自我认同意识的转换。在男性社会中，一直扮演着"被爱护"的被动角色的女性，容易与老后的文化理想同化。这也可以说是性别歧视产生的悖论之一。

6　老人问题和老后问题的落差——寻求价值的转换

迄今为止的议论中论述的话题主要有三点：第一是把自我认同意识看作从成熟到老化的一系列连贯的发展过程。第二，只 424

---

*　1985 年由伊藤俊也执导、东映发行的日本电影。获第九届日本电影金像奖最佳电影奖。描写一位主妇把被诊断为阿兹海默症（俗称老年痴呆症）的公公接到自己家，以每天照顾老人为契机，一家人在克服各种各样的困难的过程中羁绊加深的故事。影片标题中的"匁（もんめ）"，原指古代日本使用的重量单位，在江户时代则是计算银两的单位。"一匁"相当于中国的"一钱"。江户时代的花市以匁作为交易的价格。"花一匁"，指的是花的价格只值一钱。影片的宣传标语是"痴呆了真叫人懊恼的花一匁"，隐喻痴呆了的老人不再值钱。——译者

要"老化"意味着向否定的自我认同意识的同化，那么接受"变老"的现实是一个充满困难和苦痛的过程。第三，老化向否定的自我认同意识同化的情况，只局限于发生在近代工业社会所支持的"年轻"价值被内化的情况下。不理解这几点的话，就肯定不会明白为什么现代的老人这么讨厌被别人叫作"老人"。从这个语境，我们也可以理解政府所倡导的把"老年"初期改称"实年"的那个可笑的称呼辩论。当然，实际状况没有任何改变，只改变称呼的话，也只是一种欺瞒。这样的话，我们在这里要探究的是，从包括脆弱和尊严这两层含义来对"老年"进行肯定接纳的价值转变的问题。

花村太郎把"老人问题"和"老后问题"区分开来，主张现在必须真正展开讨论的是"老后问题"［花村 1980］。所谓"老人问题"，就是把老人当作"客体"——即麻烦的、应该护理的对象——来对待。[9]"'老人问题'是无论如何改善福利事业，也要使厌恶和隐蔽（可能的话闭上眼睛不看）年老这个人类的宿命的文化体系保存下来……"与此相对，"老后问题"涉及的是老人作为生活"主体"所经历的"老年"问题。据花村的意见，现在"老后问题"也"不过是如何缓和或回避令人厌恶的老年期的悲惨境遇，并没有跨出问题的框架之外"。花村认为，"老后问题"的真正课题如下：

> 人老了的问题，最根本的解决方法，就是从正面接受人老了的命运，只能是创造一种为人老了的现实赋予人性的意义和价值，也就是所谓的"老熟文化"。

　　这个课题要想通过诸如"心中的想法"和"个人的努力"这样的小型操作来达成，大概是有限度的吧。摆在"老后问题"面前的，应该是重新追究只给"老后"赋予否定的自我认同意识的近代工业社会的整个价值体系。

注：

[1]　青年期的个人经常为"因为你已经是大人了"和"你还是个孩子，却……"等自我认同意识的不连贯而迷茫。

[2]　通常表现"人（人类）"的民俗范畴只适用于完成了成人仪式的成人成员。小孩在民俗用语上属于"人类"之前的范畴。对于尚未成年就去世的小孩，不举行葬礼或者举行与成人不同的葬礼的情况居多。

[3]　即便60岁退休，到拿退休金还有一段时间，所以这个期间就呈无保障状态。

[4]　无论在美国还是在挪威，退休年龄都是和退休金的开始年龄连动的。

[5]　由于终身雇用制和薪金按年纪大小支付的工资体系联系在一起，退休制度对日本的企业来说，具有设定年龄工资上限的功能。对企业来说，退休年龄即便再延长一年也很困难的原因，是必须再把这个年龄工资的上限提高，给老年人支付更高的工资。因老龄化的压力而无法维持按年龄支付工资的地方，正慢慢地改变为能力工资和职务工资，但是按年龄支付工资的年功制度的崩溃，可能会威胁到日本企业一直培植起来的员工对公司的归属意识和忠诚等的。企业陷入了无论如何也不能放弃年龄工资制体系，又无法顺应退休年龄延长之形势的困境。

[6]　片多把老年人的共通文化研究倡议为"老年人类学"［片多1979］。

[7]　语言使用是一种"政治"。在移民社会中，世代越小的移民，越是用"完全的美语"说话。父母这一代经常被孩子笑话说他们的美语有口音、难听。

426

V 性别歧视的反论

［8］ 摘自 1974 年 11 月"女性的诗歌音乐会"。

［9］ 副田义也提议说："我想提议把老年看作社会的主体的议论，与老后问题论及老龄保障论区别开来，把它叫作老年世代论"［副田 1981］。在这里，我想跟随花村把老人区分为客体的"老人"和作为主体体验的"老后"的划分。

三 "女缘"的可能性[*]

1 从"社缘"到"选择缘"

社缘的世界正发生着异变。

"社缘"原本是"结社缘"的意思。这是文化人类学家米山俊直为对应社会学领域长期使用的相对于"共同社会"（Gemeinschaft）的"利益社会"（Gesellschaft）（滕尼斯，Ferdinand Tönnies）、相对于"社区"（community）的"协会"（association）（麦其弗 R.M. MacIver）等用语而取的卓越的名字。"利益社会"和"协会"是进入现代社会以后，原有的束缚性的、包容性的血缘和地缘关系解体，出现了更为人为的、部分的人际关系以后，社会学家针对这样的现象而给出的概念。

在定义上，人们期待这些概念的一组成对出现可以作为分类的体系涵盖所有的领域。因此，所谓"社缘"，指的是除血缘和地缘以外的所有人际关系的名称。然而，在血缘和地缘的范围缩小而其他人际关系范围大幅度扩大的今天，把所有这些关系都用 428
"社缘"这个词来概括是不合理的。"社缘"这个概念，现在成了

---

*　初次发表于 1987 年。

V　性别歧视的反论

收罗除血缘和地缘以外的所有人际关系的"范畴垃圾箱"。

　　城市社会学家中间出现了把"社缘"这一概念的内容细分化的动态。矶村英一在思考城市中心型人际交流的时候，很早就提出了"第三空间"论［矶村等编 1975］。库利*把人际关系分为"初级团体"（primary group）（像家庭和近邻这样的人出生时起就被赋予的关系）和"次级团体"（secondary group）（诸如学校和企业等人们长大以后逐渐进入的关系）。但是矶村用"第一空间"和"第二空间"分别与"初级团体"和"次级团体"相对应，在这基础上，他认为城市里有一个既不属于"第一空间"也不属于"第二空间"的全新领域，并把这个空间命名为"第三空间"[1]。之后，"第三空间"论为研究闹市区和繁华街区等城市社区的研究人员所继承［藤竹 1973］。

　　但是社会学家的城市研究，为"城市社区"论这样的旧有的地缘概念所牵制，很难有所发展。相反，建筑和城市工程学领域的研究人员则创造了全新的概念。

　　"城市学"创始人、城市工程学出身的望月照彦，把不能还原为血缘、地缘、社缘中任一者的人际关系取名"知缘"［望月 1977］。望月认为，所谓"知缘"就是：

429　　　　有必要考察的是，从以往的封闭体系中发现城市社区这种开放体系的存在可能性，以及这个开放的社区中应该代替"血缘"和"地缘"的"联系"或者"连接"的媒介。这种媒介大概不是血缘和地缘所具有的必然带来外部压力的东

———————————

*　Charles Horton Cooley 1864—1929 年。——译者

西，而是具有必然性、选择性、个人的内发事件等因子的媒
介，用语言来表述的话，大概可以叫作"知缘"吧。[2]

[望月 1978：124]

受望月的"知缘"概念的启示，我想到的是"选择缘"的概
念[3]。"知缘"这个概念也可以置换为"信息缘""象征缘""（象
征）媒介缘"这样的词汇。但是仅此而已的话，就看不到与血
缘、地缘和社缘都迥异的"第三空间"人际关系的固有特性。之
所以这么说，是因为像家庭这样的血缘集团以及像法人这样的社
缘集团也有因信息和象征装置的媒介而成立的侧面。

如果把"第三空间"置换成"选择缘"，反过来会浮现与血
缘／地缘／社缘社会共通的特性。那就是"无法选择的缘分"。
社缘原本就是针对血缘和地缘这样的约束性很强的关系、指代加
入和脱离均自由的次级团体而造的词汇。提到现代社会里最有代
表性的社缘，亦即"公司缘"，它具有一旦进入某个企业就很难
再出来的约束性。当然雇员任何时候都有"离职的自由"，然而
对于没有财产的庶民来说，从社缘社会中"脱离出来的自由"，
意味着"失业或吃不上饭"。今天，甚至血缘也是根据个人的自
由意愿结婚而形成的加入和脱离都自由的集团，但是血缘关系一
旦成立，就不能轻易地脱离了。至于亲子关系，个人更是丝毫没
有互相选择的自由。地缘也失去了以往的约束性，迁入和迁出是
自由的，但也不是说这样就可以选择邻居了。

和"选择缘"相比，以前的任何一种"缘分"多多少少都
具有不可选择的因素——既不能脱离也不可避免——从这个意义
上来说，"社缘"也和血缘及地缘相近。与此相对，那种因相互

430

V 性别歧视的反论

选择的自由而使多元化的人际关系的领域扩大了的观察，存在于"选择缘"这个造词的背后。

用"可以选择的缘分"和"无法选择的缘分"来区分人类"缘分"的各种形态的看法，在近代以前的历史中也有其根据。中世史学家纲野善彦也命名其为"无缘"和"有缘"[纲野 1978]。"有缘"指的是以定居为基础的约束性社会关系，而"无缘"并非指"没有缘分"，而是指从"有缘"中排挤出来的周边的人际关系。"无缘"这种缘分，是都市式社会关系的基础。[4]

都市社会所产生的这种新型的人际关系，远离了"社缘"的概念，它要求进行不从属于以往任何一种概念的第四种概念的范畴化。表 5 显示的是经过整理的迄今为止有关"缘分"的概念。

431

表 5　缘分的各种类型

米山俊直	血缘	地缘	社缘	
滕尼斯	共同社会		利益社会	
麦其弗	社区		协会	
库利	初级团体		次级团体	
矶村英一	第一空间		第二空间	第三空间
望月照彦	血缘	地缘	值缘	知缘
上野千鹤子	血缘	地缘	社缘	选择缘
	（无法选择的缘分）			（可选择的缘分）
纲野善彦	有缘			无缘

2 "选择缘"的社会

"选择缘"的社会是在将都市化社会中的新型人际关系概念化的尝试中产生的,已经有相当多的研究人员做出相同的观察和发现。在这里,我把"选择缘"的几个特征总结列举如下。

首先是自由开放的关系。由于"选择缘"是"相互选择的缘分",所以原则上加入和脱离都是自由的,没有约束性。因为它不像血缘和地缘那样受"共同居住"以及社缘那样受"共同的生产行业"等的约束,所以即便脱离也不会蒙受利益上的损失。

第二是媒体媒介型的特性。由于它以特定的信息和符号为媒介连接在一起,和聚集在同一个音乐会的观众一样,共享相同的交流场所但又能保持匿名性。在此基础上,再加上诸如电信电波这样的技术媒介,就像共同收听深夜广播的听众一样,即便彼此没有直接接触,但也可以形成一种"关系"。甚至是面对面的接触和共享实体场所,也不再是使"关系"成立的必要条件。

第三,也有从过度社会化的角色中脱离的情形。在血缘、地缘和社缘这样的"有缘"社会里,人们按照交集所规定的角色期待而行动。从"父亲"和"课长"等角色中逃脱出来,会被视为不正常,但在"无缘"的世界里,躲避角色和变身都是可能的。游戏和演戏也能在这个空间成立。例如,在酒吧这样的无缘的"公众场合"(communitas)(特纳 Victor Turner),自我认同意识的自由创造和控制都是可能的。

V　性别歧视的反论

所谓的"选择缘",是指所有定型了的角色集合体的"剩余类别"。帕森斯把"个人"看作"角色的集合体"。但是反过来我们也可以认为,近代的"个人"只不过是从所有的角色集合中排挤出来的"剩余类别"。若是如此,"选择缘"的社会才正是为个人提供个人自我认同意识的基础。

最后,让我们来列举一下这种"选择缘"社会的形成所起到的社会功能。借用梅棹忠夫的话来说,选择缘的社会,通过制造了许多与实际利益无关的"社会利基"(niche)*,回避了人口密集型社会中的竞争,从而保证了稳定的自我认同意识[梅棹1981]。产业社会的价值变得一元化并且占比越来越少,通过"利基"而"划分"(今西锦司),就越加成为雇员社会和平共处的智慧了。[5]

然而,正因为"选择缘"具有这样的性质,所以它同时也有不少弱点。假如"选择缘"的加入和脱离很自由,没有约束性,那么它就有可能即便作为一个集团也不太稳定,很难成为稳定的自我认同意识的供给源。

"选择缘"尽管只是角色的周边残余,但也并不是说只因为如此,其重要性在人们的生活中就很小。不仅如此,替代今天的多多少少已经变得有点选择缘化了的血缘、地缘和社缘,不如说"选择缘"生活所占的比重越来越大了。

作为测定人类"缘分"的哪个领域在生活中占据决定性比重的指标,在面对生活危机时哪种人际关系会被动员起来呢?这样的指标将会很有用吧。比如让我们来设想一下"葬礼时的帮手"。

---

* 　利基(niche),是指针对企业优势细分出的、高度专门化的需求市场。——译者

葬礼是人们在人生仪礼*中最为遵循传统习俗而变得保守的场合。因此可以说葬礼的变化反映了社会生活最基层的人们的变化。面对骨肉亲人的去世这个最大的生活危机，一般来说遗属都沉浸在悲哀痛哭之中，做不了事务性的活儿。葬礼原本是当事者遗属以外的人员在背后承担的。在传统社会中，一般由亲戚和近邻乡亲来承担这项工作。但是在血缘者和姻亲地理上都离得很远的今天，"远亲"即便从老远赶过来，也不过是不了解情况的客人。而且现在弟兄的人数都很少，亲戚的人数也很少。另一方面，地缘社会早就已经解体了，可以互借大酱和酱油的邻居间交往已经消失了。

434

代替血缘和地缘，社缘被动员加入"葬礼的帮手"。在社缘已经成为像村落集团一样的日本式产业社会里，家庭成员全部被包括进社缘社会里，"企业福利"连员工的老后生活和闲暇时间都会照顾到。在职员及其家属的葬礼上，公司同僚和部下首先跑来帮一把手，支持遗属。甚至还有公司的总务课课员拿着成卷的黑纱跑来充当丧葬委员的情形。这种"企业福利"的实情我们可以充分地理解为：社缘已经取代了以往的血缘和地缘。

到60年代为止，社缘优先的社会持续着。但是现在出现了选择缘替代社缘的趋势。所谓的"葬礼的帮手"，就是在守夜、葬礼以及此后的过程中担当接待慰问客人等杂事的服务人员，社缘集团的人一般与遗属不相识，也不知道"茶叶放在哪里""茶杯放在哪里"等厨房里的事。在这种情况下，选择缘当中所产生

---

* 仪礼（Rite of Passage），也译为"人生仪礼"，是社会人类学的概念。通过仪礼表示一个人从生命中的一个阶段进入另一个阶段，主要包括出生、成年、结婚、死亡四个阶段。

的日常人际关系就发挥了作用。

435　　　　一位在千里新城区通过生协*的活动而组建了一个选择缘网络的五十多岁的女性，这样叙述她的感受：

> 我虽然靠做副业攒的钱在离家稍远一点的地方买了地，但是我现在不太想搬家。到死为止都想住在这里，和伙伴们叽叽喳喳地聊天，一起老去。我即使死了的话，朋友们也会马上过来，因此我对丈夫说举行葬礼的时候不用叫亲戚来帮忙。[6]

　　照理说，选择缘是"不可依靠的关系"，但是在这里却变成了甚至可以决定居住地选择的强烈的信赖关系。"闲暇"原来具有"多余的时间"的意思，但是选择缘并不仅指出现于闲暇空间的单纯的"多余的人际关系"。

3　"纯粹的模式"和"不纯的模式"

　　如果把血缘、地缘、社缘以及选择缘看作理念式的类型，那么可以把每个类型的典型经验对应物视为"纯粹的模式"。比如说选择缘的"纯粹的模式"可以认为是从血缘、地缘和社缘的任一方独立出来的兴趣和信条集体，例如俳句兴趣小组和日本野生

＊　生协的全称为"生活协同组合"。是根据1948年制定的消费生活协同组合法而建立的以地区或职业领域为单位的合作组织，其目的是为了开展生活资料的购买，以及医疗、共同援助、住房提供等方面的事业。一般这个词被广泛用于指代开展这类活动的合作组织。——译者

鸟类协会等小团体。

然而，从选择缘的社会是以大众基础而成立，且在生活中占 436
据很大比重的观察事例来看，我们可以了解到：选择缘和其他的
关系并不一定是排他性的。毋宁说，在选择缘和其他关系相互重
叠的地方，形成了选择缘的"不纯的模式"。

主导展开选择缘的"不纯的模式"的，是女性，特别是城市
的主妇阶层。女性们有创造选择缘社会的需要。

因工业化而产生的城市家庭／核心家庭／雇员家庭，在"丈
夫工作、妻子持家"的性别角色分工下得以维系，然而在职场和
家庭的"公私领域分离"中，往返于相互分离的公共空间和私人
空间的只有男性。对于留在私人领域的女性来说，"公私领域的
分离"没有任何意义。女性们被留下来的"私人领域"，是一个
只有一个或两个孩子的很小的核心家庭。这是一个除了丈夫和自
己以外完全没有其他成人的狭小领域。对男性而言意味着雇员化
的产业化，对女性而言则意味着核心家庭中主妇的孤立状况。这
种孤立，在与地缘社会断了根基的经常被调动工作的"转勤族"
的妻子们中间，体现得更为深刻。

当我们观察各地产生的主妇社团时，我们会发现由转勤族的
妻子们组织的团体较多。转勤族的妻子们要比本地的女性来得活
跃。也有数据显示像妇人馆这样的为女性设立的公共设施，其利
用程度也是转入人员比较频繁。

即便在"公私领域分离"的情况下，女性想工作的意向也一 437
贯很高，但是企业社会的大门对女性还是坚固关着的。女性不仅
被社缘这个"公家领域"排除在外，而且也为以往的血缘、地缘
网络所疏远。为了逃脱"主妇的孤独"（贝蒂·弗里丹），女性有

必要创造一种不同于以往的血缘、地缘、社缘关系的社会关系，她们现在也正在创造这样的关系。至于选择缘社会的展开，女性要比男性先走一步。男性被深深地卷在社缘社会里，因而有着稳定的自我认同意识。而且男性还没有被逼到需要创造一种与迄今为止的任何领域都不同的社会关系来替代已经解体的地缘和血缘的地步。尽管社缘社会的稳定性随着老龄化社会的来临及雇佣的空洞化在急速崩溃，但应该说人们还没有认识到要从这种状况中解脱出来的必要性吧。

主妇的活动涉及范围很广泛，比如说生协和无农药蔬菜的共同购买、儿童文库和共同保育孩子、以公民馆为据点的学习小组和文化讲座的同期生小组，甚至还有妈妈芭蕾舞团和合唱团等等。如果把这些都按照以前那样叫作"地域活动"，就不对了吧。因为这些活动并不是像 PTA（家长会）和町内会 * 那样的由于偶然"住得比较靠近"而强制组成的地缘关系。例如在千里新城区活跃开展生协活动的那位主妇，是这样回答有关住宅小区自治会的提问的：

438　　　　　　自治会啊，我不太清楚哎。我并不是为了近邻活着的。[7]

行政和城市规划的社区发展人员曾经设想在团地小区内建设一种房型为狭长的、通过楼层和楼梯的共用而形成的长屋型 **

---

* 　街道内的居民自治组织。——译者

** 　读作"Nagaya"，日本古代的一种集合型长栋房子住宅，其空间狭长，分隔成若干个与邻居共用墙壁的隔间供数个家庭居住使用。以前的长屋以平房为主，现代的主流是二层建筑。——译者地缘社区，但实际上小区居住者之间形成的网络，空间上还扩展到同一小区其他楼里的人。原来尽管人们都处于徒步生活圈内有接触可能的"社区"，但是反而和住在同一栋楼、同一楼层的直接"邻居"接触得不多，而与自己选择的朋友之间有着更多的接触。这是一种在单纯的"地缘共同"之上附加了更为积极因素的东西。[8]

这种"中等范围"的地缘，或者更确切来说应该是选择缘，是怎样创造出来的呢？让我们来看看以下几个特征：

首先，集团形成的契机是媒体的媒介。她们很积极地利用社区小报、广告、传单和报纸等。这种集团并非通过面对面的接触而形成，很多情况下是媒体的媒介先行，其后才产生面对面的接触。

第二，通过媒体所传播的，通常是兴趣、生活方式、价值观、意识形态等具有共同的某种目的意识。例如需要保护儿童的人们，先在自己社区的电线杆上张贴传单，逐渐形成一个小团体。她们是一群"双职工家庭之妻"，一边与"孩子小小年纪挂上钥匙，真可怜"的世俗眼光作斗争，一边继续工作，与丈夫之间又围绕着"性别角色分工"而有着共同矛盾。这种团体也接受男性参与，在孩子们自学童长大而离巢以后，仍然与孩子有强烈的纽带连接。其他还有共同购买无农药蔬菜的小团体、生协活动小组、担当儿童书库的小团体等等，这样的例子举不胜举。

第三，为了覆盖并超越以往的地缘规模，她们也把高科技积极地利用到人际网络内部的相互交流之中。交通手段从步行变为自行车、摩托车、小轿车，"地域"的范围大幅扩展。如果把在这种情况下形成的人际网还以传统称作"地缘"，反而是一种错误。因为在覆盖数以万计的人群的居住区内，她们以价值观和感觉为基础选择十几个人为对象，组建自己的"人际关系"。另外还有电话这个通信手段的有效利用。她们交换信息的频度颇高。像朋友家的猫遇到了交通事故之类的消息，要比邻居娘家的老父亲去世的消息传得更快。她们还经常发行小集团内部的小报。文字处理机和复印机的普及使印刷物的发行变得很容易了。这样的"通信"支持着她们之间的交流，面对面的接触也不一定很有必要了。关西有一个小组，它每月发行一次的小报支持了以京都为中心、从高规到舞鹤的十多个成员的人际网。不久的将来，个人电脑一普及，电脑之间的通信成为像打电话那样简单便利的话，这样的女性人际网将最先得到高科技通信手段的恩惠。

这样形成的女性"选择缘"，其相互之间的交流具有以下的特征：

首先，一般是成员人数从几个到十几个人的小集团。从我的经验来看，一般是七八个人，大一点的集团也是最多15、16人，这和小集团研究上的观察，即15、16人是相互之间能够进行个性上的面对面接触的最大上限，也是一致的。她们不采取扩大组织成连锁的方式。集团达到最大规模以后一般就不再努力招收新成员了，成员之间的相互交流比较稳定。在这里，并没有出现"大就好"的组织扩大以及组织优先的想法。

第二，它是同性同年龄的同辈集团。女性的生活课题也根据生命阶段的不同而进一步细分，并且每一年的课题都有所变化。孩子上了小学以后的生活方式与孩子6岁以前的生活方式完全不同。她们所抱有的课题也随着父母的老龄化和自己年龄的增长而不断发生变化。女性们和年龄相仿、境遇相似、生活课题也相似

440

的同辈团体的成员一起，随着生活课题每年变化、年龄增长，创 441
造着一个"同窗会型"的人际网。在这里，招收不同世代的成员
并不太积极。

第三，尽管成员是稳定的，但由于界限不太确定，所以缺乏
特定的领导人员和约束规定。这是与男性所创造的"结社"缘之
间的最大区别：男性的"选择缘"集团会制定"会规"，或任命
"会长"，集团的模式有采取"社缘"集团的倾向。

第四，女性的选择缘，属于和生活很密切的类型。女性们
并非生存在与血缘／地缘／社缘和选择缘功能性地完全分离的空
间。她们在地缘中组建了选择缘，或者反过来把选择缘引入地
缘。另外由于成为选择缘契机的课题大多和育儿（吃的东西以及
教育等等）有关，选择缘就不得不被卷入包括孩子在内的日常生
活中。事实上，作为核心家庭的主妇，她们经常是如果不带上孩
子就不能参加朋友的聚会，而且在组建相互寄托孩子的互助关系
的过程中，自己的日常生活就透露给了对方。

正是这个"生活胶着型"模式的内部，存在着选择缘的"不
纯模式"之所以不纯的积极理由。正因为它是不能从血缘和地缘 442
完全分离的选择缘，这个女性的"选择缘"就替代血缘和地缘在
日常生活中占据很大的比重。女性的选择缘不仅在前述的"葬礼
的帮忙"方面，而且在日常的生活危机时，都能代替以前的血缘
和地缘被动员起来，成为最可依赖的人际关系。这样的生活危机
之一，比如说面临娘家父母病危的紧急情况时，把孩子寄托给朋
友的情形。替代从前的"亲戚"和"近邻"，现在出现了"兴趣
小组的朋友""儿童文库的朋友"，她们为了把孩子托付于人要开
车或坐电车赶到距离一小时以外的朋友家。

　　另外一种生活危机是夫妻之间的矛盾。任何一对夫妻在长期的婚姻期间都要面临离婚的危机，女性们也是找选择缘的朋友来商量离婚事宜。在恋爱结婚为主流的今天，找父母和兄弟姐妹商量的话，因为逞强心的缘故，做不到。找学生时代的同学商量的话，还有面子的问题。邻居呢，因为距离太近了，反而说不出口——选择缘所具有的适度的距离感在这里也起到了很好的作用。要想以生活不会被完全看透的距离，一面适度地控制信息，一面寻求商量，那么没有利害关系的选择缘的朋友是最好的选择。

　　根据我实际进行调查的女性人际网中对最活跃的关键人物的访谈，我进一步了解到了令人惊叹的一些事情。在某一种选择缘中很活跃的女性，常常有多个选择缘，而且其选择缘的人际关系相互并不重复。让我来讲述一个典型的事例吧。一位住在高规市的 50 多岁的女性，她担任了地区的教育委员准公选运动的事务局长，占据了据说没有她在运动就搞不起来的核心地位。同时她还参加了"倭石制造美术会"和"佛像美术文化学校"。但是，在公选运动的高峰期，面临需要征集市民署名的时候，她没有向佛像美术小组的朋友们要求署名。朋友们了解到她的"隐藏的一面"，是在当地报纸于"人物"栏目里介绍她为市民运动领袖的时候。只知道她是一个很娴静的、学究式的佛像美术爱好者的人们，看到她作为市民运动的泼辣的事务局长的令人意外的侧面以后，都觉得非常惊讶。

　　这位女性将多个选择缘分隔成不同的领域，在每个领域中分别使用不同的颜面。在这里我们可以窥到她的用单一的自我认同意识无法测量的多元化自我形象，同时通过这样做，她也避免了在一个"世界"暴露她所有自我的危险。在由全面性的角色期待

443

而形成的"有缘"范畴内，一旦失败一次就无法从头再来，但是在像选择缘这样的局部化的有距离的关系中，这种自我认同意识的危机管理是可能的。而且这种"向中间集团的多元化归属"，一直被视为现代个人的理想模式。另一方面，由于她的丈夫是一个职业人，他的社缘领域的自我认同意识占主导地位，所以这对夫妻中是丈夫还是妻子的"个人"度更高的问题，就很明显了。

444

与女性的选择缘相比，男性组建的"选择缘"，其功能相当分化，容易成为"纯粹的模式"，即完全不掺杂利害打算的"君子之交"。若非，就成为像不同业种交流研究会这样的掺杂着社缘的"不纯模式"，工作成为附带条件的情形居多。无论哪种情况，都不太可能成为托付孩子或商量离婚这样的个人危机发生时可以依赖的关系。那么男性如何处理个人的生活危机呢？——他们要么谁也不求，要么就是从前的老样子，完全依靠血缘关系。[9]在今天血缘和地缘已经丧失了功能的解体时期，女性在组建人际网络以代替传统的血缘和地缘关系上，要比男性领先一步。吉武辉子氏把这种人际网称作"女缘"［吉武1982］。

山崎正和将这种小规模的选择性集团在人们生活中的意义指出如下：

在这里，我们一直视为预兆的变化，一言以蔽之，就是较为柔和的、由小规模单位组成的组织的抬头，换句话说，就是面对面交往的人际关系比抽象的组织系统更受重视的社会的来临。而且，将来将会有很多人归属于这种柔和的集团。当我们边看着具象的邻居的脸，边开始生活的时候，我们才会感觉到自己生活在一个与产业化社会完全不同的社会

445　里。之所以这么说，是因为通过产业化时代的三百年时间，我们一方面具有了牢固的战斗性的生产组织，另一方面我们有着漠然的邻居间互不相识的大众化社会，而介于两者之间的人性化集团却很少。人们要么在前者的组织中享受着稳定却抱怨不自由，要么在后者中享受着充分的自由的同时体味不安的感觉。与此相对，我们现在至少作为一种可能性，培养了介于两者之间的组织，或者可以说我们预感到一个生活在"与邻居熟识的大众社会"的时代即将来临。

[山崎（正）1984：94—95]

对于山崎所说的"邻居"，我觉得除了有必要进行与"地缘"不同的较为精确一点的概念范畴化以外，对这种"大众社会性质变化"的观察并没有异议。若换成我的话说，可以说选择缘的社会，为徘徊于一方面是极端的"大众化"、另一方面是走过了头的"个别化"这两个极端之间的"近代社会"，提示了"大众化"和"个别化"的新的平衡关系。

山崎接下来又指出说，"这样的社交场所，同时也是人们相互展示个人兴趣的场所，是在心有灵犀一点通的相互批评中确认兴趣的正确性的场所"[山崎（正）1984：95]。事实上，就女性而言，选择缘的社会为她们提供了诸如"穿上流行服装时，最大的快乐并不是去闹市区炫耀，而是首先和亲近的朋友见面，直接从她们那里获得对其品位的赞赏"[山崎（正）1984：96]那446　样的对品位、生活方式、价值观等等进行评判的场所。通过这种伴随着评判的他人的接纳，对女性而言，选择缘的社会也是她们实现自我价值的场所。与丈夫的职业和年收入无关，自己也不是被叫作"某某的妈妈"或者"某某的太太",而是以完全的个人与他人认识,接受他人对自己的评价的"面对面与他人交往"中间,她们首次成为真正的"个人"。海外旅行是四五十岁的主妇们的"梦想",如果要问"和谁一起去",她们回答的不是"丈夫"也不是"孩子",而是"和合得来的同性朋友"。从这个意义上来说,也许我们可以说在男性们仍然只生活在旧有的血缘/地缘/社缘社会中的"父亲""家长""上班族"等"角色"中的时候,女性们早就走出了"妻子"和"母亲"的角色,完全成为一个"个人"。选择缘的社会为女性们提供了作为一个"个人"的场所。[10]

另外,选择缘的社会可形成与传统的纵向社会不同的横向人际关系的新型模式。前面提到的千里的主妇说:

> 男人们还依然活在纵向社会里嘛。和他们相比,女人因为不是生活在纵向社会里,所以可以直言不讳。

界限不明确的会员制、约束规矩以及领导者的不存在、横向型的同辈关系等等这些"女缘"的特征,暗示了建立一种既不是受纵向社会原理支配的"家"模式,亦非按内部/外部的排他性原则来处事的"村落"模式的,相对松散柔和的横向社会的可能性。

迄今为止,日本人已经内化了一种男性无法从公司这个职业集团,女性无法从嫁入的父权制性质的"家"这个血缘集团中脱离的纵向型人际关系。选择缘的社会之所以可以成为横向型社会,是因为其中的人际关系可以随时终止。虽然随时可以从中脱离的关系,还存在着一个其是否成为有效的社会化承担者

447

（socializer）的疑问，但是如果人们在选择缘中被社会化的话，那么也许我们可以说日本社会存在着培养既非"家"模式亦非"村落"模式的、新型人际关系的可能性吧。在这一点上，"选择缘"向"女缘"学习的地方是很多的。

今天，我们迎来了急速的老龄化社会，而且旧有的血缘、地缘和社缘也不再像过去那样发挥作用了，可以说不论男女都只有在"选择缘"中才能找到未来的时代已经到来了。

（附记）

关于女性所创造的选择缘，别名"女缘"，我得到了株式会社阿特利埃（Atelier-F）以及电通网络研究会的协助，于 1987 年在关西地区根据对 335 个小团体的预备调查，实行了一个针对 23 个小团体和 5 个关键人物的访谈调查。这个调查结果汇编在上野 & 电通网络研究会合著 [1988，2008] 中。

本文是在收录在栗田靖之编辑的《日本人的人际关系》[1987] 一书中的"可以选择的缘分、无法选择的缘分"论稿的基础上，进行修改补充而成。

448

注：

[1]　"第三空间"的"空间"是指社会性交流形成的"场所"，并不一定意味着物理"空间"。只不过，矶村本身有把"空间"概念实体化，用于城市分区规划这样的空间分割的倾向。其结果，矶村没有把像繁华街区这样的商业中心与 CBD（Central Business District，中心商业区）分开来一并归入"第三空间"[矶村等人编 1975]。从功能方面考察把城市空间的交流与"繁华地带"论相联系起来的，是藤竹晓 [1973]

和材野博司［1978］等。

［2］　望月氏后来把"知缘"改称"值缘"。

> 以前最原始的共同体的连接是"血缘"。……血缘一
> 直扩展到像村落这样的地域社会。这就是"地缘"社
> 会。……称呼现代社会的时候，有一种叫作"社缘"时
> 代的说法。所谓社，就是"会社""结社"的社，但是如
> 果从"地缘论"牵强附会地来说的话，那么，因为它是
> 因个人的"价值""价钱"而连在一起的，所以我想称它
> 为"值缘"。
> 但是，这个"值缘社会"也许马上就要寿终正寝了。因
> 为我们开始到处可以看到不喜欢归属于企业和结社的自
> 由人社会的征兆了。这里产生的难道不是由"认知"的
> 信息连接起来的、离合集散的自由程度极其高的"知缘"
> 的社会吗？这就是我的假说。

449

　　　　　　　　　　　　　　　　　　　　［望月 1985: 81—82］

［3］　望月的"知缘"或者"值缘"、栗田靖之的"情（报）缘"和
　　　我的"选择缘"概念比较接近。另外，樋口惠子创造了"志
　　　缘"这个词汇。但是关于命名，首先由值缘（chien）的发
　　　音容易和地缘（chien）混淆；第二，"知缘"和"情缘"的任
　　　一方都代表了"知／情／意"的某一个方面而容易被人们理解
　　　为排除了其他的方面，所以我没有采用。至于"情报缘（信
　　　息缘）"，出于下面表述的理由，我认为"信息的媒介性"并
　　　不是选择缘固有的东西，所以也没有采用。

［4］　我曾经把"有缘""无缘"这一对概念作为关键词，对市中心
　　　空间的交流，特别是商业行为进行研究［上野 1980］。

［5］　关于雇员社会的生存战略——"细分化缝隙市场的开辟"，
　　　"企业小说"家堺屋太一和长银咨询员竹内宏等提出了和梅棹
　　　相似的建议。

［6］　这是从 1983 年 8 月 26 日实施的、由城市生活研究所（篠崎
　　　由纪子为代表）对千里居民的访谈中挑选出来的一位从事生
　　　协活动的女性社区领导的发言。

［7］　同上。

[8] 高桥幸子的"蚯蚓的学校",原来是从共同利用集体住宅楼梯的近邻人士中产生的"地缘集团",但是作为为奉行管理主义的学校教育吹进新风的"另外一个学校",它在相对广泛的范围内培育了不少具有相同志向的伙伴［高桥 1984］。高桥的原点中虽然仍然存在着前近代模式的长屋型社区的印象,但是也有反论认为现代社会中并未预先存在这种自己组建的共同体,甚至其是被有目的性、选择性地创造出来的。我仿照"娘宿"这种过去村落里 12、13 岁以上的未婚女性一起工作、交流和住宿的场所,把这个学校称为"欧巴桑值班房"［上野 1985a / 上野 1987, 1992］。

[9] 这种对比在单身母亲家庭和单身父亲家庭针对危机的不同对应中,表现得非常明显。母子家庭的女性组建了援助的网络,而且相对来说很容易得到别人的帮助。与此相对,父子家庭的男性一般都没有可以商量的人,生活很落魄,或者把孩子托付给儿童商谈所,或者托付给住在很远的老家的母亲,父子离散的情形较多［春日 1985］。

[10] 从社会学角度来说,所谓现代"个人",由于他 / 她是原来所有的其他角色剔除出去以后残留下来的人格的"残余范畴",所以对定型的角色期待和角色取得来说,使"现代个人"成立的社会关系的场所,也就是所有"有缘"关系的残余,亦即"余暇"这个名字所指代的多余的时间和空间,这一点在理论上来讲,应该是理所当然的。

450

四　性别歧视的反论

——异文化适应和性别差异 *

1　异文化适应和性差

异文化适应中存在着性别差异和年龄差异，这是文化人类 451
学上众所周知的事实。人们认为：如果其他条件相同，一般来说
女性比男性适应得快，年纪小的人比年纪大的人适应得快。新的
风俗都有从文化的周边部分，即从女性和孩子向中心部传播的倾
向。就像幸岛有一只名叫"芋头"的机灵母猴，学会用海水洗芋
头后再吃，这一习惯最初从小猴子开始，慢慢传播给母猴子，顽
强抵抗到最后的是雄性的长老猴子。

然而，迄今为止的关于日本人的海外经历的研究，以性别差
异为研究对象的比较少。稻村博的一系列关于日本人的异文化适
应的研究业绩，也主要是关于日本商人的［稻村 1980］。在此以
前的中根千枝的《适应的条件》［1972］，其主要研究对象也是男 452
性商人，女性的问题并未涉及。即便是最近急速增多的对归国子
女的研究，虽然比较重视孩子们在国外居住时间的长度和年龄变

---

* 　初次发表于 1991 年。

数，但是把性别差异作为有意义的变数来研究的并不多。

可能的理由有以下几个。

首先，在社会科学的研究课题中，事实上引入变数性别差异这件事本身就是一个很新的现象。在受妇女解放运动冲击而形成的女性学的影响下，社会科学的所有领域中性别差异的研究被大大地主题化了。异文化适应研究也不例外。

第二，性别差异研究只有在"如果其他所有的条件都相同"的比较研究的情况下才有意义。然而迄今为止，日本的男性和女性并没有以相同的条件去到国外。男性主要是以驻外工作人员、行政官员、留学生和研究者的身份到海外的，而女性则是以这些人员的妻子或者外国人的妻子到国外的。要使性别差异在"商人的海外适应"中成为问题，那么以与男性相同的条件来到海外工作的女商人必须增加。这种现象还是很遥远的事情。家庭问题从"商人的海外适应"背后浮现出来，是归国子女的问题表面化以后的事情。即便如此，把作为妻子来到海外的女性们拿出来进行议论的还是很少的。我曾经在"主妇论"的历史中论述了"主妇是黑暗的大陆"［上野编 1982］，同样，随着公司驻外职员和留学生一起去到国外的妻子，也被当作附属品对待，是一种看不见的存在。她们例外地成为问题，是在孩子的异文化适应过程中母亲对他们的影响这一语境下。可以说在现在已经成为经典的箕浦康子的关于海外归国子女研究《孩子的异文化体验》［1984］一书中，箕浦本人也承认说，驻外人员的妻子是作为母亲这一决定孩子的社会化环境的因素才初次被放入考察对象的。箕浦的论文并没有深入追究女性在被置于"驻外人员妻子"的异常状况下所可能有的问题。

第三，在归国子女研究中，性别差异这个变数的优先度与
"在日本"的日本人子女相比，相对来说要低一点。对归国子女
而言，自我认同意识的核心问题是：不管男孩子还是女孩子，当
他们在海外的时候是"日本人"，但是回到日本以后他们就是
"怪怪的日本人"这样的外人性质，性别自我认同意识的优先顺
序有属于第二位、第三位的问题的倾向。这种情况在少数民族的
研究中也是说明得很清楚的。美国的女性解放运动很难把少数族
裔卷进来的历史原委，也是因为对少数族裔的自我认同意识问题
而言，民族性问题要比性别问题更为核心。因此，美国的少数族
裔女性，更可能和同一民族集团的男性一起抗争，很难想象她们
想要联合白人女性。

性别作为变数被视为问题的情况，一般仅限于其他变数的
优先权后退的时候。这并不意味着性别这个变数不重要。不仅如
此，由于它是人们视为最自然不过的变数，所以被看作问题的情
况最少，因而就意味着"最后的变数"。

关于归国子女的性别差异研究，近年来可看到的一个显著
倾向是：随着国内升学考试竞争的激化，越到高年级，男女学生
的性别比越不平衡。世界各地的学校都有类似现象，日本人学校
也存在随着学年升高，男学生越来越少的倾向。这是因为父母借
初中升学考试和高中升学考试的契机，把男孩子送回日本。比如
1987 年在孟买的日本人学校初中部的 7 名在籍学生中，6 名女
生，1 名男生，而且这名男生也已经决定在高中升学时去日本国
内的全寄宿制高中学习。

据《海外子女教育情况》[1988] 一书的作者康宁格哈姆·久
子说，即便拿当地学校来和日本人学校相比较，在当地学校上课

454

而且成绩相当不错的日本男生，到了小学高年级以后都会转入日本人学校。反而，学习上有障碍的男学生会留在当地学校。也就是存在着把有麻烦的孩子强迫留在当地学校的倾向。然而女生的话则与这种情况完全相反，一般的倾向是成绩好的女生留在当地学校。针对这样的现象，康宁格哈姆·久子说明如下：

> 能够了解到日本人父母对待儿子和女儿的教育观和期待是不同的这一点，非常有意思。我觉得从中可以看到这样一种模式：让儿子在日本人学校接受教育，是准备让他将来在日本的组织中发挥作用；而对女儿呢，让她接受当地学校的教育则是作为新娘嫁妆的一种考虑的。
>
> ［康宁格哈姆 1988：31］

在父母对男孩子和女孩子的不同态度中，存在着这样一种情况，即随着人们对归国子女再适应过程中产生的问题的认识进一步扩大，父母采取了对应措施。

初期的驻外工作人员，对子女的教育问题抱着很天真的信念。首先，他们不仅对孩子的异文化适应而且对其回国以后的重新适应也极其乐观。第二，他们对就这样经国际化教育培养出来的孩子们的将来也极其乐观。第三，由于他们自身都是精英分子，所以对孩子们将来继承自己的地位和能力方面也极其乐观。虽然有数据显示越是学历高的父母越期待孩子接受和自己同等甚至以上的教育，但是这些精英父母光顾着当然要让孩子有高学历的事情，却没有注意到升学体制越是需要对一代人进行专门的训练，他们之间升学考试的竞争就越激烈。

这种乐观为第一代归国子女带来了惨淡的后果。战后第一期驻外人员都是企业的精英分子，他们的第二代是不是也同样会跻身商业精英阶层呢？那倒未必。在学校教育中执行着升学竞争的激烈化和根据偏差值[*]的顺序来判断学生学习能力差异化的方针。而另一方面，企业的录用标准越来越实行学历主义，职业的世袭变得越来越难。在父母幼稚的信念下放任惯了的青少年们的未来去向，最多是通过父亲的关系在现地被录用为双语职员。企业呢，会优先录用那些在日本国内接受教育、集体忠诚程度高的人才，而不是那些归属意识比较暧昧的归国子女。

456

其结果，父母的这种乐观信念很轻易地破碎了。因此可以说作为父母的一种应对策略，就出现了高学年的男孩子上日本人学校，或者回日本的选择。这是因为日本人的父母考虑到男孩子基本上只能在日本社会生存，而且他们也洞悉日本社会绝对不会把半途而废的门外汉培养为集团的精英分子的事实。

关于异文化体验的性别差异研究，最近几年出现了语言人类学方面的性别研究。比如说日语的人称代名词中有性别指定（gender assignment）。而且在日常用语的层次上，存在着性别分化的语法言语（speech，女性用语 / 男性用语）。在纽约的日本

---

* 所谓"偏差值"，是日本人在统计学上考察学生智能、学习能力和考试能力的分布状况的方法，主要看每个学生的成绩和平均分相差多少的一种计算公式值。[（个人成绩－平均成绩）÷ 标准差] × 10 ＋ 50 ＝ 偏差值。偏差值高于 50 越多，越说明学生成绩优秀，低于 50 越多，就越说明学生成绩差。这个偏差值的计算方法于 1970 年左右被引入进行大规模模拟升学考试的教育界和升学考试产业界，成为决定高等院校报考志愿的判断标准。日本是春季招生，所以在每年的冬季进行全国高中毕业生的统一考试，各大学在录取学生时，常常以这次考试的标准偏差为标准衡量学生的学习能力，并且作为录取的重要标准。——译者

人补习学校使用的小学一年级日语课本的第一页是这么开始的：
"ぼく和わたし"。译成英语的话就是 "I and I"，没有指明意义。
往返于当地学校和日本人补习学校的孩子们，在不指定性别的人
称世界和指定性别的人称世界的文化落差中碰撞。随着这种碰撞
而产生的性别角色意识的心理矛盾，成了受女性学冲击后的语言
人类学的新课题。

据在美国西海岸以能流利说英语和日语两种语言的女性为对
象而进行的语言人类学研究，人们发现：针对相同意思的问题，
同一个被实验者用英语回答时，显示了比较主动的态度，而用日
语回答时，则显示了比较被动的受压制的回答。这个实验结果成
为使用语言决定思考方式的一个例证。

把海外经历的性别差异视为问题时，就像我开头所述，必
须控制好性别差异以外的变数，并把它们变成相同的条件。我先
前已经说过，这样的范例很少，但是让我们看看在美国大学学习
的日本留学生，一般来说女生比男生学语言学得快，学习成绩也
好。这种倾向在战后的以富布莱特留学生为对象的调查中也得到
了证实。

其理由中，有好几种解释。

第一，认为女性一般都很勤奋，像语言这样的反复练习，她
们比男性更为适合。这种说法根据的是有关女人的刻板模式，有
预言式的自我成就的成分。

第二，认为女性对本国文化的自豪感要比男性低，对异文化
适应容易采取积极态度。亦即女性对本国文化的忠诚程度要比男
性低，但是这种说法的偏见因素比较强，实证困难。

第三，在对男性有利的资源分配结构下，一般来说和男性相

比，女性获得留学的机会要少很多。在这样的状况下，实现海外留学的女性，在女性中间属于享有特权的少数派。即使现在海外留学已经不再是精英分子的特权，但一般趋势是女留学生的平均水平比男留学生高。如果我们考虑到同性和同年龄集团中留学生的比例，这一点是可以肯定的。

第四，托"女人式社会化"（gender socialization）的福，女性由于不太害怕语言学习中出现的初步错误，因此进步比较快。相反，男性有"面子"和"尊严"的问题，他们容易害怕在语言学习的初期出错。教外国人日语的日语老师也证实了同样的观察，据说出于尊严和体面的顾虑，男性显示了愤怒和抵抗因而学得比较慢，而他们的妻子很快就能学好。

第五，在与性别和年龄没有关联的英语文化圈内，存在着日本女性比使用日语时更为主动的因素。前面所说的语言人类学的研究证实了这一点。

第六，在男性能动／女性被动的性别角色期待下，在人际交往的场合中，女性即便不主动跟人说话，她们获得男性主动搭话的机会也很多。与此相对，男性有必须主动跟人说话的压力，所以得益于语言学习的机会较少。

459

我觉得上面的几个原因是交杂在一起的。

异文化体验是一种界限状况。在这种状况下，男性和女性都变成了一种无力的少数派。也有反论认为：处于这样的危机状况时，社会上带有"结构性劣势"（structural inferiority）[Turner 1969／日译版 特纳 1976]的女性要比男性有利。这种反论在诸如少数族裔的雇用、不景气时期的家庭[Elder 1974／日译版 埃尔德 1986]的极端状况中也能通用。在这种状况下，获得面向男性的全职工作机会较困难，而得到面向女性的挣小钱的工作（job of pin money）比较容易。其结果，在经济不景气期和少数族裔中间，会出现丈夫失业靠妻子一天一领钱的工作养活全家的相反情况。

和商人相比，留学生的社会资源比较少，所以更容易陷入极端状况。日本人的留学生夫妇当中也有这样的实例。妻子来到美国陪伴留学的丈夫，结果妻子比丈夫语言学得快，也受惠于打工的机会，所以收入超过了丈夫。另外也有曾在英语圈生活的影响，以前很顺从丈夫的妻子变得自己能拿主意了。其结果是，来美国前的夫妻之间的权力关系在美国发生了逆转。这对夫妇在他们来到美国三年之后离婚了。

那么像企业派遣的留学生和驻外人员这样的社会资源的分配得到保障的条件下的性别差异，又是如何呢？很遗憾，要回答这个问题，我们必须得等具备与男性相同条件的女性的事例再增多一点的时候。

2 驻外工作人员的妻子

女性的海外经历，事例较大量的，是伴随丈夫一起驻外的妻子的例子。箕浦康子曾经是加州大学洛杉矶分校人类学系的研究生，她对"孩子的异文化适应经历"很感兴趣，于1976—1981年对住在洛杉矶的日本驻外人员的80个家庭进行面谈调查。她对孩子的异文化经历的研究结果，都总结在出版的同名著作中，这本书现在已经成为这个领域的经典著作。她从孩子的异文化经历入手，结果发现不得不把眼光投向隐于孩子们身后的日本人妻子的状况上。这里出现了异文化适应的性别差异方面的另一侧面。

据箕浦的研究报告，在驻外人员的家庭中，和上一节的例子相反，妻子比丈夫觉得适应海外生活比较困难的情形要来得多一点。这是由于丈夫和妻子并不是在相同的条件下过海外生活的缘故。

首先，在"丈夫工作、妻子持家"的性别角色分担中，与投身职场的丈夫相比，一般来说妻子能够置身异文化的机会要少得多。

第二，由于妻子在驻外的准备教育方面没有丈夫那么充分，所以呈现妻子因信息不足和语言能力障碍而容易被困在家里或日本人社区里的趋势。

第三，驻外人员夫妇的婚姻，多为学历高攀择偶，一般来说妻子比丈夫的学历低，语言能力也差。

第四，其中以在日本的时候起就属于依赖型、一切以家庭为主的女性居多，另外她们在海外居住的时间有限，都属于暂时居留，所以她们缺乏主动融入当地社会的积极性。

第五，一旦妻子想在当地参加社区活动和工作，就会受到来自日本人社区和企业的有形无形的压力。

主要有以上这些理由。

企业对商务人员的异文化适应和压力对应策略方面也很热心，这方面以稻村博为主的研究也有不少，但是议论这些商务人员家庭的研究很少。即使归国子女的问题成了很大的焦点，也很少有人关心妻子的异文化适应问题。最近，描写驻外人员妻子的闭塞感和心理纠葛的报告文学和实录文学有所增加，比如武藤广

461

子的《妻子们的驻外经历》[1985] 和谷口惠津子的《商社太太》
[1985]。

462　　　派驻海外对妻子们来说也是一种危机状况。比如说有以下各
式各样的实例：由于妻子"不会接听电话、不会说话和不能出门
（不会开车）"，丈夫的生活负担过于沉重而不得不让家属回国；
由于妻子的抑郁症或神经衰弱症而不得不提前结束海外生活；夫
妻之间的矛盾从驻外期间一直延续到回国以后，最终离婚。也有
报告描写了由暂居海外的日本驻外人员家庭组成的日本人社区
的异常情况。比如说随丈夫在企业内部的地位和在外工作的年
限而联动的社会等级制 / 优势等级（pecking order）；排斥积极
与当地人社区交流的女性；一方面对日裔美国人和当地美国人
的日本妻子等永久居民很依赖，另一方面又很鄙视他们的矛盾心
理等等。无论她们多想分散居住在大的空间地域里，这些居住
在日语圈这个很小的语言社区里的妻子们，比日本国内"住商
社住房的上班族妻子"，更是居住在一种为外部所孤立的"信息
过疏的地域"里。再者，企业对驻外职员家属的态度，强化了妻
子跟地域社会的隔离。对妻子参与社区活动和就业施加限制的企
业方面的解释是：包括"海外工作补贴"在内，企业为派驻人员
及其家属支付了足以维持与公司威信相符的体面的高工资。这里
很露骨地显示了企业雇佣的不仅仅是丈夫一个人的劳动力，而且
是他整个家庭的、非企业家族主义的家族企业主义的伦理［木下
1983 ］。

463　　　最近，商务人员的驻外生活中妻子的作用开始受重视了。有
语言能力、积极性高和社交能力强的妻子角色的重要性，开始
被认识。企业当中也开始面向家属进行驻外准备教育以及开设海

外子女教育咨询窗口。反过来，也有公司从对丈夫作为商务人员虽然很优秀但是"工作以外的事情全都交给妻子"的现状进行反省，开始实施面对男性的生活讲座。

康宁格哈姆在《海外子女教育情况》一书中，通过对具有学习障碍的孩子们进行心理咨询，直逼隐藏其后的"日本式家庭"的扭曲现状，用她的话讲，即"母性社会"的病理。其问题在于：第一，由于丈夫的长时间劳动及夫妇的角色分工而形成的父亲不在家的家庭现状；第二，其结果带来了母亲与孩子的胶着状况，甚至是母子孤立这种因语言壁垒而进一步加制的胶着状态。日本式家庭原本具有的扭曲状况，在日本的话，不需表现出来就过去了，但是在海外派驻这种极限状况中，就会表现得比较明显。在这个过程中，夫妇之间以及亲子之间本来存在的冲突就表面化了。以驻外为契机，虽然也有凝聚力提高了的家庭，但是迎来离婚危机的家庭也为数不少。无论正面还是负面，驻外经历对家庭来说是一种危机的情形没有改变。在海外经历中，母亲的不安会导致子女的不安。康宁格哈姆把抱有不安心理的孩子们的各种各样的适应性障碍，作为临床事例来研究。

她指出了日本的父亲对待有学习障碍的孩子的若干点共同态度。　　　　　　　　　　　　　　　　　　　　　　464

第一点，即使孩子身上发生问题，他们也采取不关心或者放任的态度。学校和心理咨询师通知他们去，他们也不去。

第二点，他们不仅不关心，甚至拒绝接受事实，以此阻碍事态的改善。比如说对于语言适应有障碍的孩子，老师建议不要让孩子升级而是留在现在的班上，或者把孩子转到日本人学校，拒绝这种建议的，父亲占绝大多数。他们说什么"其他孩子都升级，为什么只有我的孩子要留级？"或者"我的孩子不可能学不好，我希望把他／她培养成坚强勇敢的孩子"，否认现实并且强行施加自己的价值观和期待。

　　第三点，更恶劣的是，对上述事态的拒绝转化为对母子的攻击，甚至还有谴责母子致其走投无路的情形。比如说针对出现问题的孩子，或者以打骂的形式追究母亲的责任，或者说"我的家族中没有不正常的孩子"，把责任转嫁给母亲。偏偏是身为母子最亲近之人的父亲，把面临问题并在寻求援助的母子逼入孤立的境地。到这样的地步，离发生母子一起自杀就差那么一步了。日本的父亲，可以说事实上不仅没有发挥父亲的作用，还主动抛弃了孩子。康宁格哈姆的临床病例中，出现了好几起这样的惨淡事例。

465　　　康宁格哈姆更进一步指出说，患有学习障碍症的孩子中，男生居多，她还列举了出现学习障碍的两个原因。首先，在日本的家庭中，对男孩子的期待和压力通常要比女孩子高得多。第二，其结果是在男生身上，母子关系极其亲密以及过分宠爱的情况非常显著。

　　最近，青春期发展障碍的性别差异呈现缩小的趋势。原来人们一直认为拒绝上学和家庭内暴力的情况多发生在男孩子身上，而进食障碍则是女孩子固有的病理，对这种性别差异的原因也多说明为对男孩子而言是过度期待和压力，对女孩子而言则是劣等地位的内化和拒绝成熟的因素。然而，最近精神病理学家报告说，男女人格发展障碍的性别差异在缩小。在拒绝上学的孩子中，男女的差别已经没有了，对应"家暴少年"，现在也出现了"家暴少女"。甚至被认为女孩子所特有的进食障碍，也同样发生在男孩子身上。到了长子长女的时代和独生子女的时代，也许对孩子的期待和压力、母子亲密胶着的趋势已经不用追究性别差异了。对于海外归国子女也很可能会出现同样的趋势。

3 归国子女

海外经历怎样对孩子的社会化和自我认同意识形成产生影响？关于这个问题，已经积累了很多研究成果。一般来说，孩子年纪越小，其异文化适应就越快而且彻底，但是人们认为这种情况反过来会对孩子归国以后的再适应带来深刻的问题。据说8岁是一个分水岭。双语教育专家中津燎子主张，在孩子的母语自我认同意识确立的3、4岁的语言形成期之前，不应该开始外语教育［中津1976］。

那么性别自我认同意识和性别的社会化又怎样呢？黑木雅子在美国西海岸的湾区实施了一个比较在美日本人与日裔美国人之间的性别角色观念的调查［黑木1986］。表2的性别角色规范当中，对于"2 可以把个人期望优先放在家庭义务之前考虑"这个询问个人主义规范和家庭主义规范优先顺序的共同感受程度的选项，显示了非常有意思的结果（表6、表7）。

按照共同感受程度的高低顺序排列的话，第一位是"在美日本人（无永久居留权）"，第二位是"在美日本人（有永久居留权）"，第三位是"日裔第三代美国人"，第四位是"日裔第一代美国人"，第五位，也就是共同感受程度最低的是"日裔第二代美国人"，这是一个很令人意外的结果。

这里的发现可以说有三点。首先，日裔第二代美国人比日

466

V　性别歧视的反论

裔第一代对传统的性别规范的赞同程度要高一些；第二，日裔美国人比在美日本人具有更强的传统日本式价值观；第三，暂居美国的日本人的不同于普通日本人的个人主义愿望比永久居民更为强烈。

467

表 6　各对象群体的详细内容

	日本人		日裔美国人		
	A 群 （无美国永久居留权）	B 群 （有美国永久居留权）	C 群 （第一代）	D 群 （第二代）	E 群 （第三代）
平均年龄（岁）	29	37	84	60	30
在美年数（年）	4	13	61	56	28
学历（年）	15	16	10	16	17
女性比例（%）	30	53	84	52	53
日常使用语言（%）（觉得使用英语比较容易的人的比例）	15	23.5	0	95.2	100

（注）所有的数字都是每个群体的平均值。

468

黑木指出的理由有以下五点：

第一，作为美国国内的少数族裔，日裔移民和永久居民对民族自我认同意识的忠诚程度很高，对日本人社区的归属感很强烈。

第二，第一代日裔和第二代日裔的生命阶段不同。由于第一代年纪比较大而且已经从家庭义务中解放出来了，所以他们采取比较个人主义的态度，而第二代日裔还停留在家庭义务更重的生

表 7　有关婚姻中妻子和丈夫的角色以及"家"意识形态的规范

	日本人		日裔		
	A 群	B 群	C 群 （第一代）	D 群 （第二代）	E 群 （第三代）
1. 妻子的工作与丈夫的工作同样重要	1.59 （3）	1.46 （2）	1.93 （4）	1.95 （5）	1.40 （1）
2. 可以把个人期望优先放在家庭义务之前考虑	2.21 （1）	2.25 （2）	3.00 （4）	3.10 （5）	2.85 （3）
3. 双亲把孩子托付给别人自己出去玩也没有关系	2.57 （2）	2.00 （1）	2.92 （4）	2.75 （3）	2.94 （5）
4. 痛苦的时候依赖家属要比依赖他人为好	2.40 （4）	1.80 （1）	2.00 （3）	1.85 （2）	2.50 （5）
5. 如果认为是正确的事情，即使和父母的意愿相反，那也没有办法	1.83 （1）	2.08 （3）	1.91 （2）	2.38 （5）	2.33 （4）

（注1）数字是平均值，括号内的数字表示强烈同意的顺序。

（注2）强烈赞成 =1，赞成 =2，反对 =3，强烈反对 =4，不好说 =5，平均值是把"不好说"省略以后计算出来的数值。

表 1 和表 2 的出处：黑木雅子："从日美文化比较来看日裔美国人的性别角色"，《女性学报》No.7，1986。

命阶段。

　　第三，日本出生的新移民，比战前就移居美国的第一代日裔年龄要小，在国内已经经历了家族主义价值观的衰退这一日本社会的变化。

　　第四，与日裔美国人相比，在美日本人是因更积极的理由而离开日本的。

　　第五，暂居美国的日本人一般是学生、研究人员、商务人员等学历比较高的人士。

一般来说，海外经历的情况，根据这种经历是选择性的还是非选择性的而迥异。像第一代日裔和暂居美国的日本人那样的自己选择去海外的人们，他们对本国文化的忠诚程度很低，与此相对，像因非选择性原因而来到海外的日本人、第二代日裔以及驻外人员的子女等等，可以说他们在自我认同意识的问题上，反而对传统价值的忠诚程度要高一些。

当我们考虑对本国文化忠诚程度的性别差异时，一般可以说女性对本国文化的忠诚要比男性低。从日裔与其他族群之间的异族通婚状况（interracial marriage）也可以看出这一点。虽然日裔的异族通婚率最近非常高，但是这里面也存在着很大的性别差异。日裔女性的族外婚比率很高，而日裔男性则与同一族群的女性结婚的族内婚比率更高。而且日裔的异族通婚存在着明显的高攀择偶趋势。日裔女性的异族通婚，其对象包括犹太人在内多为白种人，而日裔男性的异族通婚，其对象多为韩裔和华裔这样的亚裔女性。如果单看异族通婚的实际状况，"日本人被认为是种族主义者（racist）"的说法也不是空穴来风。

在异族通婚的性别差异的实际状况中，也反映了男性占主导地位的父权制特性。首先，在父权制下，女性面临的是出嫁（marrying out）的命运。第二，在男性占主导之下，女性的结婚对象属于比自己地位高的阶层（marrying up）。女性通过出嫁而脱离自身的文化，进入异文化圈。由于她被置于只能适应异文化的境地，就被认为她适应异文化的速度很快。女性对自身文化的忠实程度低并且适应异文化的速度比较快这两点，是结果而不是原因。异文化适应的性别差异，可以说是培养女性时要

469

求她们"无论什么样的家风都要谙习"的父权制的阴谋的"悖论"吧。

这种反论中既有功也有过，提到过的话，在"想把女儿培养成国际人"的名义下，培养了一些没能成功形成民族自我认同意 **470** 识的"双语女孩"（bilingual gal）。正如第一节所述，由于对男孩和女孩的期待不同，对女儿可以不考虑她的将来。一些父母想把女儿像宠物一般留在身边，就想长期把女儿留在当地学校。其结果是：出现了一些虽然双亲都是有日本国籍的日本人，种族也是百分之百的日本人，但是语言和行为模式都"外国人化"了的"奇怪的日本人"。《交叉》杂志 1987 年 7 月刊中把"小海归"（little returnees）定义为"血液中的外国浓度很高的日本人"[《交叉》1987：54—77]。有一个把日本人称为"香蕉人"——即外表是黄色的，但是内里却是白人性情——的蔑称，"小海归"并非"行为举止装得像外国人"，而是完全"长着一个外国人的脑袋"。这些不能很好地适应日本社会，且在作为一个日本人的自我认同意识确立方面也失败了的、"血液中的外国浓度"很高的奇怪的日本人，如果是男性，人们可能会皱眉头，但是正因为她们是女性，所以可以灵活制造新的热潮。双语女孩在像 FEN 等的国内英语播音节目中被起用为 DJ，或被录用为新闻播音员和国际通讯员，这些双语女孩正成为时代的新文化英雄。虽然表面上风光靓丽，但日本社会并没有视她们这些一用完即弃的媒体产业的边缘劳动者为真正的公民。

"因为是女性"所以没有被要求对本国文化忠诚的这些女性，**471** 反过来说，也是被本国文化所遗弃的弃民。在文化弃民的归国子女的问题中，也留下了色彩很浓重的性别差异的阴影。

4　结论

最后我想指出两个问题。

第一个是异文化适应和家庭的问题。迄今为止，家庭被认为是成为异文化适应单位的基础集团。郑惠通过从中国回来的遗华日侨及其家庭的对日本文化适应过程的调查，对这个假说提出了异议。她提出了就海外适应而言，家庭绝对不成为适应单位的明快事实［郑 1988］。

家庭是包括性别差异和年龄差异的集团。郑指出：所谓的适应，归根到底是每个个人的内化过程，这种过程碰巧聚集在家庭这个单位中，可能会产生集体动力作用，但是家庭本身是一个完整的上层单位，并不会形成如父亲适应的话整个家庭都会随之适应的情况。也就是说父母的适应是父母的适应，并不一定保证孩子的适应，丈夫的适应也不保证妻子的适应。反之亦然。这是每个家庭成员的个别课题，成员之间的偏差和扭曲都会引起新的家庭动力作用。这种作用既有向加强家庭团结方向发展的时候，也有扩大潜在的家庭矛盾，带来各种各样危机的时候。像《大草原上的小小的家》里所描写的默默庇护家里人的父亲，起而对抗大自然威胁的神话般的形象，在这里是崩溃了。家庭绝不会作为上层的庇护所来保护个人，适应的单位归根到底还是个人。果真如此，我们必须进一步积极地追究性别差异和年龄差异在异文化适应过程中作为发挥作用的变数所具有的意义。另外，对于成员相互之间适应沟壑巨大的多元文化家庭的动力作用，我们也有必要对其内部进行更深入细致的研究。

472

第二点是同化主义和归国以后再适应的问题。在异文化适应中，存在着两个侧面的问题：去国时的异文化适应和归国时的对本国文化再适应的问题。这里成问题的是文化之间的序列。同化主义只对优势文化产生作用。因此，日本人的海外经历，在日本人认为是优势文化的欧美圈和日本人认为是劣势文化的亚非圈，其情况是截然不同的。日本人子弟到当地学校上学的入学率在第三世界圈内极端稀少，人们理所当然地认为在当地建立一个日本人殖民地，然后日本人就在那里面生活是很自然的。由于欧美人相信自己的文化是最卓越的文化，所以他们无论到哪个文化圈都强制推行按本国习惯和礼仪方式办事的殖民主义。日本由于经济繁荣的缘故，正逐渐达到与以前的欧美殖民主义者相同的境地。

473

回顾历史，可以说对从海外回来的归国子女的对策主要分三个阶段。第一阶段主要是完全的放任和乐观主义占支配地位。从对第一阶段的反省出发，第二阶段蔓延的是"脱离外国"和强制进行归国后的再适应。在第三阶段，归国子女的声音扩大到了一定的程度，形成了一个可以称为"国内外国"的特权聚集区（ghetto）。出于对"脱离外国"呼声和归国后再适应压力的自卫，回国以后也让子女继续上国内的美国人学校和国际学校的父母有所增加。其中也有一些回国以后因不能很好地适应国内生活而"再一次逃离"的归国子女。但是另一方面，从归国子女对策出发，在大学升学方面采用了诸如归国子女特别名额这样的优惠措施，甚至还出现了归国子女被视为双语种人才，即具有特殊资源的特权阶级而备受欢迎的现象。被誉为国内外国的国际学校和美国人学校，为种族角度是百分之百的日本人，但日常使用英语的归国子女创造了一个聚集区。甚至还出现了自己的孩子并非归国子女，但是想把孩子送入美国人学校和国际学校的日本父母。也就是说出现了这么一种逆反现象：在不"脱离外国"的情况下，做一个在日本的日裔外国人成为一件具有正面价值的事情。然而，正如前面所述，如果考虑到这并不是在男孩子身上，而只是在女孩子身上出现的显著倾向，我们就很怀疑日本社会是不是真的打算灵活使用具有"海外经历"的人才。

474

　　然而，这也仅限于从优势文化圈回来的归国子女。从劣势文化圈回来的归国子女，由于他们生活在日本侨民区，不需要努力与当地文化同化，也不用面对"脱离外国"呼声的再适应压力。欧美殖民主义者并没有出现像日本这样严峻的"归国子女问题"。因为他们只需要移动到位于世界各地的本国文化的飞地，即当地的侨民区。

　　现在归国子女的对策，我觉得似乎第四阶段，也应叫作侨民区主义的时代正在来临。令人觉得讽刺的是，日本的"国际化"进展得越快，租界主义的趋势，无论在优势文化圈还是在劣势文化圈，就越强化。之所以这么说，是因为如果海外派驻人员不再是精英分子而是企业的中层和底层的职员，而且如果越来越多的日本人开始在海外生活，并且具有了足以在各地形成族裔社区的规模，那么就像悖论似的，百分之百的日本人生活就会在日本人村落一样的聚集区内形成。就像以前的欧美人那样，虽然在外国生活，但是在海外只用日语生活然后回到国内的日本人，今后将会增多吧。海外经历一点也不成其为海外经历的日本人的增加，应该说是国际化的反论吧。

参考文献

青木やよひ 1983「性差別の根拠をさぐる―日本における近代化と儒教イデオロ
  ギーについての覚え書き」山本哲士編『経済セックスとジェンダー』(シリーズ
  プラグを抜く 1) 新評論

――― (編) 1983『フェミニズムの宇宙』(シリーズプラグを抜く 3) 新評論

――― 1986『フェミニズムとエコロジー』新評論

『アクロス』160号 1987「FM横浜―第四山の手にバイリンガル文化が開花する」
  パルコ出版局、一九八七年七月

浅田彰 1984『逃走論―スキゾ・キッズの冒険』筑摩書房

天野正子 1979『第三期の女性』学文社

――― 1988「「受」働から「能」働への実験―ワーカーズ・コレクティブの可能
  性」佐藤慶幸編著『女性たちの生活ネットワーク』文眞堂

網野善彦 1978『無縁・公界・楽』平凡社

荒井保男 1978「老人の心理」『高齢化社会と老人問題』(ジュリスト増刊総合特集
  12) 有斐閣

アリエス、フィリップ 1980 杉山光信・杉山恵美子訳『〈子供〉の誕生―アンシァ
  ン・レジーム期の子供と家族生活』みすず書房[Ariès 1960, 1973]

アンガーソン、クレア 1999 平岡公一・平岡佐智子訳『ジェンダーと家族介護―
  政府の政策と個人の生活』光生館[Ungerson 1987]

アンダーソン、マイケル 1988 北本正章訳『家族の構造・機能・感情―家族史研
  究の新展開』海鳴社[Anderson 1980]

イーグルトン、テリー 1987 大橋洋一訳『クラリッサの凌辱』岩波書店[Eagleton
  1982]

育時連(編) 1989『男と女で「半分こ」イズム―主夫でもなく、主婦でもなく』
  学陽書房

磯村英一他(編) 1975『人間と都市環境―日本地域開発センター報告 1(大都市中
  心部)』鹿島出版会

伊田広行 1995『性差別と資本制―シングル単位社会の提唱』啓文社

糸井重里 1986『家族解散』新潮社 / 1989 新潮文庫、新潮社

参考文献

伊藤幹治 1982『家族国家観の人類学』ミネルヴァ書房

伊藤整・安岡章太郎・江藤淳 1965「座談会 文学の家庭と現実の家庭」『群像』
一九六五年一〇月号

伊藤整 1965「作家の証明」『中央公論』一九六五年一一月号

稲村博 1980『日本人の海外不適応』NHK ブックス、日本放送出版協会

井上勝也 1978「ポックリ信仰の背景」『高齢化社会と老人問題』(ジュリスト増刊
総合特集 12) 有斐閣

井上清 1949『日本女性史』三一書房

井上哲次郎 1891『勅語衍義』(上・下)

――― 1908『倫理と教育』弘道館

井上輝子・江原由美子(編) 1991『女性のデータブック―性・からだから政治参
加まで』有斐閣

今井賢一 1984『情報ネットワーク社会』岩波新書、岩波書店

イリイチ(イヴァン・イリッチ) 1977 東洋・小沢周三訳『脱学校の社会』(現代社
会科学叢書) 東京創元社[Illich 1971]

――― 1979 金子嗣郎訳『脱病院化社会―医療の限界』晶文社[Illich 1976]

イリイチ、イヴァン 1982 玉野井芳郎・栗原彬訳『シャドウ・ワーク―生活の
あり方を問う』岩波現代選書、岩波書店 / 1990 同時代ライブラリー、岩波
書店[Illich 1981]

――― 1984 玉野井芳郎訳『ジェンダー』岩波現代選書、岩波書店[Illich 1982]

イリガライ、リュース 1987 棚沢直子他訳『ひとつではない女の性』勁草
書房[Irigaray 1977]

ウェーバー、マックス 1957 浜島朗訳『家産制と封建制』みすず書房[Weber
1921-22]

上野千鶴子 1980「百貨店の記号学」『広告』21 巻 6 号、博報堂

――― 1982a「主婦の戦後史」([上野編 1982] Ⅰ所収)

――― 1982b「主婦論争を解説する」([上野編 1982] Ⅱ所収)

――― (編) 1982『主婦論争を読む・全記録』Ⅰ・Ⅱ、勁草書房

――― 1984「祭りと共同体」井上俊編『地域文化の社会学』世界思想社

――― 1985a「オバン宿」(共同討議・新世相探検、第一回「女・子ども文化」)
『朝日新聞』大阪版、一九八五年六月一五日夕刊

――― 1985b「女は世界を救えるか―イリイチ「ジェンダー」論徹底批判」『現
代思想』一九八五年一月号([上野 1986] 所収)

――― 1985c『資本制と家事労働』海鳴社

――― 1986『女は世界を救えるか』勁草書房

――― 1987『〈私〉探しゲーム―欲望私民社会論』筑摩書房 / 1992 ちくま学芸文
庫、筑摩書房

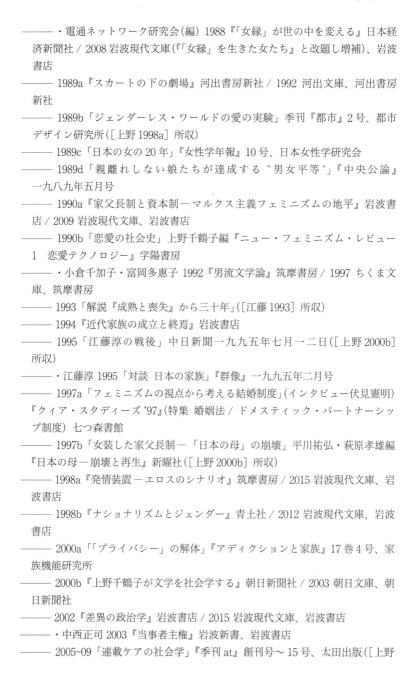

────・電通ネットワーク研究会（編）1988『「女縁」が世の中を変える』日本経済新聞社 / 2008 岩波現代文庫（『「女縁」を生きた女たち』と改題し増補）、岩波書店

──── 1989a『スカートの下の劇場』河出書房新社 / 1992 河出文庫、河出書房新社

──── 1989b「ジェンダーレス・ワールドの愛の実験」季刊『都市』2 号、都市デザイン研究所（［上野 1998a］所収）

──── 1989c「日本の女の 20 年」『女性学年報』10 号、日本女性学研究会

──── 1989d「親離れしない娘たちが達成する〝男女平等〟」『中央公論』一九八九年五月号

──── 1990a『家父長制と資本制－マルクス主義フェミニズムの地平』岩波書店 / 2009 岩波現代文庫、岩波書店

──── 1990b「恋愛の社会史」上野千鶴子編『ニュー・フェミニズム・レビュー 1 恋愛テクノロジー』学陽書房

────・小倉千加子・富岡多惠子 1992『男流文学論』筑摩書房 / 1997 ちくま文庫、筑摩書房

──── 1993「解説『成熟と喪失』から三十年」（［江藤 1993］所収）

──── 1994『近代家族の成立と終焉』岩波書店

──── 1995「江藤淳の戦後」中日新聞一九九五年七月一二日（［上野 2000b］所収）

────・江藤淳 1995「対談 日本の家族」『群像』一九九五年二月号

──── 1997a「フェミニズムの視点から考える結婚制度」（インタビュー伏見憲明）『クィア・スタディーズ '97』（特集 婚姻法 / ドメスティック・パートナーシップ制度）七つ森書館

──── 1997b「女装した家父長制－「日本の母」の崩壊」平川祐弘・萩原孝雄編『日本の母－崩壊と再生』新曜社（［上野 2000b］所収）

──── 1998a『発情装置－エロスのシナリオ』筑摩書房 / 2015 岩波現代文庫、岩波書店

──── 1998b『ナショナリズムとジェンダー』青土社 / 2012 岩波現代文庫、岩波書店

──── 2000a「「プライバシー」の解体」『アディクションと家族』17 巻 4 号、家族機能研究所

──── 2000b『上野千鶴子が文学を社会学する』朝日新聞社 / 2003 朝日文庫、朝日新聞社

──── 2002『差異の政治学』岩波書店 / 2015 岩波現代文庫、岩波書店

────・中西正司 2003『当事者主権』岩波新書、岩波書店

──── 2005-09「連載ケアの社会学」『季刊 at』創刊号〜 15 号、太田出版（［上野

参考文献

2011] 所収）

——— 2006『生き延びるための思想—ジェンダー平等の罠』岩波書店 / 2012 岩波現代文庫、岩波書店

——— 2010『女ぎらい—ニッポンのミソジニー』紀伊國屋書店 / 2018 朝日文庫、朝日新聞出版

——— 2011『ケアの社会学—当事者主権の福祉社会へ』太田出版

——— 2018「「男らしい」死」『表現者　クライテリオン』二〇一八年五月号

——— 2019「戦後批評の正嫡江藤淳」『新潮』（特集 江藤淳　没後二〇年）二〇一九年九月号

宇野常寛 2017『母性のディストピア』集英社

梅棹忠夫 1967『文明の生態史観』中央公論社 / 1974 中公文庫、中央公論社 / 1998 中公文庫（改版）、中央公論社 / 2002 中公クラシックス、中央公論新社

——— 1981『わたしの生きがい論—人生に目的があるか』講談社

——— 1991『女性と文明』（梅棹忠夫著作集第 9 巻）中央公論社

エスピン゠アンデルセン、G 2000 渡辺雅男・渡辺景子訳『ポスト工業経済の社会的基礎—市場・福祉国家・家族の政治経済学』桜井書店 [Esping-Andersen 1999]

江藤淳 1956『夏目漱石』東京ライフ社

——— 1961『小林秀雄』講談社

——— 1962『西洋の影』新潮社

——— 1965『アメリカと私』朝日新聞社

——— 1966a「文学と私」（『文学と私・戦後と私』新潮文庫、新潮社、1974 所収）

——— 1966b「戦後と私」（『文学と私・戦後と私』新潮文庫、新潮社、1974 所収）

——— 1967a『成熟と喪失—"母"の崩壊』河出書房 / 1988 新版 / 1993 講談社文芸文庫、講談社

——— 1967b「日本と私」（福田和也編『江藤淳コレクションエセー』ちくま学芸文庫、筑摩書房、2001 所収）

——— 1970-99『漱石とその時代』第一—五部、新潮社

——— 1970「「ごっこ」の世界が終ったとき—七〇年代にわれわれが体験すること（昭和四五年一月号）」『諸君！』一九七〇年七月号

——— 1972a『アメリカ再訪』文藝春秋

——— 1972b『夜の紅茶』北洋社

——— 1973『一族再会』講談社

——— 1980『一九四六年憲法—その拘束』文藝春秋

——— 1985『女の記号学』角川書店

——— ・蓮實重彦 1985『オールド・ファッション—普通の会話　東京ステーションホテルにて』中央公論社 / 1988 中公文庫、中央公論社

——— 1989『天皇とその時代』PHP 研究所

——— 1990「三島由紀夫「自決の日」」『The Bigman』一九九〇年一二月号（[中島・平山 2019] 所収）

——— 1999『妻と私』文藝春秋

江原由美子 1983「乱れた振子—リブ運動の軌跡」（[江原 1985] 所収）

——— 1985『女性解放という思想』勁草書房

江守五夫 1992「家父長制の歴史的発展形態—夫権を中心とする一考察」（[永原他編 1992] 所収）

エリクソン、エリック・H 1973 岩瀬庸理訳『アイデンティティ—青年と危機』金沢文庫[Erikson 1968]

エルダー、グレン・H 1986 本田時雄・伊藤裕子他訳『大恐慌の子どもたち』明石書店[Elder 1974]

エンゲルス、フリードリヒ 1965 戸原四郎訳『家族・私有財産・国家の起源』岩波文庫、岩波書店

オークレー、アン 1986 岡島茅花訳『主婦の誕生』三省堂[Oakley 1974]

大沢真理 2002『男女共同参画社会をつくる』NHK ブックス、日本放送出版協会

大平健 1990『豊かさの精神病理』岩波新書、岩波書店

小木新造・熊倉功夫・上野千鶴子（校注）1990『風俗　性』（日本近代思想大系 23）岩波書店

小熊英二 2002『〈民主〉と〈愛国〉—戦後日本のナショナリズムと公共性』新曜社

——— 2009『1968』（上巻「若者たちの叛乱とその背景」、下巻「叛乱の終焉とその遺産」）新曜社

小此木啓吾 1978『モラトリアム人間の時代』中公叢書、中央公論社

落合恵美子 1987「〈近代〉とフェミニズム—歴史社会学的考察」女性学研究会（編）『女の目で見る』（講座女性学 4）勁草書房（[落合 1989] 所収）

——— 1989『近代家族とフェミニズム』勁草書房

——— 1994『21 世紀家族へ—家族の戦後体制の見かた・超えかた』有斐閣選書、有斐閣

笠原嘉 1977『青年期』中公新書、中央公論社

春日キスヨ 1986「男性における相補的両性関係の矛盾—父子家庭男性の「孤立」と「孤独」」『岩国短期大学紀要』14 号、岩国短期大学

——— 1989『父子家庭を生きる』勁草書房

片多順 1979「中年と老年」綾部恒雄編『人間の一生—文化人類学的探求』アカデミア出版会

加藤典洋 1985『アメリカの影』河出書房新社

——— 1997『敗戦後論』講談社

——— 2015『戦後入門』ちくま新書、筑摩書房

——— 2019『9条入門』創元社

カニングハム久子 1988『海外子女教育事情』新潮選書、新潮社

金子仁郎・新福尚武(編) 1972『老人の精神医学と心理学』(講座日本の老人 1) 垣内出版

鹿野政直 1983『戦前・「家」の思想』(叢書・身体の思想 9) 創文社

——— 1989『婦人・女性・おんな』岩波新書、岩波書店

加納実紀代 1987『女たちの〈銃後〉』筑摩書房

鎌田浩 1992「家父長制の理論」([永原他編 1992] 所収)

神島二郎 1961『近代日本の精神構造』岩波書店

柄谷行人 1969「〈意識〉と〈自然〉—漱石試論」『群像』一九六九年六月号

——— 1972『畏怖する人間』冬樹社

———・福田和也 1999「特別対談 江藤淳と死の欲動」『文學界』一九九九年一一月号

河上徹太郎 1966「文学賞作品その他—文学時評 (8)」『新潮』一九六六年一月号

川端康成 1961『眠れる美女』新潮社

木下律子 1983『王国の妻たち—企業城下町にて』径書房

木原敏江 1979-84『摩利と新吾』全 13 巻、白泉社

ギャブロン、ハンナ 1970 尾上孝子訳『妻は囚われているか』岩波新書、岩波書店

公文俊平・村上泰亮・佐藤誠三郎 1979『文明としてのイエ社会』中央公論社

栗田靖之(編) 1987『日本人の人間関係』ドメス出版

グループわいふ 1984『性—妻たちのメッセージ』グループわいふ

黒木雅子 1986「日米の文化比較からみる日系アメリカ人の性役割」『女性学年報』7号、日本女性学研究会

黒沢隆 1987『建築家の休日—モノの向こうに人が見える』丸善

経済企画庁国民生活局(編) 1987『新しい女性の生き方を求めて』大蔵省印刷局

国際女性学会(編) 1978『国際女性学会 '78 東京会議報告書』国際女性学会

『国民の経済白書 一九八七』1987 日本評論社

小路田泰直 1993「書評『日本女性生活史』(4)「近代」女性史総合研究会編」『日本史研究』366 号

小島信夫 1965『抱擁家族』講談社

小長谷有紀 2017『ウメサオタダオが語る、梅棹忠夫—アーカイブズの山を登る』(叢書・知を究める 11) ミネルヴァ書房

小林秀雄 1977『本居宣長』新潮社

駒尺喜美 1982『魔女的文学論』三一書房

——— 1987『漱石という人—吾輩は吾輩である』思想の科学社

小松満貴子(編著) 1988『女性経営者の時代』ミネルヴァ書房

小山静子 1991『良妻賢母という規範』勁草書房

斎藤茂男（編著）1982『妻たちの思秋期』共同通信社 / 1993『妻たちの思秋期』（ルポルタージュ日本の情景 1）岩波書店

───── 1982「企業社会という主役の顔」『新聞研究』一九八二年一〇月号

───── 1984「時代の状況を見すえる」『新聞研究』一九八四年一〇月号

───── （編著）1991『飽食窮民』共同通信社 / 1994『飽食窮民』（ルポルタージュ日本の情景 4）岩波書店

齋藤純一（編）2003『親密圏のポリティクス』ナカニシヤ出版

斎藤禎 2015『江藤淳の言い分』書籍工房早山

材野博司 1978『かいわい─日本の都心空間』SD 選書、鹿島出版会

作田啓一 1967『恥の文化再考』筑摩書房

佐藤忠男 1978『家庭の甦りのために─ホームドラマ論』筑摩書房

シーガル、リン 1989 織田元子訳『未来は女のものか』勁草書房［Segal 1987］

島尾敏雄 1960『死の棘』講談社

シュー、Ｆ・Ｌ・Ｋ 1971 作田啓一・浜口恵俊訳『比較文明社会論─クラン・カスト・クラブ・家元』培風館［Hsu 1963］

集英社モア・リポート班（編）1983『モア・リポート』集英社

シュルロ、Ｅ＆Ｏ・チボー（編）1983 西川祐子他訳『女性とは何か』上・下、人文書院

庄野潤三 1965『夕べの雲』講談社

ショーター、エドワード 1987 田中俊宏他訳『近代家族の形成』昭和堂［Shorter 1975］

女性史総合研究会（編）1990『日本女性生活史』第四巻「近代」東京大学出版会

白井聡 2013『永続敗戦論─戦後日本の核心』太田出版

───── 2018『国体論─菊と星条旗』集英社新書、集英社

城山三郎 1976『毎日が日曜日』新潮社

杉田俊介 2019「老いぼれた親鸞と、猫たちと、吉本隆明と、妄想のホトトギスと」『現代思想』二〇一九年三月号

スコット、ジョーン・Ｗ 1992 荻野美穂訳『ジェンダーと歴史学』平凡社 / 2004 平凡社ライブラリー、平凡社［Scott 1988］

鈴木孝夫 1973『ことばと文化』岩波新書、岩波書店

鈴木裕子 1986『フェミニズムと戦争』マルジュ社

ストーン、ローレンス 1991 北本正章訳『家族・性・結婚の社会史─一五〇〇年─一八〇〇年のイギリス』勁草書房［Stone 1977］

住谷一彦 1992「おわりに─「家父長制」論の展望」（［永原他編 1992］所収）

盛山和夫 1993「「核家族化」の日本的意味」直井優他編『日本社会の新潮流（ニューウェーブ）』東京大学出版会

参考文献

関根英二 1993『〈他者〉の消去』勁草書房

セジウィック、イヴ・コゾフスキー 1999 外岡尚美訳『クローゼットの認識論―セクシュアリティの二〇世紀』青土社

―――― 2001 上原早苗・亀澤美由紀訳『男同士の絆―イギリス文学とホモソーシャルな欲望』名古屋大学出版会

瀬知山角 1990「家父長制をめぐって」江原由美子編『フェミニズム論争』勁草書房

―――― 1996『東アジアの家父長制―ジェンダーの比較社会学』勁草書房

総理府（編）1983『婦人の現状と施策―国内行動計画報告書第三回』ぎょうせい

副田義也 1981「老年社会学の課題と方法」副田義也編『老年世代論』（講座老年社会学Ⅰ）垣内出版

ソコロフ、ナタリー 1987 江原由美子他訳『お金と愛情の間』勁草書房［Sokoloff 1980］

外崎光広（編）1971『植木枝盛　家庭改革・婦人解放論』法政大学出版局

ターナー、ヴィクター・W 1976 冨倉光雄訳『儀礼の過程』思索社［Turner 1969］

高取正男・橋本峰雄 1968『宗教以前』NHKブックス、日本放送出版協会

高橋幸子 1984『みみずの学校』思想の科学社

高群逸枝 1954-58『女性の歴史』講談社（『高群逸枝全集』第四・五巻、理論社、1966 所収）

武川正吾 1999『社会政策のなかの現代―福祉国家と福祉社会』東京大学出版会

竹宮惠子 1977-84『風と木の詩』全17巻、小学館

タトル、リサ 1991 渡辺和子監訳『フェミニズム事典』明石書店［Tuttle 1986］

田中康夫 1981『なんとなく、クリスタル』河出書房新社

谷口恵津子 1985『マダム・商社』学生社

田間泰子 2001『母性愛という制度―子殺しと中絶のポリティクス』勁草書房

茶園敏美 2018『もうひとつの占領―セックスというコンタクト・ゾーンから』インパクト出版会

中部家庭経営学研究会（編）1972『明治期家庭生活の研究』ドメス出版

鄭暎惠 1988「ある「中国帰国者」における家族―適応過程に生じた家族の葛藤」『解放社会学研究』2、日本解放社会学会

坪内玲子 1992『日本の家族―「家」の連続と不連続』アカデミア出版会

紡木たく 1986-87『ホットロード』全4巻、集英社

ドゥーデン、バーバラ＆クラウディア・フォン・ヴェールホーフ 1986 丸山真人編訳『家事労働と資本主義』岩波現代選書、岩波書店

富岡多惠子 1983『波うつ土地』講談社

豊中市女性問題推進本部（編）1989『市民のくらしの意識に関する調査報告書―男性の日常生活と自立をめぐって』

ドンズロ、ジャック 1991 宇波彰訳『家族に介入する社会―近代家族と国家の管理装置』新曜社

中島岳志・平山周吉(監修) 2019『江藤淳―終わる平成から昭和の保守を問う』河出書房新社

中津燎子 1976『異文化のはざまで』毎日新聞社

中根千枝 1967『タテ社会の人間関係』講談社現代新書、講談社

――― 1972『適応の条件』講談社現代新書、講談社

永原慶二他(編)、比較家族史学会(監修) 1992『家と家父長制』早稲田大学出版部

西川祐子 1985「一つの系譜―平塚らいてう・高群逸枝・石牟礼道子」脇田晴子編『母性を問う―歴史的変遷(下)』人文書院

――― 1991「近代国家と家族モデル」河上倫逸編『ユスティティア』2(特集 家族・社会・国家) ミネルヴァ書房

――― 1993「比較史の可能性と問題点」『女性史学』3、女性史総合研究会

西部邁 1975『ソシオ・エコノミックス』中央公論社

――― 1979『蜃気楼の中へ』日本評論社

――― 1999「江藤淳氏自死―虚無への曖昧な勝利」『新潮45』一九九九年九月号

野間光辰(編著) 1961『完本色道大鏡』友山文庫

博報堂生活総合研究所(編) 1989『90年代家族』博報堂

橋爪大三郎 2019『小林秀雄の悲哀』講談社選書メチエ、講談社

橋本治 2007『小林秀雄の恵み』新潮社

長谷川公一 1989「研究ノート 家父長制とは何か」江原由美子他『ジェンダーの社会学―女たち／男たちの世界』新曜社

長谷川三千子 1984「「男女雇用平等法」は文化の生態系を破壊する」『中央公論』一九八四年五月号

――― 1986『からごころ―日本精神の逆説』中央公論社

波田あい子 1976「社会学と性別役割分業論」『婦人問題懇話会会報25』(特集 性別役割分業思想をめぐって) 婦人問題懇話会

バダンテール、エリザベート 1981 鈴木晶訳『プラス・ラブ』サンリオ

花村太郎 1980「「老熟」文化へ向けて」『別冊宝島18(現代思想のキーワード)』JICC出版局

林郁 1985『家庭内離婚』筑摩書房

林道義 1996『父性の復権』中公新書、中央公論社

原ひろ子・岩男寿美子 1979『女性学ことはじめ』講談社現代新書、講談社

ひこ田中 1990『お引越し』福武書店

――― 1992『カレンダー』福武書店

日地谷＝キルシュネライト、イルメラ 1992 三島憲一他訳『私小説―自己暴露の儀式』平凡社

参考文献

平野謙 1971「『抱擁家族』の新しさ」『小島信夫全集』第五巻月報、講談社

平山周吉 2019『江藤淳は甦える』新潮社

ファインマン、マーサ・アルバートソン 2003 上野千鶴子監訳・解説、速水葉子・稲田信子訳『家族、積みすぎた方舟―ポスト平等主義のフェミニズム法理論』学陽書房［Fineman 1995］

──── 2009 稲田信子・速水葉子訳『ケアの絆―自律神話を超えて』岩波書店［Fineman 2004］

福武直他（編）1958『社会学辞典』有斐閣

藤枝澪子 1985「ウーマンリブ」『朝日ジャーナル』一九八五年二月二二日号（『女の戦後史』III、朝日選書、朝日新聞社、1985 所収）

藤竹暁 1973「都市空間のコミュニケーション」倉沢進編『都市社会学』（社会学講座 5）東京大学出版会

婦人教育研究会（編）1987, 1988, 1989『統計にみる女性の現状』垣内出版

舩橋惠子 2006『育児のジェンダー・ポリティクス』（双書ジェンダー分析 11）勁草書房

フリーダン、ベティ 1977 三浦冨美子訳『増補新しい女性の創造』大和書房［Friedan 1963］

ブルームスティーン、フィリップ＆ペッパー・シュワルツ 1985 南博訳『アメリカン・カップルズ』上・下、白水社［Blumstein & Schwartz 1985］

ブルデュー、ピエール 1990 石井洋二郎訳『ディスタンクシオン』I・II、藤原書店［Bourdieu 1979］

ベーベル、A 1958 伊東勉・土屋保男訳『婦人論』上・下、大月書店

ベネディクト、ルース 1967 長谷川松治訳『菊と刀』社会思想社［Benedict 1946］

ボーヴォワール、シモーヌ・ド 1953 生島遼一訳『第二の性』新潮社

ホックシールド、アーリー 1990 田中和子訳『セカンド・シフト―アメリカ共働き革命のいま第二の勤務』朝日新聞社［Hochschild 1989］

ホブズボウム、E ＆ T・レンジャー編 1992 前川啓治他訳『創られた伝統』（文化人類学叢書）紀伊國屋書店［Hobsbawm & Ranger (eds.) 1983］

堀場清子 1990『イナグヤナナバチ―沖縄女性史を探る』ドメス出版

本多秋五 1965「文芸時評〈上〉」『東京新聞』一九六五年六月二八日夕刊

──── ・山本健吉・福永武彦 1965「創作合評」『群像』一九六五年八月号

マイケル、ロバート・T 他 1996 近藤隆文訳『セックス・イン・アメリカ―はじめての実態調査』日本放送出版協会（上野解説）［Michael, Gagnon, Laumann & Kolata 1994］

毎日新聞社生活家庭部（編）2000『ひとりで生きる―家族から個族の時代へ』エール出版社

水田珠枝 1973『女性解放思想の歩み』岩波新書、岩波書店

水田宗子 1993『物語と反物語の風景―文学と女性の想像力』田畑書店

見田宗介他（編）1988『社会学事典』弘文堂

ミッチェル、ジュリエット 1977 上田昊訳『精神分析と女の解放』合同出版［Mitchell 1974］

ミッテラウアー、ミヒャエル＆ラインハルト・ジーダー 1993 若尾祐司・若尾典子訳『ヨーロッパ家族社会史―家父長制からパートナー関係へ』名古屋大学出版会［Mitterauer & Sieder 1977］

箕浦康子 1984『子供の異文化体験』思索社

妙木忍 2009『女性同士の争いはなぜ起こるのか―主婦論争の誕生と終焉』青土社

ミレット、ケイト 1973 藤枝澪子他訳『性の政治学』自由国民社／1985 ドメス出版［Millett 1970］

牟田和恵 1990a「日本近代化と家族―明治期「家族国家観」再考」筒井清忠編『「近代日本」の歴史社会学』木鐸社

―― 1990b「明治期総合雑誌にみる家族像―「家庭」の登場とそのパラドックス」『社会学評論』41巻1号、日本社会学会

―― 2006『ジェンダー家族を超えて―近現代の生／性の政治とフェミニズム』新曜社

ムトー、ヒロコ 1985『妻たちの海外駐在』文藝春秋

村上淳一 1985『ドイツ市民法史』東京大学出版会

村上信彦 1969-72『明治女性史』全四巻、理論社

―― 1980『近代史のおんな』大和書房

村上龍 1976『限りなく透明に近いブルー』講談社

目黒依子 1980『主婦ブルース』ちくまぶっくす、筑摩書房

―― 1987『個人化する家族』勁草書房

望月照彦 1977『マチノロジー―街の文化学』創世記

―― 1978『都市は未開である』創世記

―― 1985『地域創造と産業・文化政策』ぎょうせい

森綾子（グループ野菊）1987「女と墓 揺れるイエ意識」『女性学年報』8、日本女性学研究会

森岡清美他（編）1993『新社会学辞典』有斐閣

森川美絵 2004「高齢者介護政策における家族介護の「費用化」と「代替性」」大沢真理編『福祉国家とジェンダー』（叢書 現代の経済・社会とジェンダー第4巻）明石書店

安岡章太郎 1959『海辺の光景』講談社

柳田国男 1931『明治大正史第四巻 世相篇』朝日新聞社／1976『明治大正史 世相篇』上・下、講談社学術文庫、講談社

参考文献

山崎浩一 1993『男女論』紀伊國屋書店

山崎正和 1972『鷗外　闘う家長』河出書房新社

―――― 1984『柔らかい個人主義の誕生』中央公論社

山下悦子 1988a『高群逸枝論』河出書房新社

―――― 1988b『日本女性解放思想の起源』海鳴社

山田太一 1977『岸辺のアルバム』東京新聞出版局

山田昌弘 1999『家族のリストラクチュアリング―21世紀の夫婦・親子はどう生き残るか』新曜社

―――― 2007『家族ペット―ダンナよりもペットが大切!?』文春文庫、文藝春秋

湯沢雍彦 1987『図説 現代日本の家族問題』NHKブックス、日本放送出版協会

要田洋江 1986「「とまどい」と「抗議」―障害児受容過程にみる親たち」『解放社会学研究』1号

吉武輝子 1982「血縁から地縁、女縁へ」佐藤洋子他『共働き・離婚・友だち』(主婦のための女性問題入門2) 教育史料出版会

吉野朔実 1988-89『ジュリエットの卵』全5巻、集英社

吉廣紀代子 1989『スクランブル家族』三省堂

吉本隆明 1968『共同幻想論』河出書房新社

吉本ばなな 1988『キッチン』福武書店

吉行淳之介 1966『星と月は天の穴』講談社

リチャードソン、サミュエル 1972 海老池俊治訳「パミラ」『リチャードソン、スターン』(筑摩世界文学大系 21) 筑摩書房

琉球新報社(編) 1980『トートーメー考―女が継いでなぜ悪い』琉球新報社

ルイス、オスカー 1986 柴田稔彦・行方昭夫訳『サンチェスの子供たち』みすず書房

レヴィ゠ストロース、クロード 1972 荒川幾男・生松敬三他訳『構造人類学』みすず書房[Lévi-Strauss 1958]

―――― 1977-78 馬淵東一・田島節夫監訳『親族の基本構造』上・下、番町書房[Lévi-Strauss 1947, 1968]

労働省婦人局(編) 1989『婦人労働の実情』平成元年版、大蔵省印刷局

渡辺淳一 1997『失楽園』講談社

Anderson, Michael, 1980, *Approaches to the History of the Western Family 1500–1914*, Macmillan.

Ariès, Philippe, 1960, 1973, *L'enfant et la Vie Familiale sous l'Ancien Régime*, Plon, Editions du Seuil.

Beechey, Veronica, 1987, *Unequal Work*, Verso.

Benedict, Ruth, 1946, *The Chrysanthemum and the Sword*, Houghton Mifflin, Co.

Blumstein, Philip & Pepper Schwartz, 1985, *American Couples: Money, Work, Sex*,

Pocket Books.

Bourdieu, Pierre, 1979, *La Distinction: Critique social du judgement*, Éditions de Minuit.

Clark, M. & B. G. Anderson, 1967, *Culture and Aging: An Anthropological Study of Older Americans*, Charles C. Thomas.

Cowan, Ruth Schwartz, 1983, *More Work for Mother: The Ironies of Household Technology from the Open Hearth to the Microwave*, Basic Books.

Cowgill, D., 1972, "A Theory of Aging in Cross-Cultural Perspective," in Cowgill & L. D. Holmes (ed.), *Aging and Modernization*, Meredith Co.

Daly, Mary (ed.), 2001, *Care Work: The Quest for Security*, International Labour Office.

Davidson, Caroline, 1982, 1986, *A Woman's Work Is Never Done: A History of Housework in the British Isles 1650–1950*, Chatto & Windus.

Delphy, Christine, 1984, *Close to Home: A Materialist Analysis of Women's Oppression*, the University of Massachusetts Press.

Eagleton, Terry, 1982, *The Rape of Clarissa*, Basil Blackwell.

Elder, Glen H., 1974, *Children of the Great Depression: Social Change in Life Experience*, The University of Chicago Press.

Erikson, E. H., 1968, *Identity: Youth and Crisis*, W. W. Norton & Co.

Esping-Andersen, Gøsta, 1999, *Social Foundations of Postindustrial Economies*, Oxford University Press.

Fineman, Martha A., 1995, *The Neutered Mother, the Sexual Family and Other Twentieth Century Tragedies*, Taylor and Francis Books Inc.

——, 2004, *The Autonomy Myth: A Theory of Dependency*, New Press.

Friedan, Betty, 1963, *The Feminine Mystique*, Dell Publishing.

Hardyment, Christina, 1988, *From Mangle to Microwave: The Mechanization of Household Work*, Polity Press.

Hobsbawm, E. & T. Ranger (eds.), 1983, *The Invention of Tradition*, Cambridge University Press.

Hochshild, Arlie, 1989, *The Second Shift: Working Parents and the Revolution at Home*, Viking.

Hsu, F. L. K., 1963, *Clan, Caste, and Club*, Van Nostrand.

Illich, Ivan, 1971, *Deschooling Society*, Marion Boyars Publishers.

——, 1976, *Limits to Medicine: Medical Nemesis; the Expropriation to Health*, Marion Boyars Publishers.

——, 1981, *Shadow Work*, Marion Boyars Publishers.

——, 1982, *Gender*, Marion Boyars Publishers.

Irigaray, Luce, 1977, *Ce sexe qui n'en est pas un*, Editions de Minuit.

Laslett, Peter (ed.), 1972, *Household and Family in Past Time*, Cambridge University

Press.

Leacock, E., 1981, *Myths of Male Dominance: Collected Articles on Women Cross-Culturally*, Monthly Review Press.

Le play, F., 1855, *Les Ouvriers Européens*.

Lévi-Strauss, Claude, 1947, 1968, *Les Structures Élémentaires de la Parenté*, Mouton.

————, 1958, *Anthropologie Structurale*, Librairie Plon.

Malos, Ellen (ed.), 1980, *The Politics of Housework*, Allison & Busby.

Matthews, Glenna, 1987, *"Just a Housewife": The Rise and Fall of Domesticity in America*, Oxford University Press.

Michael, R., J. Gagnon, E. Laumann & G. Kolata 1994, *Sex in America: A Definitive Survey*, Little Brown & Co.

Millett, Kate, 1970, *Sexual Politics*, Doubleday (1977, Virago).

Mitchell, Juliet, 1974, *Psychoanalysis and Feminism*, Kern Associates.

Mitterauer, Michael & Reinhard Sieder, 1977, *Vom Patriarchat zur Partnerschaft: Zum Structurwandel der Familie*, C. H. Beck.

Oakley, Ann, 1974, *Woman's Work: The Housewife Past and Present*, Vintage Books.

Olsen, Frances E., 1995, *Feminist Legal Theory* I & II, New York University Press.

Scott, Joan W., 1988, *Gender and the Politics of History*, Columbia University Press.

Segal, L., 1987, *Is the Future Female ?: Troubled Thoughts on Contemporary Feminism*, Virago.

Shorter, Edward, 1975, *The Making of the Modern Family*, Basic Books.

Sokoloff, Natalie, 1980, *Between Money and Love: The Dialectics of Women's Home and Market Work*, Praeger Publishers.

Stone, Lawrence, 1977, *The Family, Sex, and Marriage in England, 1500–1800*, Penguin Books, 1979, Abridged and Revised Edition, Pelican Books.

Strasser, Susan, 1982, *Never Done: A History of American Housework*, Pantheon Books.

Turner, Victor W., 1969, *The Ritual Process: Structure and Anti-Structure*, Aldine Publishing Company.

Tuttle, Lisa, 1986, *Encyclopedia of Feminism*, Longman.

Ueno, Chizuko, 1987, "The Position of Japanese Women Reconsidered," *Current Anthropology*, Vol. 28, No. 4.

Ungerson, Clare, 1987, *Policy Is Personal: Sex, Gender and Informal Care*, Routledge & Kegan Paul.

Weber, Max, 1921–22, *Wirkungen des Patriarchalismus und Feudalismus*, in *Wirtschaft und Gesellschaft*.

Werlhof, C. von, 1983, "Die Frauen und die Peripherie: Der blinde Fleck in der Kritik der politischen Ökonomie", *Arbeitspapiere*, Nr. 28, Universität Bielefeld.

初版后记

这几年间为顺应自己所关心的问题而写的原稿，积累下来
足以编成一本书了。有时候是受编辑的怂恿，也有时候是接受
了意外的约稿而撰写的这些稿子，原本写的时候根本没有考虑
到文章的连贯性，编撰成书后才发现有一条主线贯穿着全书。
与其这么说，倒不如可以说是我一直拘泥于一件事情，那就是
"近代"和"家庭"。同时这也成为我追寻自己出身的一个旅途。
我想揭开自己所出生的那个时代的谜团……社会学应该是从这
里出发的。

我在本书中所关心的课题，是迄今为止所没有的历史性问
题。对自己而言看起来是所赋予的前提的社会，也必定是历史和
时代的产物。如果这是有开端的，那么也一定能使其结束。要是
能知道开始的方法，也就能了解使它终止的方法。历史的想象
力，是在现实出现了龟裂、看不到历史的选择余地之际才产生
的。到这个时候，我们才意识到原来我们对自己所熟知的事物起
源一无所知。"近代家庭"，人们对其起源的关心，是它呈现出解
体的征兆时才被激发出来的。

这里所收录的每一篇论文，都是遇到引导了我的研究兴趣的
人们之后才写成的。把门外汉的我指引到历史中来的是江户东京
学的学者小木新造先生。"家庭的近代"是作为"日本近代思想

大系"第二十三卷《风俗·性》的解说而撰写的文章的一部分，因这篇文章的撰写，我第一次经历了阅读明治时期第一手资料的工作。

梅棹忠夫先生教给了我把家庭看作装置系统的文明学观点，"技术革新和家务劳动"这篇文章的本来用意，是想解答梅棹家庭学的应用问题。

我也必须感谢为我提供报告和思考机会的各种各样的学会和研讨会。国立民族学博物馆的长期研究项目"现代日本的传统和变化"是想通过共同研究来探求柳田国男的《明治大正世相史》这一著作的续集，我也参加了好几次这个项目的研究活动。谷口纪念文明学研讨会上长达一星期的丰富的圆桌会议，充满了学术性的刺激。在国际日本文化研究中心与国内外日本研究者的相遇，也成为我把视线投向历史的契机。"女性史和近代"是以我在日文研的国际研究会议上所作的报告为基础而撰写的文章。在关西社会学会的大会上，受远藤惣一先生的推荐，我参加了讨论1970年以后的日本结构变化的特别分科会议。这个成果在"女性的变化和家庭"一文中结成了果实，然而在分科会上我非常惊异地发现：从其他的侧面论述了同一变化的直井优的观察和我的论点非常相符。

最新写成的"日本式近代家庭的成立"，原本是为在澳大利亚国立大学举办的日本研究国际会议上发表而用英文准备的文章。为我提供以日语发表这篇用粗糙的英文写成的文章并展开讨论机会的，是立命馆大学国际文化研究所的西川长夫先生。

在这里，我还要深深地感谢每次在研究集会和研讨会上提出

有益的讨论和建议的国内外研究人员。虽然本书的结果在论述的
时候几乎都采用了日本的事例，但是告诉我说，不要把文章写成
把"纵向的东西变成横向式"的海外研究的介绍，若非以日本为
田野而进行的独创性研究，就没有向海外传递信息的意义的，正
是国外的研究者们。

　　还有意想不到的指名要我为其著书写解说的。齐藤茂男先生
起用我为他的著作集《齐藤茂男纪实录——日本的情景》的第一
卷《妻子们的思秋期》撰写解说。令人感到意外的是：江藤淳先
生在把自己的《成熟和丧失》一书事隔 30 年后文库化之际，指
名要我这个并无一面之交的小辈写解说。对我这个在与富冈多惠
子等人共同撰写的《男流文学论》一书中对他点名批判的作者，
江藤先生本人亲自委托写解说，我深深感铭于他的大胆和胸襟的
宽广。如果没有这个委托，后《成熟和丧失》，即本书中的"'母
亲'的战后史"一文也许就无法写成了。无论哪种情形，都使我
超越了解说的范围写成了论述时代的文章，并且成为收录在此的
论文原型。

502

　　另外，我还要感谢在论文形成之际采用它们而形成这本书
的各位编辑人员。我特别想奉上谢意的，是担当本书的编辑、岩
波书店的高村幸治先生。在高村先生邀请我把本书中最早的文章
"作为生存经验的老后"写在系列书籍《老年的发现》中以来，
他一直参与做了长达八卷的系列丛书"变化中的家庭"的编辑，
我在这套丛书中写了"家庭自我认同意识的走向"等几篇论文。
在这些各自独立的论文中为我发现"近代家庭的形成和终结"这
一大条理的，正是这位高村先生。本书之所以能够比我所预想的
更早和读者见面，都是托他的坚持不懈的鼓动和迅捷的工作效率

的福分。

　　本书是在很多人的支持下才得以诞生的，在此我谨表衷心的感谢。

上野千鹤子

1994 年 2 月于白雪皑皑的洛中

自著解题

序言

历史学家所看待的时间跨度，要比社会学家看到的长。人类 503
学家看到的时间跨度，要远远长于历史学家所看待的。

本书所处理的近代家庭历史的时间跨度，是从明治到现代的
大概一个世纪的时间。可能过去不会变化，但是对于过去的解释
发生了变化。而且，现在总是在继续发生着变化。

这本在25年前的1994年出版的书，就好像是古代征文一
样。当时的分析和预测，都暴露在历史的评价中。要是死了以后
被人说一点都不准，那倒没关系，活着的时候，检验的结果就出
来，那是一件令人恐怖的事情。

在本书中，我检验了文化人类学家梅棹忠夫的"家庭学"，
探讨了其预测准确和不准的地方。我自己早晚也会从某个人那里 504
接受同等的待遇吧。所谓因果循环，就是这样的事情吧。从这个
意义上来说，本书已经有了作为历史资料的价值了吧。因此，我
没有更新内容和数据，只在各章中添加了初次出版的年份。要
是读者在阅读时能够意识到各篇论述撰写的时代背景，那我会很
高兴。

近代家庭崩溃的征兆

在出版以《近代家庭的形成和终结》（上野 1994）为标题的书时，有人说，日本甚至还没有形成近代家庭，说它已经终结了恐怕有点性急吧。但是，现在回顾看看，在很多地方"近代家庭"崩溃的征兆是很明显的。因此，可以说这本书的书名并没有错。

在历史的某个时间点开始的事情，在别的时间点迎来终结。在现在这个时期"近代家庭"论之所以登场，正是因为我们所熟知的家庭公然出现裂缝了吧。正因为感到就在眼前的家庭的自明性在崩溃，"这个崩溃是从什么时候开始变得像现在一样显而易见的呢"这个追溯性的问题就浮现出来了。本书出版的时候，正是这么一个时代。

"近代家庭"的概念，是由欧洲的家庭史研究者带来的。在此以前日本人所考虑的"近代家庭"是夫妻对等、亲子关系很民主的"近代家庭"。战败后的日本知识分子，深信必须将压迫人的"家"制度解体，实现尊重个人自由的"家庭的近代化"。他们梦想认为虽然日本不存在"近代家庭"，但是在西欧的某个地方一定存在。然而，西方的家庭史研究者们，开始声明说，在历史上的任何一个时代和地球上的任何一个社会，都没有形成过像"近代家庭"一样的东西。

"近代家庭"是一个记述概念，而"近代式家庭"是一个规范概念。前者不过是在近代这个时代里形成的、具有一定特征的家庭的历史类型。

415 / 415 /

虽然 1994 年联合国家庭年的标语是"从家庭开始的小小民主主义",但实际上家庭里没有民主主义。家庭是性和世代不同的异质度很高的小集团。在家庭中,权力和资源被不均等地分配着。年长的男性统治支配着年少男性和女性的父权制概念,也适用于近代家庭。

家庭论的论者们主张,在"家"制度不复存在的战后家庭,父权制等等已经不存在了,但是在最小家庭的核心家庭里面,依然存在着丈夫的专权支配这一家长"丈夫"制度。父权制这个概念,一旦使用的话,对表现家庭内部女性的经历,是非常有效的。由女权主义再次定义的近代"父权制"这一概念,得到了广泛的普及,并扎根下来。1990 年,我在出版《父权制与资本主义——马克思主义女权主义的地平线》[1990a,2009]一书时,围绕"父权制"这个概念,学界发生了论争。之后,作为替代父权制的概念,人们提出了"性别秩序"和"性别制度"等概念。然而过了 25 年再来看看,其中顽强残存下来的是"父权制"这一概念。我觉得这个术语具有的如实描绘统治女性的压迫性结构,是很容易被理解的(第 Ⅱ 部分第一章附论"关于'父权制'的概念")。

506

80 年代,落合惠美子积极把以"近代家庭"范例而为人所知的新家庭论的潮流介绍到日本。她在此以前就一一地把欧洲的社会史和家庭史研究中关于孩子、生育、母性、性爱等的历史研究介绍到日本。

在同一时期,围绕 1989 年的法国革命二百周年,"国民国家"的范式登场了。针对日本是后发近代国家,在"家"制度这一"封建残余"下把拥戴天皇的君主制国家民主化的是败战后的

自著解题

战后改革的论说，出现了像西川长夫这样的比较史论者，他主张认为，以世界史的同时代性为背景，明治维新才真正形成了日本近代的"国民国家"。

"家"制度果真是封建残余吗？这对法制史学者而言，是常识，但是明治民法下的"家"制度并非处于传统习俗中的东西，而是明治政府创作出来的。户主权力的扩大，是以基于土地私有制的村落共同体的解体为前提的。在此以前，户主的权力处于共同体的制约之下，对家庭成员的权力是有限的。无论多新的制度，也是把传统中的文化项目采用为正统化的资源。明治政府所创造的"家"，与习俗中的"家"，是似是而非的东西。

我倡导的"家"制度是"近代家庭"的论说，出乎意料地引起了日本版的"近代家庭"论争。然而其结果，我总觉得这个论争也有了定论。现在既没有人怀疑明治国家是国民国家，而且像"家"制度是通过户籍制度来控制国民的末端装置；在这一点上西欧的"国民国家"和"近代家庭"之间的关系是相同的；"国民国家"是根据家庭意识形态而形成的，这并非由于在日本有着特殊的"家庭国家论"的缘故，而是对近代国民国家而言，这是很普遍的现象……这些事情都一一地被弄清楚了。

社会学家经常被冠以"篡夺历史学研究成果"的污名。然而，本书中很稀有地收录了相当于明治时期原始资料的历史研究的成果。那就是第Ⅱ部分第二章的"家庭的近代"。这是我接受江户东京学学者小木新造的劝诱，在编写《风俗性》（日本近代思想体系 23）[小木 / 熊仓 / 上野 1990] 时，作为解说而撰写的文章。在读"家庭的近代"时，我充分地明白了明治时期的"家庭"形象，有多少是明治的新思潮。"家庭的近代"如实传递了明治时期家庭的模型是西方的夫妇，作者们是以西方的家庭为理想目标的。外表看来"深奥的"西方夫妇，实际上也避免不了丈夫对妻子的支配。家长是家的专制君主，丈夫、父亲在的话，家里就会很紧张，而丈夫离开家的话，"家里就会充满笑声"，这样的描绘，即便今日也是很多家庭的实情。

508

家庭的"破坏者"

女权主义的家庭研究，打开了被视为"爱的共同体""隐私的城堡"的"近代家庭"的盖子，一一揭露了其中的权力和资源的不平等分配和这种不平等分配所造成的压迫女性的结构。正如家庭史学者说明的那样，所谓近代解放的"个人"，是在父权制这个名下的"个人"。倒不如说，在家长管制下的"家庭"这一私人领域，变成了法律不介入的"无法地带"。

后来我在《差别的政治学》[2002，2015]一书中论及国民国家的市民权有多少是和近代家庭的父权制权力结合在一起的问题。然而，对于这个相同的问题，女权主义法学家们论述说："所谓私人领域，那是公共制造出来的东西"（琼·斯科特）；"不介入也是一种介入"（弗朗西斯·奥尔森）。在公民社会是犯罪的事情，在私人领域即便是做同样的事情，也不会认为是犯罪。就这样，我们很早就知道，无论家庭暴力还是对小孩的虐待，在家庭中都肆意妄为地进行着。

所谓"私人领域"，并非从公共领域营造的避难所，也不是防波堤。那仅仅是对家长、丈夫而言而已。为了揭露私人领域的压迫和暴力，女权主义者领受了被叫作家庭的"破坏者"的不

509

应得的批评，但是女权主义并没有破坏家庭，而是家庭早就已经破碎了。女权主义只不过是把这个事实暴露在日光之下而已。为此，它要承受关于家庭的各种各样的"神话"的抵抗。这是因为家庭以往被如此理想化和神圣化了。

2000 年颁布的儿童虐待防止法和 2001 年颁布的家暴防止法，使公共权力介入家庭成为可能。这可谓是"近代家庭"范式转变的巨大变化。但是，现在保守派团体把家暴防止法当作"家庭破坏法"而攻击，为这个法律的形成而尽心尽力的女权主义者们则被扣上了"家庭破坏者"的污名。我再重复一下，女权主义者并没有破坏家庭。家庭早就由于家暴而遭到了破坏。把家庭里早就有却视而不见的家暴和虐待，通过调查而使它们"见诸于世"的，是女权主义者的行为研究。

高度成长期和家庭

本书所涉及的题目虽然是"近代和家庭"，但特别是论述战后经济高度成长期家庭变化的第 Ⅳ 部分"经济高度成长与家庭"，是直接跟现代线连接的。之所以这么说，是因为经济高度成长期，又有"生活革命"（色川大吉）的别名，带来了在社会史可说成是近代的大众化这个巨大的变化。以 1955 年还是 1960 年为经济高度成长期的开端，在学界有不同的看法，但是至 20 世纪 50 年代的日本，是一个从事第一产业的就业者占到 30%，而且农户家庭率超过 50% 的农业社会。职业（农业以及工商业）也是自营业及其家庭就业者超过一半以上。这个比率与雇佣者比率发生逆转的是 60 年代中期的事情。总和生育率在 4 点左右，也就是说日本女性一生平均生育 4—5 个孩子，但在经济高度成长期的约十年间急剧减少到两人左右。日本是一个在没有采取任何政策诱导和强制的情况下，就在短时间内实现出生率减半的"第一阶段人口转变"的人口抑制优等生国家。

核心家族的比率上升了 10 个点，达到约 60%。同时期的女性劳动率发生了缓慢的下降。也就是说，大多数的日本家庭，形成了由工薪职员丈夫、专职主妇妻子和两个孩子组成的核心家庭。落合将其命名为"家庭的战后体制"。

在这个过程中，配偶者选择从相亲逆转为恋爱，也是 60 年代中期的事情。战后，在男女同校教育制度下长大的女儿和儿子所组建的家庭被称为"朋友夫妇"，实际上是坚固地把"男人工作、女人持家"的性别角色分担导入家庭的"丈夫"家长式的"近代家庭"。讥讽的是，已婚女性的无业率达到最高的是战后出生的团块世代。

之后，丈夫为工薪阶层、妻子为无职业的家庭主妇的核心家庭长期作为"标准家庭"，成为日本税制和社会保障体系的制度设计方面的基本单位。先说结论的话，这个时期形成的"标准家庭"成为少数派之后，这个"标准家庭"依然继续维持着作为政策和制度设计方面的基本单位的地位，这是今天的制度弊端的重大原因。

取代在 1960 年的安保斗争*中下台的岸信介内阁，池田勇人

511

---

* 安保斗争指的是日本社会在战后掀起的反对《日美安保条约》签订的大规模国民运动。1960 年 1 月 19 日，日美两国签署新的《日美安保条约》。与旧条约相比，它增强了日美关系的对等性，很大程度上纠正了旧条约不平等的条款和内容。但是日本国民最关注几个问题，比如驻日美军、美军基地和刑事（转下页）

内阁打着"收入翻番"的口号登场。正如其内阁打出的标语那样，整个经济高度成长期，无论名义所得还是实际所得，都得到显著增长。在企业和劳动者谋求共存共荣的"企业内工会"底下，对劳动者的分配政策带来了内需增大。尽管这个高度成长期的经济被嘲笑为"'赏樱酒'的经济"（笠信太郎），丧失了所有海外殖民地的日本，并没有依靠侵略和出口，就和平地实现了经济的高度成长，在这一点上日本是经济成长的优等生榜样。

经济高度成长，提高了国民的生活水准。虽然高等教育的大众化得以进行，儿子和女儿们的学历超过了父母一代的学历，这并不意味着战后出生的一代特别优秀，只不过是时代的趋势把他们推上去的。大学升学率在此之后也继续上升，到2019年的时候，18岁男孩子的51%和女孩子的49%都升读四年制大学。在60年代末，人们都说大学生"已经不是精英了"，到21世纪的今日，把大学生称为精英，恐怕要引人发笑了。另外，战后出生的团块世代，整体上都能比他们的父母一辈享受到很高的生活水准，但是他们的下一代（团块二世），就失去了儿女一代达到其

512

（接上页）裁判权问题；驻日美军基地核武器化问题；琉球和小笠原群岛的归还问题等却没有得到解决。最重要的是新条约的适用范围扩大了，大大增加了日本卷入美苏战争的危险性。自1959年3月美开始修约谈判起，日本上百个社会团体就召开大会，自发组成国民会议，举行请愿、集会和示威。到1960年5月19日深夜，岸信介政府和自民党决定强行通过《日美安保条约》，使安保斗争急剧高涨。6月5日，发生了650万人参加的"空前的国会抗议活动"。之后警民冲突加剧，又发生了一位东京大学女学生被打死的惨案，矛盾进一步激化。声势浩大的日本安保斗争虽然没能阻止条约的生效，但却促使岸信介内阁引咎辞职，美国艾森豪威尔总统终止访日。更重要的是，岸信介进一步修改日本和平宪法的计划彻底流产。之后新上台的池田首相表示，不再考虑修改和平宪法的问题。它极大地震动了美国政府，促使其认真研究日本国内形势，重新探讨美日关系。——译者

父母所达到的生活水准的保证。在仅仅一代人之间，涨潮就被退潮替代了。

生活水准的上升，其中有以战后的能源革命为背景的家庭电器化的原因。大家可以参照第Ⅲ部分第二章中的图28。60 年代末以前，大多数的家电产品都几乎已经达到了普及率100% 的市场饱和状态。在此以前的 50 年代，燃气灶和电饭煲的普及已经完成。美国家电产品的广告中出现的家庭电器化，在日本的大正和昭和初期的一部分城市家庭中得到了普及，但是对一般老百姓来说并非是买得起的东西。到了 60 年代，发生了从谁都买得起的"三种神器"（冰箱、洗衣机、吸尘器）到"3C"（小汽车、空调、彩电）的电器化变革。之后发生的，是非电器化的电子化。信息技术的革新像浪涛一样进展着，不采纳电子技术的家电产品消失了。如今，家庭已经变成了如果不读厚厚的说明书，就不能操作机器的、类似驾驶舱一样的装置系统。

家庭的电器化和出生率低下所带来的，是无法对付时间资源的无业主妇们的"没有命名的问题"。所谓"没有命名的问题"，是美国"妇女解放运动之母"贝蒂·弗里丹于1963 年出版的《女性的奥秘》（日译版名为《新女性的创造》[1977]）中所论述的、指代"郊外中产阶级丈夫的无业妻子的不安和不满"的术语。正如我们在第Ⅲ部分第二章中介绍的柯望所指出的那样，家庭电器化并没有缩短家务劳动时间。反而提高了家务劳动的质量和频度。也有一些女性把缩短了的家务劳动时间掉头用在挣工资的劳动上。也有见解认为，女性的无偿劳动时间和有偿劳动时间合计并没有什么变化。经济高度成长期扩大的女性雇佣劳动，大部分是在内陆型布局的家电生产商的工厂工作，或者是流通行

513

业的兼职工作等，适合高学历女性的雇佣机会几乎等于零。日本妇女解放运动的诞生在 1970 年。可以说，在 1970 年以前日本女性已经共享了美国中产阶级主妇所感受到的闭塞感。这个病理被生动地刻画在斋藤茂男的《妻子们的思秋期》[1982，1983] 中（第Ⅳ部分第二章）。

经济高度成长期的儿子们、女儿们

江藤淳以敏锐的感受性和表现力准确地揭露了在这个经济高度成长期普及了的日本式"近代家庭"的命运。在本书中，我收录了介绍常被误认为是文艺批评家的江藤淳的文章，是因为再也没有比江藤的成名作《成熟和丧失——"母亲"的崩溃》[1967a，1988，1993] 更适合讨论日本式"近代家庭"的了。江藤写这本书是在 1967 年。之后过了大概 30 年后的 1993 年，在他的书被出版成袖珍版文库本的时候，我接受素不相识的江藤先生的直接指名，撰写了"解说"即第Ⅳ部分第一章——"'母亲'的战后史"。从那时起大概又过了 25 年，我受神奈川近代文学馆的邀请，在其主持的"江藤淳去世二十年展"上作了题为"战后批评的嫡出子：江藤淳"[上野 2019] 的讲演。此稿被重新收录在本书中。25 年的时间差，是否对历史有一个很好的预测了呢？

在江藤想保持距离的安冈章太郎的《海边的光景》[1959] 中，到处都出现了接纳的母亲和受苦的母亲。战前第一个师事弗洛伊德的日本人古泽平作，为了对抗认为日本人中没有俄狄浦斯情结的东方主义，而提出了"阿阇世情结"的论说。在佛教传

514

说中出现的阿阇世杀死了自己的父亲，虐待向他谏言的母亲。他说，通过那种苦难，母亲成为了儿子的超我，也成为伦理的源泉。但是，那种替代儿子承受无边无际之苦难的母亲，在战后出生的世代中已经不存在了。在小岛信夫的《拥抱家庭》[1965]中出现的俊介和时子夫妇，是接受男女共校教育的高学历夫妇。俊介也许是《海边的光景》中出现的接纳的母亲的儿子。但是，他即便从妻子身上寻求"接纳的母亲"，已经得不到了。时子一点也不隐藏自己的欲望。最后，在作品中，时子的欲望因"女人的毛病"而得到惩罚。

　　自那时起过了半个世纪。现在是俊介和时子的儿子们和女儿们以及他们的孙儿们创建家庭的时候了。女性确实发生了变化。在少子化的情况下，日本养育了一代以自己的利益为优先、不再忍耐的女儿们。养育这样的女儿们的是时子这一代的母亲们。看着压抑太多不满的母亲的命运，时子的女儿们从心底就厌腻了，她们的母亲们对女儿来说，成为了压迫者。那些女儿们一代的女权主义，通常以"母亲和女儿"之间的纠葛为主题。

　　另一方面，我们可以看到男性令人惊奇地没有任何变化。想要把自己当作家长／丈夫的俊介的滑稽，几乎被描绘成讽刺漫画，这是作家的批评意识的体现。江藤应该看透了这一点，但是他所犯的错误，岂不在于他自己想要当"近代家庭"的家长这一点吗？所谓"近代家庭"的家长，就是"国民国家"的公民的另一个名字。想要填满"父亲不在"之席的男人们、想要成为"父亲"的男人们，不可避免地成为国家主义者。这是在被认为是"人间神的天皇"发表了自己是人的宣言后，失去了神的战后日本，想要把自己当作伦理的源泉的男人们的误会……回顾一下的

515

话，我觉得战后日本男性知识分子的自杀，可以归结为来自这种误会的绝望。

是的，日本的男人没有成为"父亲"。他们从成为"父亲"这件事上退了下来。即便他们"想成为父亲"，他们"当父亲"的方法是错的。我审校了女权主义法学家玛莎·法恩曼的《家庭、承载过度的方舟——后平等主义的女权主义法学理论》[2003]的日译本，但法恩曼在书中主张的是，看护照顾中没有男女，并没有"非父亲不可"的育儿。有的只是，跟所有的母亲一样，靠近孩子、回应孩子的需要这样的"母亲般的照顾"（mothering）。（第 I 部分第三章"家庭，过载的方舟"）。

家庭的变化

与江藤的逞强的责任感相比，文化人类学家梅棹忠夫的降温了的虚无主义，则以一个较长的时间跨度来预见时代的变化。在本书中显示后近代家庭的预兆的，是第 III 部分第一章的"'梅棹家庭学'的展开"和第 I 部分第一章的"家庭自我认同意识的走向"。我先来论述一下前者。

可能有人会震惊，以《文明的生态史观》[1967，1974，1998，2002]而闻名的梅棹，也著有"家庭学"。30 多岁的梅棹，在不知情的情况下卷入了当时在《妇人公论》杂志上聒噪一时的"第一次主妇论争"。把他卷入论争的有名伯乐，是当时的主编三枝佐枝子。

他不但因其主张的"妻子无用论"，激怒了主妇们，更以"母亲之名的王牌"攻击女性的不动脑子。在"主妇论争"中梅棹所发挥的突出作用，后来被前后六次论及"主妇论争"史的妙木忍在其著作《志向相同的女性为何会发生论争？主妇论争的诞生和结束》［2009］指出过，最近小长谷有纪则在她的著书《梅棹忠夫所讲述的梅棹忠夫——攀登档案之山》［2017］中谈论了梅棹"家庭学"。大概是有论述的价值吧？像梅棹的"今后夫妇大概会变成一种原本过着趣味相投生活的一男一女开始共同生活的样子吧""我想把女性从关闭在母亲这个堡垒中释放出来，让她回到一个活生生的女人"等等的发言，在今日读来也很新鲜。梅棹也不说这是好的还是坏的。只是说不可避免。

另一点，从本书在卷首就收录了"家庭自我认同意识的走向"这件事就可以明白，这一节是本书的重点。这篇文章一边原理性地提出家庭的概念，一边提示了理论和实证相交叉的方法论，家庭社会学家高度评价其为"现象学的家庭研究"。本书之所以获得1994年度的"三得利学艺奖"，也是因为那篇文章得到好评的缘故吧。

这篇论文把家庭是没有定义的概念作为前提，也反映了我自身深深地受到人类学的影响。用结构主义来说，"所谓家庭"，既不是"人们称为家庭的"之上的东西，也不是其之下的东西。我们把这种家庭意识叫作"家庭自我认同意识"。

本论文在方法论上很有特点的是，把家庭当作个人的集合体，使属于个人的家庭自我认同意识之间的偏差变成能够实证的事情。家庭并不是集体式的人格。自我认同意识只归属于个人。家庭发生变化，意味着构成家庭的每个个人发生了变化。这一章把使家庭成立的要因中的血缘与居住、形态和意识分别放在四个象限中，通过找出非传统的家庭来探讨家庭的变化，就像题目

518

所示，预兆了后近代家庭的"走向"。我们采用了配合从理论图示得出的、寻找效果来验证经验性事例的方法，把以往"不能被称为家庭的家庭"，亦即边际家庭（borderline family）当作研究对象。这个边际，后来接续到"家庭的临界点"（第 I 部分第二章），亦即"家庭走向哪里才不算家庭了呢？"这个问题。

这个研究基于我接受望月照彦主持的小田急学会的研究支助，得到当时为共同研究者的一位女性的创业公司和株式会社阿特利埃（Atelier F）的职员们的合作而实施调查。这个根据费时费力的访谈调查而得来的个人调查表进行分析的调查，花了很大的成本。这个调查研究质量之高，可以说如果我有空余的时间，据其是能够写成一本书的，但是我只写成这么简略的文章，至今仍觉后悔。

519

现在回过头看，可以说本论文的预测力是很高的。血缘和居住不一致的"家庭"（合租和集体生活）、形态和意识不一致的"家庭"（事实婚姻夫妇、同性恋伴侣、再建家庭等）连续不断地出现。同一时期，反对把这样的边界性的"家庭"称作"家庭"的动向也登场了。1997 年社会学家山田昌弘执笔的家庭科教科书被审定为不合格时，理由之一，就是论述"家庭的多样化"的部分。我在听到文部省教科书调查员把教科书中有人"视宠物为家庭成员"的部分裁定为不恰当的时候，我都笑了。因为我们的研究早就实证了"宠物是家庭成员"的事实。

本论的实证部分中加入的结论"新的家庭幻想"这一节，可能有点过于求速不求好了。即使重复叫嚣危机，为什么"家庭"这个术语一直不死亡呢？在将亲密关系形容为"像家庭一样"的时候，被假托的想法是什么呢？如果家庭最终只是被言语构建起来的东西，那么我无法抵挡以下诱惑：以"家庭"这一概念的韧性，来论述"究竟是什么东西作为'门锁'而被挂在家门上"。因此，本论的后半部分从实证研究变成一种飞跃性很多的文化批评，可能也有对此感到不知所措的读者。在大众文化中的"像家庭一样"的术语之下，我们强调了家庭的非选择性（换言之的话，就是命运性）。同时，社会学家宫台真司论述了后现代时期的"关系的偶发性"。在"关系的偶发性"之下，人们是可能相互替换的。对此，个人可以容忍吗？

520

此后，我开始着手看护的研究时（2011），经常在护理现场遇到"像家人一样的"的表现。这不但是指稍微大一点的大家族这样的小规模集团，也作为指代理想的护理的形容词而被使用。虽然我觉得把"像家庭一样"照顾护理理想化的看法，是助长家庭神话的反作用，但是不仅如此，在现场的男男女女使用"像家庭一样"的形容词时，另有一层特别的含义。以富山型居家护理事务所而为人所知的"热闹"的理事长阪井由佳子是这么说的："因为我与这位老爷爷相遇是一种命运，所以我决定一直陪伴他到临终"。这样的决心，融入"像家人一样"的说法中。也就是说我在1994年曾指出，相遇的偶然性会变成必然的选择的机制就存在于"像家人一样的"这个词中，这个考察也可适用于21世纪最初十年的护理现场。

想想看，这世上并没有像家庭一样不自由的关系。夫妇即便离婚，父母既不能选择孩子，孩子也不能选择父母。为了把这些接受为命运、必然，"家庭"这个词汇不得不存在吗？

性革命的动向

521 　　还有另一个显示本书的预测言中的现象。

　　70 年代以后家庭的变化，与同时代进行中的"性革命"无法分割。人们目睹了使"近代家庭"成立的"浪漫爱情意识形态"（结婚下的爱、性和生育三位一体）这一性规范，正在解体的状况。我们不要忘记，在 70 年代以前，西欧各国也是在性方面很保守的社会，处女的价值很高，"初夜"这个词语还活着，新娘要走"通向婚纱之路"。

　　判断某个社会有没有经过"性革命"的两个人口学指标，我们可举出离婚率的上升和非婚生子出生率的上升。离婚是与结婚与爱相分离的指标，而非婚生子出生率是与结婚和生殖分离的指标。性革命使性与爱的分离、性与生殖的分离、结婚与性的分离成为了可能。

　　在 70—80 年代的日本，从世界史的角度来看，它是一个很例外的社会。因为在各西欧先进国接踵进入离婚率上升、非婚生子出生率上升的状况中时，仅有日本在这两个人口学指标上没有理应看到的变化，在国际上显示了像磐石一样的家庭稳定性。

522 　　在 80 年代泡沫经济时期的日本，傅高义所说的"日本第一"中浮现的保守派的依据当中，包括"世界第一的日本家庭制度的稳定性"。正是因为有这个家庭的稳定性，所谓"家庭是包含福利的资产"的中曾根康弘政权的"日本式社会保险"政策才能成立；为了报答"妻子"的贡献，1986 年通过了国民年金的"第三号被保险者制度"。正因为能够期待家庭福利，政府才可能在公共的社会保障制度上偷工减料。保守派们看到同时期急速上升的美国离婚率的升高，他们就嘲笑美国的"家庭崩溃"，揶揄北欧社会保险先进国的独居老人的孤独。（实际上高龄者的自杀率，在那时和现在，日本是非常高的，而且那也是同居老年人的自杀率要高于独居老年人）好像日本跟这样的"家庭崩溃"没有任何缘分一样。

然而，"浪漫爱情意识形态"的解体，在日本也进行着。同时期深深地静静地进行着的，是出生率的低下和婚姻率的低下。爱与性、结婚与性的分离，也在日本的年轻男女之间发生着。非婚生子出生率，虽然指的是婚外性行为与其非期待的妊娠结果的指标，但是在别名"流产天国"的日本，看起来不仅婚外性行为很活泼，而且意料之外的妊娠可以通过人工流产而被解决掉。另外，离婚率是显示婚姻不稳定性的指标，但是与一旦结婚就无法离婚的情形不同，所谓不婚，可以说在结婚前就已经选择了"婚前离婚"。果真如此的话，那么极端的低出生率跟非婚生子出生率的低下、不婚率的高百分比与离婚率的上升，岂不是功能性等价的指标吗？这么考虑的话，我们可以说，日本和其他的先进工业国一样，以其独特的方式经历了性革命了吗？

事实上，像性行为的低龄化和平常化、婚姻稳定性的崩溃等今天从很多方面均可视为"浪漫爱情意识形态"解体的现象，在日本也能观察到。这种变化变得可视化的，是90年代以后的事情。1994年出版的本书，大概以70—80年代的日本社会现实为考察对象，后来回顾，其实在出版那个时点，"近代家庭"崩溃的预兆已经俯拾皆是了。关于已经惨不忍睹的日本社会的性的变化，90年代我有一本书论及，那就是《发情装置——爱欲的脚本》[上野1998，2015]。

523

是"后近代家庭"还是"后家庭"呢？

从本书初次出版过了 25 年。"近代家庭"解体的预兆，现在正在变成现实。

果真如此的话，接下来等待我们的问题是，前面等着我们的是"后近代家庭"呢，还是"后家庭"呢？如果是前者的话，"近代家庭"即使没有了，也不过是变成了其他的家庭。若是后者的话，被称为"家庭"的现象，就从社会退场了。

人类历史的知识教给我们，不存在缺少相当于家庭的小集团的人类社会。因此，如果是"后家庭"，就意味着人类历史进入了以往从未经历过的阶段。生殖技术的技术革新，暗示了像代理孕母生产、订制婴儿那样，生殖是能够人工控制的。然而，在以往的历史中，像人的养殖、"儿童牧场"这样的主意并没有过成功的尝试，将来估计也不可能成功。为什么呢？因为人要成为人的过程，要花费的成本过高，无论市场化还是公共化都实现不了。岂止如此，生殖技术甚至反过来是为了强化血缘主义而被采用。已经接受了没有孩子的不孕夫妇，以往会被责备说，"还有生孩子的手段啊，为什么不努力试试？"现在，人生人的再生产制度，在家庭以外的机制中看不到。

看护照顾这个需要动员庞大的时间、金钱、能源和感情的过程，似乎它若非命运，看起来是很难接受的。本书出版后，我对与人生命的开始和结束相关的看护照顾这个行为产生了深厚的兴趣，我总觉得这是从"近代家庭"研究得出的必然道路。为什么呢？这是因为所谓"近代家庭"，就是承载着看护照顾私人化这

个过于沉重的货物出航，早晚注定要触礁的一个系统。而且，这 525
个看护照顾的重担，在小规模的近代家庭中，是一个成年女性单
独扛在她的肩头。"独力育儿"这个词出来的时候，我感叹不已。
为什么呢？这是因为如果那是不言自明之事的话，那根本就不会
出现这样的取名。正是因为有这样的暗示，才出现了"独力"这
样的概念。家务劳动是"不支付工资的劳动"的看法已经扎根下
来，"媳妇"的护理逐渐被称为"强制劳动"。

另外，我也想谈一下"后家庭"的可能性。少子化的背后有
着婚姻率低下的背景。也就是说，组成家庭的人们和不组建家庭
的人们，正在发生分化的现实。在其背后，有着阶级、性别、性
欲、人种等差距。不组建家庭的人们，亦即由单身者构成的社
区，我们能说他们是"后家庭"的社区吗？在这种社区中人们的
人际关系和性欲的真实状态是怎么样的？……现在还未得到解答
的问题还会出现得更多吗？

对"近代家庭"而言已经是显而易见的事实，就这样一个个
被当作问题去质疑，当时谁预测到了这样的事？够了，让我再准
确一点说吧。正是因为有把"近代家庭"去自然化、把它视为问
题的人们，才出现了问题。这些人就是女权主义者们。女权主义
者的家庭研究，颠覆了"近代家庭"的家庭神话，进入到近代家
庭的内部，把男女权力的非对称性和亲子的世代间关系的扭曲视
为问题。为此，女权主义者被冠以"家庭破坏者"的污名，但是 526
"近代家庭"从一开始就被揭示了它有一大堆问题。

结语

　　最后，我想给大家介绍一个古老的故事，来结束本稿。在我过着跟失业者差不多生活的、难以果腹的大学研究生院时代，某个学长研究者出于对我的关心，曾跟我说过这样的话："你要是有家庭社会学的研究成果，我可以介绍工作给你，不过……"在各种各样领域的社会学中，家庭社会学是适合女性的类似"少数族裔"的领域（当然，这个业界也由男性来把持）。为什么呢？因为家庭是女性的居所。我并没有把他说的话接纳为好意，反而觉得不足挂齿，完全置之不理。到今天我还认为自己这样的选择是正确的。

　　我先说一下。从家庭社会学的内部，并没有发生"近代家庭"的相对化。来自外部的女权主义者的介入（feminist intervention），才改变了家庭社会学。因此，我与其自称"家庭社会学家"，不如选择"性别研究者"。

图书在版编目(CIP)数据

近代家庭的形成和终结/(日)上野千鹤子著;吴咏梅
译.—增订版.—北京:商务印书馆,2022(2023.3 重印)
ISBN 978-7-100-21499-5

Ⅰ.①近… Ⅱ.①上… ②吴… Ⅲ.①家庭—日本—近
代—文集 Ⅳ.① D731.381-53

中国版本图书馆 CIP 数据核字(2022)第 138836 号

近代家庭的形成和终结(增订版)
〔日〕上野千鹤子 著
吴咏梅 译

商 务 印 书 馆 出 版
(北京王府井大街36号 邮政编码100710)
商 务 印 书 馆 发 行
北 京 冠 中 印 刷 厂 印 刷
ISBN 978-7-100-21499-5

2022 年 10 月第 1 版　　　开本 880×1230　1/32
2023 年 3 月北京第 2 次印刷　　印张 13¾

定价 : 68.00 元